KB190553

데이비드 카의 훌륭한 책은 성서 정경의 등장과 지속에 관한 권위 있는 재해석이다. 그것은 비극적인 세계를 이해하고 있는, 트라우마를 겪은 사람에 대한 선구적이고, 강력하고, 가슴 아픈 치료 행위다. 그러나 여전히 연민 안에서 희망을, 공감 안에서 인내를 발견할 수 있다.

—코넬 웨스트(Cornel West)

명료하고 설득력 있는 『거룩한 회복탄력성』은 트라우마를 겪은 사람들의 초기 이야기를 밝힘으로써 성서의 기원을 설명한다. 매혹적이고 마음을 사로잡는 이 책은 역사의 베일들을 벗겨내고 우리 자신에 대해 가르쳐준다.

—마크 엡스타인(Mark Epstein, M.D., *The Trauma of Everyday Life*의 저자)

데이비드 카는 전체 기독교 정경을 다루면서 성서 해석자로서 인정받는 능력을 대담하고 창조적으로 발휘하여, 정경의 탄생에 있어서 트라우마의 역할을 도발적으로 연구했다. 카의 놀라운 학제 간 탐구는 중요한 성취다.

—다니엘 스미스-크리스토퍼(Daniel Smith-Christopher, Loyola Marymount University of Los Angeles)

마치 스릴러처럼 읽히는 이 놀라운 책은 수 세기 동안의 재앙과 트라우마가 구약 성서 시대의 고대 이스라엘 및 이후의 유대교와 기독교 문명을 어떻게 형성했는지에 관한 이야기를 말해준다. 우리가 누구이고, 우리가 어디로부터 왔는지를 알기 원하는 모든 사람은 이 책을 읽어야 한다.

—이스라엘 핑켈슈타인(Israel Finkelstein, Tel Aviv University)

거룩한 회복탄력성:
트라우마로 읽는 성경

데이비드 M. 카 지음

차준희 옮김

거룩한 회복탄력성:
트라우마로 읽는 성경

지은이   데이비드 M. 카
옮긴이   차준희
편 집   김덕원, 이찬혁, 이상원
색 인   박이삭

발행인   이영욱
발행처   감은사
전 화   070-8614-2206
팩 스   050-7091-2206
주 소   서울시 강동구 암사동 아리수로 66
이메일   editor@gameun.co.kr

종이책
초판1쇄   2022.04.30.
초판2쇄   2024.01.31.
ISBN   9791190389501
정 가   22,000원

전자책
초판1쇄   2022.04.30.
ISBN   9791190389518
정 가   15,200원

Holy Resilience:
The Bible's Traumatic Origins

David M. Carr

David M. Carr
Holy Resilience: The Bible's Traumatic Origins

고통에 시달리는 모든 사람에게,
특별히 전쟁의 경험에 시달리는 사람에게
이 책을 바칩니다.

기록되지 않은 공간이라고 해서 결코 비어있는 것이 아니다. 이는 보다 깊은 힘이 살고 있는 장소이고, 살아있는 경험의 "더욱 많은 것"이 기록될 수 있는, "더욱 적은 것"에 의해 지배되기를 거부하는 장소다. … 이 기록되지 않은 공간은 별(star)의 중력으로 끌어당기고 모든 것을 자체의 궤도로 끌어들인다. 바로 이 기록되지 않은 공간 주변을 "텍스트"가 돌고 있다. … 살아있는(lived) 세계는 권위를 인정받은(authorized) 세계보다 더욱 강하다. 권위를 인정받은 텍스트는 바로 이 살아있는 세계 주변을 더욱 작은 위성으로서 돌고 있다. 비록 프톨레마이오스적 상상력(Ptolemaic imagination)은 다르게 생각한다고 할지라도 말이다.

도우 에저튼(W. Dow Edgerton),

『해석의 열정』(*The Passion of Interpretation*)

| 목차 |

서문

　나는 이 책을 성서에 대한 내 연구의 종합으로서, 그리고 트라우마/기억에 대한 연구를 가지고 그러한 학문을 보완하는 실험으로서 제시한다. 이 책의 더 많은 문장에 수식 어구를 추가할 수 있었겠지만, 계속되는 논쟁점에 관해 내가 숙고했던 판단이 책 전체에 드러나고 있다는 점만을 주목하면 된다. 전체적인 히브리어 본문 번역은 나 자신의 것이다. 반면에 그리스어 번역은 따로 각주 표시가 되어 있지 않다면 NRSV(New Revised Standard Version)로부터 인용하거나 수정해서 사용했다.

　이 책을 쓰면서 나는 트라우마를 겪었던, 도처에 있는 사람들의 증언의 구름에 둘러싸여 있다고 느꼈다. 이들의 몇몇 트라우마는 이름을 가지고 있고, 잘 알려져 있다. 반면 많은 다른 것들은 그렇지 못하다. 퀘이커(Quaker) 교도로서 나는 전쟁—테러와의 전쟁, 마약과의 전쟁 및 이라크, 아프가니스탄, 기타 많은 다른 지역들에 있는 매우 전형적인 전쟁—중에 고통을 겪었고, 지금 고통을 겪고 있는 사람들을 특별히 의식하고 있다. 다른 사람들은 자기의 고유한 증언의 구름 또는 개인적인 트라우마 경험을 가지고 이 책을 읽을 수 있다. 비록 내가 여기에서 고대의 트라우마에 관해 쓴다고 할지라도 나는 이 책을 보다 최근에 트라우마를 경험했던 사람들에게 바치고자 한다.

서론

    나의 아내와 내가 2010년 콜럼버스의 날(Columbus Day)에 멋진 주말을 보내고 있었을 때, 성서 연구에 대한 생각들은 내 마음에서 멀어져 있었다. 그때는 우리의 결혼 10주년 기념일이었고, 우리는 뉴욕의 캐츠킬(Catskill) 산맥에서 자전거를 타면서 여러 친구들을 만났다. 나는 자전거를 탄지 30분 정도 됐을 때 언덕에서 넘어지게 됐다. 포장도로와의 충돌은 나에게 열 개의 부러진 갈비뼈와 쇄골, 망가진 폐, 그리고 수개월 동안의 회복과 재활치료를 남겼다. 말 그대로 나는 간신히 살아남았다. 결국 여섯 개의 백금으로 가슴을 재건한 흉부외과 의사는 자기가 알기로 내가 이 정도의 흉부 외상의 수준에서 살아남은 유일한 환자라고 말했다. 그는 이것이 내가 아마추어 자전거 선수로서 쌓아온 훈련 때문이었을 것이라고 추측했다. 그 후 몇 달 동안 나의 뇌리에는 만약 내가 죽었다면 가족과 친구들의 삶이 어떠했을지에 대한 여러 가지 상(images)이 계속 남아 있었다.

이러한 개인적인 고통에 대한 경험은 꼭 1년 전에 시작했던 트라우마(trauma)와 성서라는 연구 계획과 예상치 않은 방식으로 맞물렸다. 나는 여러 학자들이 히브리 성서라고 칭하는 것을—보통 이것을 기독교인은 구약성서, 유대인은 타나크(Tanach)라고 부르는데 이 책에서는 이 용어들 중 전자를 사용할 것이다—전공으로 하는 성서학자다. 자전거 사고 1년 전에 나는 전문 학회에 트라우마와 성서 예언자들에 대한 연구 논문을 제출했다.[1] 나의 주장은 현대의 트라우마 연구를 통해 유대인의 바빌론 포로기 상황에서 작성된 예언서들의 특징을 설명할 수 있다는 것이었다. 성서학자로서 나는 물론 고대 이스라엘 사람들의 고통의 경험들과 현대에 트라우마로 분류된 경험들 사이의 차이점을 잘 알고 있었다. 그러나 인간은 트라우마 연구가 시작되기 오래전부터 이미 트라우마를 경험하기 시작했다. 트라우마에 대한 심리학적·인류학적 연구 및 다른 연구서들을 읽으면 읽을수록, 나는 이것들이, 어떻게 고대 이스라엘 민족이 고통을 겪었는지, 그리고 어떻게 그들의 경험이 성서를 통해 우리와 함께 살아가는지에 대해 나와 다른 사람들에게 가르쳐줄 수 있다고 믿게 됐다.

이 생각은 트라우마에 관한 독서와 연결되어 나로 하여금 성서를 새로운 시각으로 바라보게 했다. 그것을 통해 나는 유대인과 기독교인의 경전들이 수 세기간 지속된 재앙스러운 고통의 배경 안에서

---

1.   "Refractions of Trauma in Biblical Prophecy," in *Interpreting Exile: Interdisciplinary Studies of Displacement and Deportation in Biblical and Modern Contexts*, ed. Brad Kelle, Frank Ames, and Jacob Wright (Atlanta: SBL, 2011), 295-308으로 발행됨.

형성됐던 방식들에 대해 민감해졌다.

　　여기서 나는 어떻게 유대인과 기독교인의 성서들이 고통에 대한, 특별히 집단적 고통에 대한 반응으로 등장하게 됐는지를 이야기할 것이다. 유대교와 기독교는, 이스라엘 민족이든 교회든 간에, 공동체를 강조하는 종교적 삶의 비전을 제공한다.[2] 게다가, 유대인과 기독교인의 경전은 자기 공동체가 재앙에 의해 완전히 파괴되기보다는 재앙을 견뎌내도록 도운 방식으로 그러한 공동체들을 정의한다. 아마도 가장 중요한 것은 유대교와 기독교의 경전이 부분적으로 공동체적 고통에 대한 반응으로 기록됐고, 고통을 더 넓은 구원 이야기의 일부분으로 제시한다는 점일 것이다. 복잡한 방식이지만, 각 전통은 재앙을 앞을 향한 길로 묘사한다. 이는 예를 들어 "누구든지 나를 따라오려거든 자기를 부인하고 자기 십자가를 지고 나를 따를 것이니라"(막 8:34; 또한 마 16:24; 눅 9:23에 평행)라는 예수의 권고를 포함할 수 있는 일종의 종교적 관점이다.

　　물론, 예수의 십자가는 성서에 반영되어 있는 많은 고통스러운 에피소드들 중 하나일 뿐이며, 이것들 중 어떤 것들은 다른 것들보다 더 잘 알려져 있다. 첫째, 현재의 북부 이라크 지역에 기반을 두고 있는 강력하고 파괴적인 제국, 아시리아는 북왕국 이스라엘을 파괴하고 남쪽의 유다 왕국을 거의 멸망시켰다. 이후 아시리아는 유다를 거

---

2. 이슬람교는 공동체에 관한, 그리고 고통에 관한 두드러진 강조점을 특징으로 하는 상당히 유사한 세계 종교 전통을 대표한다. 이슬람교에 대한 특별한 전문 지식이 부족하기 때문에 나는 이에 관한 논의를 다른 사람들에게 남겨 두려 한다.

의 한 세기 동안 지배했다. 다음으로, 또 다른 메소포타미아 제국인 바빌로니아는 예루살렘을 파괴했고 주민들을 멀리 떨어진 바빌론 지역으로 추방했다(바빌로니아는 제국의 이름이고, 바빌론은 지명이다—편주). 수십 년 후 페르시아 제국은 바빌로니아를 패배시켰고, 몇몇 유다의 포로민들이 예루살렘으로 조금씩 되돌아가는 것을 허락했다. 그러나 이렇게 돌아온 자들은 다윗 계열의 왕들이나 국가의 지위를 결코 되찾지 못했다. 대신 그들은 바빌론에서 포로민으로 있던 동안 배웠던 교훈을 바탕으로 성전 중심 공동체를 만들었다. 수 세기 이후 헬라의 왕, 안티오쿠스 4세(Antiochus the fourth)가 유다를 통치하게 됐는데, 성전을 그리스의 한 신에게 바치고 유대교를 따르는 모든 사람들에게 죽음의 형벌을 가했다. 그의 통치는 종국적으로 마카비 혁명으로 막을 내렸지만 유다는 곧 로마의 지배를 받게 됐다. 그리고 이로써 예수 및 반란으로 유죄 판결을 받은 다른 유대인들에 대한 십자가 처형, 예루살렘의 궁극적인 파괴, 신흥 예수 운동이 범죄로 규정된 것의 발판이 마련됐다.

　이러한 모든 고통 이전에, 고대의 이스라엘은 다른 나라들과 마찬가지로 일련의 경전들—왕조를 칭송하는 여러 가지 찬양과 중요한 왕실 교훈, 사랑 노래, 창조와 홍수에 관한 몇몇 신화—을 가지고 있었다. 이것들은 이스라엘의 "트라우마 이전"(pretrauma)의 경전들이었다. 수 세기에 걸친 위기 이후에, 고대 이스라엘은 자신의 경전들을 변형시켰고, 땅이 없었던 조상들과 광야에서의 삶에 초점을 맞추었다. 그리고 후대의 기독교 교회는 십자가에서 처형된 한 구원자에 관한 이야기를 중심으로 자신의 경전들을 형성했다. 성서의 몇몇 독특한 주제와 강조점은 위기의 세기 이후로 거슬러 올라갈 수 있다. 그것은 확실히 인간 경험의 다양한 측면—기쁨, 감사, 사랑, 경이로움, 그리고 이와 유사한 것들—에 관한 본문들을 포함하고 있다. 그럼에도 여러 경전의 전반적인 형태와 강조점은 대부분 위기의 시기에 형성됐다.

따라서 고통 및 고통의 잔존물이 성서 안에 기록됐다. 이는 많은 다른 고대의 문서와는 달리 이 경전들이 현재에도 존속할 수 있는 이유에 대해 설명해준다. 이집트와 메소포타미아에 있던 고대 제국들의 한때 유명했던 문서들은 사라졌다. 이 문서들은 자신들이 칭송했던 제국들과 함께 죽었다. 오직 지난 두 세기 동안에만 고고학자들이 이러한 문서들을 재발견하고 판독했다. 심지어 로마 제국의 위대한 문서들도—현재는 여러 대학과 몇몇 우수한 학교에서 연구되고 있다—자신들의 그늘 아래서 작성됐던 신약성서 문서들의 영향력과 유포(circulation)를 누리지 못했다. 트라우마의 잔존물이 성서 안에 포함됐던 것을 염두에 두면 다른 제국의 문서들과는 달리 유대인과 기독교인의 경전이 번성할 수 있었던 이유에 대한 부분적인 해답을 발견할 수 있다. 유대인과 기독교인의 경전들은 재앙을 경험한 인간의 트라우마로부터 등장했고 그 트라우마에 대해 말하고 있다.[3]

---

3. 물론 이러한 해답의 한 부분은 유대인과 기독교인의 경전들의 특성이 그것이 지속적으로 사용되는 데 있어 어떻게 중요한 역할을 했는지에만 관련되어 있다. 유대인과 기독교인의 경전들의 번영에 관한 해답의 다른 부분은 유대교와 기독교의 성서 이후 역사, 즉 각 종교적 운동이 어떻게 현재까지 지속됐고 그 과정에서 경전들이 어떻게 사용됐는지에 관해 초점을 맞춘다. 그러한 성서 이후 역사는 이 책의 범위를 벗어난다.

물론 이는 성서의 메시지를, 이를 형성했던 고대의 경험들로 축
소시키지 않는다. 오히려, 고통의 경험들은 본래의 맥락을 초월하는
지혜의 형태를 가르칠 수 있다. 때때로 어려운 진리들을 배우기 위해
고통스러운 경험이 필요할 수 있다. 그러나 이는 고통 속에서 배운
진리들이 삶의 어려움에 대한 유일한 성찰이라는 것을 의미하지는
않는다. 대신에, 적어도 어떤 상황 안에서, 트라우마는 사람의 환상
들을 벗겨낼 수 있다. 그것은 삶의 일시적이고 종종 임의적인 특성을
드러낼 수 있다. 트라우마 이후에 배우게 되는 이야기는 트라우마 경
험을 포함하면서도 초월해야만 한다. 아이스킬로스(Aeschylus)의 『아
가멤논』(Agamemnon)에 있는 후렴구는 고통에 대한 제우스의 의도를
다음과 같은 방식으로 묘사한다.

> 그[제우스]는 인간(mortals)으로 하여금
>
> 지식이 고통을 통해 온다는 것을 이해하도록 이끈다.
>
> 그는 이것을 법으로 확립했다. …
>
> 지혜는 본의 아니게 다가온다.
>
> 그것은 폭력적인 선물이다. 내가 생각하기에,
>
> 노를 젓는 멋진 의자 위에 있는 신들로부터 온.[4]

이 "폭력적인 선물"의 생존자들은 결코 자신들의 고통을 완전히

---

4.   아가멤논 176-183에 대한 인용은 Janzen, *The Violent Gift*, 3에 나온다. Janzen
    은 정신적 외상과 성서에 대한 지금까지의 가장 광범위한 연구 중 하나인 자
    신의 책 이름을 이 시에서 가져왔다.

뒤로 할 수 없다. 그러나 일부 사람들은 고통으로부터 자신들이 성장한다는 사실을 알게 된다. 그들은 더 깊은 회복탄력성(resilience)을 발전시키고, 예기치 않은 방식으로 성장한다.[5]

유대교와 기독교의 성서들은 수 세기에 걸친 고통과 공동체적 회복탄력성의 잔존물이 기록된 보관소다. 다른 나라의 신화들이 승리에 초점을 맞추면서 나라들과 함께 몰락한 반면, 성서는 거대한 재앙의 잔존물에 대해 말한다. 다른 경전들은 타인을 지배하기 위해 제국을 후원했던 여러 신들을 묘사한다. 유대인과 기독교인의 경전들은 하나님 자신의 백성에게 고통을 가져왔지만 그들로 하여금 고통을 통과하게 했던 하나님을 그린다. 현대 문화계에서는 별다른 의문 없이 자기 구성원들의 삶을 긍정하는 정치인과 종교지도자를 선호하는 것처럼 보인다. 유대교와 기독교의 경전들은 삶이 산산이 부서졌을 때에도 여전히 현존하고 있는 하나님에 대한 그림을 제공한다. 나는 이것이 현재 우리가 유대인과 기독교인의 성서들을 여전히 지니고 있는 큰 이유라고 생각한다.

* * *

지금까지 나는 인간의 괴로움을 묘사하기 위해 다양한 용어들을 사용했다: "재앙", "고통", "트라우마". 당면한 이야기로 돌아가기 전

---

5. 이러한 "트라우마 이후의 성장"(posttraumatic growth)은 트라우마와 회복 연구에서 증가하고 있는 관심 주제다. 1990년대 중반의 연구를 위해서는 Tedeschi and Calhoun, "Posttraumatic Growth"를 보라.

에 나는 트라우마 개념에 관해서, 그리고 이 논의를 위해 왜 트라우마가 도움이 된다고 생각하는지에 관해서 말하고자 한다. 무엇보다도 "트라우마"라는 단어는 최근 몇 년 동안 점점 더 경시됐다. 그리고 트라우마에 관한 대부분의 연구는 고대 이스라엘과 교회의 경험들과는 동떨어진 현대의 경험들에 초점을 맞추고 있다. 나는 "트라우마"라는 단어가 집단학살에서부터 나쁜 성적(grade)에 대한 좌절에 이르기까지 다양한 여러 경험들에 적용되는 것을 들은 바 있다. 심지어 이 프로젝트에 대해 나와 함께 논의했던 몇몇 사람들은 이 연구에서 트라우마 개념을 옆으로 제쳐두고, 역사의 재앙이 어떻게 성서 기록에 기여했는지에 대한 이야기에만 초점을 맞추자고 제안하기도 했다.

나는 이러한 의구심들 중 일부를 인정한다. 그러나 여전히 나는 트라우마에 관한 현대적 연구가 성서 연구에 있어서 유용하다고 생각한다. 그 이유는 다음과 같다. 그러한 트라우마에 관한 연구들은 압도적인 고통이 종종 기억과 행동에 **간접적으로** 영향을 미치는 방식을 강조한다. 이 진술 안에는 트라우마에 관한 나의 정의가 내재되어 있다. 내가 이해하는 바에 따르면, 트라우마는 그 충격이 너무 폭발적이어서 직접 맞닥뜨릴 수 없고, 간접적인 방식으로 개인/집단의 행동과 기억에 영향을 미치는, 압도적이고 잊을 수 없는 재앙 경험을 뜻한다.

이러한 정의는 트라우마에 관한 다른 사람들의 묘사 위에 토대를 두고 있다. 예를 들어, 유딧 헐만(Judith Herman)은 고전이 된 자신의 『트라우마와 회복』(*Trauma and Recovery*)에서 "트라우마 사건들은 사람들에게 통제, 연결, 의미의 느낌을 부여하는 일반적인 치료 체계를 압도한다"라고 썼다. 트라우마에 관한 최고의 문학 이론가, 캐시 케이루스(Cathy Caruth)는 "트라우마는 예측불가능성 또는 공포로 인해 사전 지식의 도식 안에 위치될 수 없는 사건과의 대립이다"라고 진술한다. 나중에 그녀는 여기에, "**자리가 없는 역사**"라고 덧붙였다. 트라우마는 "말로 표현할 수 없는 공포다." 마지막으로, 트라우마의 메타심리학(metapsychology)에 관해 약간 덜 알려진 논문에서, 캐롤 비비 테런텔리(Carole Beebe Tarantelli)는 트라우마를 정신(psyche)의 "폭발"로 묘사한다. 너무 충격적이어서 그것을 경험할 수 있는 "나"는 결코 존재하지 않는다. 그것은 일시적으로 "나"의 정신을 소멸시키고, 경험의 모든 틀을 때려 부순다. 정신의 본틀(templates)로는 그것을 이해할 수 없다.[6]

이 책에서 나는 각 개인 정신의 폭발이 아니라 고대의 **집단**에 영향을 미쳤던 트라우마에 주로 초점을 맞춘다. 그럼에도 나는 테런텔리(Tarantelli)의 폭발 메타포가 "트라우마"를 "고통"과 사실상의 동의어로 교정하여 사용하는 데 도움이 된다고 생각한다. 물론 집단들은 모든 종류의 매우 고통스러운 사례를 경험할 수 있다. 경우에 따라 현대의 어떤 집단은 심지어 과거의 고통스러운 경험에 초점을 맞추기도 하며, (정신분석학자 바믹 볼칸[Vamik Volkan]이 말한 바에 따르면) 자신을 공유된 "선택된 트라우마"(chosen traumas: 민족의 집단 정체성 가운데 자리 잡

---

6. Herman, *Trauma and Recovery*, 32, 그리고 Caruth, *Trauma*, 153로부터 인용. Carole Beebe Tarantelli의 설명은 "Life Within Death," 918-921에 나온다.

고 있는 민족적 고통을 의미함—편주)로 정의하는 데까지 이른다: 1620년 빌라 보라(Bilá Bora)의 체코인 참사, 1890년 운디드 니(Wounded Knee) 지역의 라코타 주민 학살, 나치의 유대인 집단학살. 이러한 경우에 심히 고통스러운 경험은 한 집단에 의해 자체의 거대서사(master narrative) 안으로 통합되는데, 이는 집단의 정체성을 정의하는 데 도움이 되고, 종종 집단의 배상(redress) 요구의 근거가 된다. 비록 성서가 현대의 "공유된 트라우마"(shared traumas)와 유사한 사건들—구약성서에 있는 예루살렘의 파괴 또는 신약성서에 있는 예수의 십자가 처형에 관한 기사들 같은—을 묘사하고 있다고 할지라도, 나는 여기에서 이러한 트라우마 및 다른 트라우마들이 너무 폭발적이어서 간접적으로 성서에 미치게 된 영향에 더더욱 흥미가 있다. 종종 트라우마를 중시하는 현대 세상과는 대조적으로, 고대 이스라엘과 초대교회의 세계에서는 고통을 한 개인 또는 집단이 저주받은 것에 대한 명백한 증거로 간주하는 경향이 있었다.[7]

이 책에서 나는 고대 이스라엘, 초기 유대교, 초대교회가 단지 어떻게 고통을 겪었는지뿐 아니라 당시에 집단 정체성을 갈기갈기 찢었던 재앙적인 재난들에 어떻게 직면했는지를 살펴본다. 이 책에서

---

7. 문화적으로 인식된 "선택된 트라우마"에 초점을 맞춘 논의의 사례들이 Volkan, *Bloodlines* (특히, 34-49), 그리고 Jeffrey Alexander, "Toward a Theory of Trauma," in *Cultural Trauma and Collective Identity*, ed. Jeffrey Alexander (Berkeley: University of California Press, 2004), 1-30에 포함되어 있다. 트라우마의 완곡한 영향에 대한 이 책의 초점은 내가 20세기 후반의 희생자 문화를 트라우마가 상당히 다르게 간주됐던 시기에 투영할 수 있는 혐의를 회피하는 하나의 방식이다. 나는 이 문제를 부록에서 더욱 상세하게 논의했다.

나는, 어떻게 본래 "이스라엘"이 아시리아인에 의해 멸망됐는지, 어떻게 예루살렘에 중심을 두었던 유다가 파괴된 이스라엘의 정체성을 떠맡았는지, 어떻게 예루살렘의 거주민들이 예루살렘 파괴 후 포로지로 보내졌을 때 자신들의 정체성을 재형성했는지, 어떻게 지금우리의 손에 들린 히브리 성서가 유대교를 제거하기 위한 그리스의 지속적인 시도에 대한 반응으로 확정됐는지, 그리고 마지막으로 어떻게 유대교와 기독교가 유대교의 민족주의와 기독교의 선교적 유일신론을 억누르기 위해 끔찍한 폭력을 사용하려는 로마의 시도로부터 등장하게 됐는지를 묘사할 것이다. 이러한 위기들은 단지 여러개인에게만 아픔과 고통을 생산한 것이 아니다. 이는 전체 집단의 정체성을 산산이 부수었고, 그들 자신에 대한 새로운 이해, 즉 유대교와 기독교의 경전들에 현재 새겨져 있고 확정되어 있는 이해에 도달하도록 요구했다.

트라우마 개념은 우리로 하여금 서구 문화에 속한 많은 사람들이 이러한 재앙들에 관해 거의 알지 못함에도 불구하고 어떻게 여전히 거기에 사로잡혀 있는지를 이해하도록 돕는다. 예를 들어, 처음에는 유일신론을 고통에 대한 반응으로 생각하지 않을 수 있겠지만, 이스라엘의 유일신론의 발전은 분명히 매 분기점마다 집단적 재앙에 의해 촉진됐다.[8] 기독교는 이러한 유일신론을 이스라엘 경계를 넘어

---

8. 유일신론에 관한 과거 작품에 접근하게끔 도와주는 조사를 위해서는 다음을 보라. Robert Gnuse, *No Other Gods: Emergent Monotheism in Israel* (Sheffield: Sheffield Academic Press, 1997), 62-128; Mark S. Smith, *The Origins of Biblical Monotheism: Israel's Polytheistic Background and the Ugaritic Texts* (New York:

전달했다. 실제로 기독교라는 이름을 포함하여, 기독교 전통의 여러 중심적인 측면은 초기 예수의 추종자들이 로마 제국 전역에서 유일신론 형태를 전파할 때 그들이 겪었던 고통에 그 기원을 두고 있다.

서구 문화는 이러한 유일신론적 유산을 물려받았다. 심지어 틀림없이 세속적인 서구 문화의 일부분에 있어서도 그러했다. 고대 유일신론에 있어서 가장 중요한 혁신의 요소는 오직 한 하나님에 대한 일종의 순수한 믿음이 아니라 다른 신들에 대한 거부였다. 고대 이스라엘은 세상에 점차 환멸을 느끼게 되면서 이웃 나라로부터 구별됐고, 그곳에서 사람들은 오직 그 국가의 신만을 숭배하도록 기대됐다(이 신은 '야웨'라고 불리지만, 대부분의 영어 번역들에서는 '주'[LORD]로 번역된다). 다른 영 또는 신성(divinity)—조상의 영, (야웨가 한 번 가지고 있었던) 하나님의 배우자, 지역 신들 또는 화려한 외국의 신들도—에 대한 숭배는 금지됐다. 야웨 외에 다른 신은 없었다. 이스라엘과 초기 유대교 주변 민족들은 매우 다양한 종류의 영과 신들을 일반적으로 받아들였고 심지어 숭배했다. 비록 몇몇 사람들이 한 신이 다른 모든 신보다 뛰어나다고 간주했음에도 불구하고 말이다. 그들의 세계에는 생생한 그림과 조각의 사용을 통해 상호 작용할 수 있었던 신성한 영들이 스며들어 있었다. 그러나 고대 이스라엘의 위기들은 세속적인 이미지를 부여할 수 없는, 오직 한 신에 대한 헌신만을 허용했던 경건의 형태를 낳았다. 다른 모든 것들은 배척됐다. 그러나 이후의 지속적인 위기들은 이스라엘로 하여금 야웨 외에 다른 어떤 신들이 존재한다

Oxford University Press, 2001).

는 것조차 거부하도록 이끌었다. 이스라엘의 세상은 환멸을 느꼈다. 현대의 세속적 서구 세계관에서는 유대교와 기독교가 지지하는 오직 한 신조차 인정하지 않은 채 환멸의 세계라는 전통을 지속한다.

　환멸의 세계. 다른 사람의 신에 대한 거부. 지역과 국가에 기반을 둔 정치 구조보다는 공통의 경전과 하나님 개념을 중심으로 세워진 종교적 공동체들. 이것들은 고대 이스라엘인과 기독교인의 고통의 경험들에 연결된 당대 세상의 요소 중 일부에 불과하다. 우리는 이제 그러한 경험들에 앞서 있는 고대의 문서들과 공동체들로 돌아갈 것이다: 이스라엘, 유다, 그리고 트라우마 이전 경전의 글.

제1장
이스라엘, 유다, 그리고 경전의 탄생

고대 이스라엘은 고통을 겪었다. 그러나 경전은 트라우마와 함께 **시작하지** 않았다. 가장 고대의 이스라엘은 심지어 글로 된 문서조차 가지고 있지 않았다. 구전 전통들은 패배를 애도하기보다는 오히려 승리를 축하했다.

"이스라엘"은 대략 3000년 전, 즉 기원전 1250년경 고대 근동의 기록에 최초로 등장한다. 가나안 땅은 서쪽으로 약 400마일 떨어져 있는, 나일강을 중심으로 세워진 제국인 이집트에 의해 지배됐다. 당시의 이집트 통치자, 파라오 메르넵타(Merneptah)는 가나안에 대한 통치권을 확인하기 위해 그곳으로 원정대를 보냈다. 자신의 군사작전을 기념하는 비문에서, "이스라엘 민족을 학살하고 자녀들을 죽였다"라고 자랑했다.[1] 이것이 세계 문학에서 "이스라엘"에 대해 분명하

---

1.   Victor Matthews and Don Benjamin, *Old Testament Parallels*, Fully Revised

게 연대를 추정할 수 있는 최초의 언급이며, 이는 이집트 침략군에 의한 이스라엘 부족민의 고통을 기록한다.

　　그러나 이스라엘 민족은 대적들 앞에서 완전히 무기력하지 않았다. 성서에 보존된 가장 초기의 시들 중 하나인, 사사기 5장에 있는 드보라의 노래는 하솔이라는 가나안의 주요 도시의 군사 공격을 물리치기 위해 이스라엘 지파들이 연합한 것을 묘사한다. 노래를 부르는 사람은 여러 지파들을 전투로 이끌었던 여성 지도자 드보라다. 특히 히브리어의 고대 형태를 사용하면서 드보라는 전투에 참여하라는 요청에 응답했던 지파들을 나열한다(지파의 이름들은 고딕으로 표시했다).

> **에브라임**에게서 나온 자들은 아말렉에 뿌리 박힌 자들이요
> **베냐민**은 백성들 중에서 너를 따르는 자들이요
> **마길**에게서는 명령하는 자들이 내려왔고
> **스불론**에게서는 대장군의 지팡이를 잡은 자들이 내려왔도다
> **잇사갈**의 방백들이 드보라와 함께 하니
> **잇사갈**과 같이 바락도 그의 뒤를 따라 골짜기로 달려 내려가니
>
> (삿 5:14-15a).

---

and Expanded ed. (New York: Paulist, 2006), 98에 있는 번역. 이 메르넵타 석비의 연대는 고대 가나안의 고지대 전역에 작은 정착촌들이 매우 많이 등장한 시기와 대략 상응한다. 많은 학자들은 이 정착촌의 사람들을 초기 "이스라엘 사람들"이라고 본다.

요청에 응답했던 지파들을 나열한 이후에, 드보라는 요청했을 때 오지 않았던 지파들을 꾸짖는다.

> **르우벤** 시냇가에서
> 큰 결심이 있었도다
> 네가 양의 우리 가운데에 앉아서
> 목자의 피리 부는 소리를 들음은 어찌 됨이냐
> (르우벤 시냇가에서 큰 결심이 있었도다)
> **길르앗**은 요단강 저쪽에 거주하며
> **단**은 배에 머무름이 어찌 됨이냐
> **아셀**은 해변에 앉으며
> 자기 항만에 거주하도다(삿 5:15b-17).

드보라는 스불론과 납달리 지파의 원조(help)를 확인하면서 결론 내린다: "**스불론**은 죽음을 무릅쓰고 목숨을 아끼지 아니한 백성이요 **납달리**도 들의 높은 곳에서 그러하도다"(삿 5:18). 요약하면, 여섯 개의 지파들은 전투에 참여했다: 에브라임, 베냐민, 마길, 스불론, 잇사갈, 납달리. 그러나 네 개의 지파들은 참여하지 않았다: 르우벤, 길르앗, 단, 아셀.

이 이름들은 어떤 독자들에게는 낯설고 생소할 수 있다. 중요한 것은 이것이다. 성서의 나머지 부분에서 매우 중요한 '유다'라는 지파의 이름은 이 초기의 "이스라엘"에 대한 조사에서 결코 언급되지 않는다. 도움을 주었거나 도움을 주지 않았던 많은 지파를 드보라가 나열하고 있음에도 불구하고, 유다와 시므온이라는 남부의 지파들은 그녀의 레이더망 위에 존재하지도 않는다. 그리고 우리는 성서의 사사기 안에 있는 여러 지파들에 관한 다른 이야기에서도 유사한 양상을 발견할 수 있다. 사사기의 서론으로 추가된 초기의 유대인 "사사"를 제외하고(삿 3:7-11의 옷니엘), 사사기의 나머지 부분에서 언급된 **모든 사사/지파**는 중부와 북부 가나안의 고지대들에서 기원한다. 이것들은 기원전 1250년경의 고고학적 기록에 "이스라엘"이 최초로 등장한 시기에 지파들이 처음으로 거주했던 지역이었다. 이들이 메르넵타에 의해 언급된 "이스라엘"이다.

우리의 이야기는 이러한 지파 이스라엘(tribal Israel), 즉 오로지 고지대 지파들로만 구성됐던 초기의 이스라엘과 함께 출발한다. 우리는 이 지파 집단으로부터 유래한 문서들을 가지고 있지 않다. 고대 근동 대부분의 다른 부족 집단들과 마찬가지로 이 부족들도 문맹이었다. 기껏해야 이스라엘의 어떤 지파 지도자가 특별히 가치 있는 단검 또는 그릇에 표를 붙이기 위해 서기관을 고용하는 정도였을 것이다. 그런 경우 외에 이스라엘 민족은 드보라의 노래와 같은 승리의 노래를 불렀다(구전 전통은 있었지만 기록물은 없었다는 이야기—편주). 그들은 (자신들의 이름을 따서 이스라엘로 알려져 있는) 야곱과 같은 여러 조상들에 관한 이야기들을 말했다. 또한 그들은 이집트에서 노예로 지내고 있던 자신의 조상들이 "모세"의 지도하에 당시 이집트의 파라오 및 그 군대에 대한 초기의 승리를 누릴 수 있었던 방법을 이야기했을 것이다. 이러한 이스라엘 민족의 구전 이야기는 성서의 오경(창세기-신명기) 배후에 존재한다. 그러나 구전과 기록은 거의 동일시되지 않는다. 여

러 반대 주장에도 불구하고, 지파 이스라엘과 같은 전적인 구전 문화
에서는 전통을 세대를 걸쳐 정확하게 보존하지 않는다.[2]

반면에 글쓰기는 이스라엘에 대한 도시의 적들, 즉 하솔 또는 이
집트와 같은 적들이 주로 했던 것이다. 이집트 또는 메소포타미아 같
은 거대한 제국들은 엘리트 지도자들을 교육하기 위해 글로 된 문서
를 사용했다: 왕실 시편과 서사시, 신화, 지혜 교훈, 사랑의 노래. 인
근의 가나안 도시들은 그러한 문화들을 모방하여 위대한 문화의 명
성을 자랑하기 위해 글쓰기를 사용했다.[3] 글쓰기는 적의 도시 국가
왕정(monarchies)에 필요한 것이었다. 이스라엘의 지파들은 글쓰기를
거의 사용하지 않았다.

이스라엘 최초의 왕정 내부에서 성서의 탄생

이스라엘인이 스스로 도시국가 왕정을 채택하기 전까지는 글쓰
기가 거의 사용되지 않았다. 드보라에 의해 형성된 것과 같은 연합체
가 이스라엘의 적들을 격퇴하기에 충분하지 못한 시기가 다가왔다.
그 결과 이스라엘은 적들처럼 중앙집권화된 정치체제, 즉 왕정을 채
택했다. 이와 함께 글쓰기, 사실상 이웃 나라들의 것과 같이 글로 작
성된 경전들이 등장했다. 이러한 초기의 경전들은 트라우마 이전 구

---

2. Jack Goody, *The Interface Between the Written and the Oral* (Cambridge: Cambridge University Press, 1987), 86-105.

3. Carr, *Writing on the Tablet on the Heart*, 47-61, 84-90.

약성서의 핵심을 형성한다.

위기는 기원전 1000년경에 발생했다. 이스라엘 지파들은 가나안 해안가에 있는 다섯 도시의 연합체인 "블레셋"의 공격을 받았다. 이 블레셋의 공격은 이전의 것보다 더 물리치기 어려웠고, 이스라엘 지파들에게 큰 충격을 가져다 주었다. 처음에 지파들은 사울이라는 인물을 중심으로 결집하여 블레셋의 전차들과 전문 군인들을 상대로 승리를 거두었다. 그럼에도 사울의 승리는 일시적이었다. 블레셋의 조직화된 군대의 힘은 이스라엘의 자원병들이 상대하기에는 너무 막강했다. "이스라엘"의 미래의 존재가 위험에 처했다.

사울이 전투에서 전사했을 때 이스라엘 지파들은 급진적인 행동을 취했다. 이스라엘 외부에서 한 지도자를 선택한 것이다. 그의 이름은 다윗이었다. 그는 심지어 한때 블레셋 왕을 위해 일한 적도 있었던 유다 지파 출신의 용병이었다. 다윗은 이스라엘 지파들의 지도자직을 받아들였고, 이전에 동맹 관계였던 블레셋을 패배시켰으며, 계속해서 다른 이웃 민족들에 대해 군사적 승리를 거두었다. 그러나 다윗은 이스라엘을 위해 일시적인 군사적 승리를 성취하는 것 그 이상을 했다. 그는 지파 이스라엘이 한때 싸웠던 도시의 왕정들과 유사한 이스라엘의 왕정을 수립했다. 다윗은 여부스 민족이 소유하고 있던 성벽으로 둘러싸인 도시, 예루살렘을 점령하여 새로운 왕국의 수도로 삼았다. 예루살렘은 유다와 이스라엘의 경계선상에 있으면서, 가나안 구릉지역으로부터 멀리 떨어진 지역에 안전하게 위치해 있었기 때문에 왕정 수도 기능에 매우 적합했다.

예루살렘에 기반을 둔 다윗의 왕국은 서서히 도시 군주제의 과

시적인 요소들을 획득했다. 그것은 예루살렘에 있는 성벽으로 둘러 싸인 기지뿐만 아니라 상설 군대, 이집트의 궁정을 본뜬 왕실 궁정, 심지어 서기관에 해당하는 이집트 단어와 유사한 이름을 가진 서기 관을 가지고 있었다. 성경에서 그 이름은 사워사(Shavsha), 스라야(Seri-yah), 시사(Shisha), 스와(Sheva)로 다양하게 주어진다.[4] 후대의 히브리 서 기관들은 외국의 이름을 어떻게 번역해야 하는지 확신하지 못했던 것 같다. 그러나 아마도 이 '시사'는 다윗이 자신의 신생 궁정에 지명 했던 이집트인 서기관이었을 것이다. 다윗의 어린 아들 솔로몬은 다 윗의 왕위를 계승하고서 수십 년간의 통치 동안 다윗의 왕국을 계속 해서 건설했다. 심지어 그는 시사의 아들 중 두 명을 공식 서기관으 로 임명했는데, 그중 한 명은 이집트의 신을 기념하는 엘리호렙(Eli-horeph)—이것은 "나의 하나님은 호렙이다"를 의미한다—이라는 이름 을 가지고 있다(왕상 4:3).

시사, 엘리호렙, 그리고 다윗과 솔로몬 궁정의 다른 서기관들은 예루살렘을 기반으로 하는 이 "이스라엘" 왕국의 최초의 경전들을 기록했고, 주위를 둘러싸고 있는 위대한 문화의 경전들을 자기 경전 의 본보기로 삼았다. 시편은 다른 왕정의 왕실 전통을 모방한 제왕시 (예. 시 2, 72, 110편)를 포함하고 있다. 잠언은 이집트의 아메네모페(Amen-emope)의 교훈을 각색한 전체 단락—잠언 22:17-23:11—을 포함한다.

---

4. 각각 대상 18:16; 삼하 8:17; 왕상 4:3; 삼하 20:25. 이에 대한 논의를 위해 서는 다음을 보라. T. Mettinger, *Solomonic State Officials: A Study of the Civil Government Officials of the Israelite Monarchy* (Lund, Sweden: Gleerup, 1971), 45-51.

그리고 창세기에 내재되어 있는 창조와 홍수에 관한 가장 오래된 이야기들은 고대 메소포타미아의 아트라하시스(Atrahasis) 서사시와 길가메쉬(Gilgamesh) 서사시 안에서 볼 수 있는 유사한 신화들에 대한 각색이다. 심지어 우리는 성서에 나오는 "솔로몬과 관련된" 다른 책들 안에서 고대 문헌의 추가적인 반향을 볼 수 있다. 여기에는 성적인 사랑을 다루는 아가서의 시와 전도서의 회의적 지혜도 포함되어 있다.[5]

　만약 우리가 이스라엘의 가장 오래된 "성서", 즉 다윗과 솔로몬 왕국의 성서에 관해 어떤 것을 말할 수 있다면, 그것은 다음과 같다. 이 성서는 우리가 지금 가지고 있는 히브리 성서 또는 구약성서와 매우 상이했다. 비록 하나님이 등장한다 할지라도, 이 문서의 초점은 이스라엘과 함께한 하나님의 역사에 있지 않다. 대신에 이 문서들은 학생들에게 사회적인 생활, 우주의 구조, 그 안에서 왕위의 역할에 대해 교육한다. 게다가 그러한 교육적인 문서들은 극도로 제한적인 의미 안에서만 "성서" 또는 "경전"이었다. 비록 신비적이고 심지어 신성하게 보인다고 할지라도, 이 문서의 대부분은 "하나님의 말씀"으로 알려지지 않았다/않는다(were and are not). 오히려 이들은 현대적 관점에서 볼 때 분명히 "세속적"이었다. 이 고대 문서들은 구약성서에서 최초로 글로 작성된 부분이자 비-트라우마 부분(nontraumatic part)을 형성한다.

5.　오늘날 학자들은 우리가 다윗과 솔로몬의 문학적 유산을 얼마나 많이 회복할 수 있는지 의문을 제기한다. 아가, 전도서와 관련한 여기의 제안은 특별히 쉽게 도전받는다. 추가적인 논의를 위해서는 다음을 참조하라. 내가 쓴, *Formation of the Hebrew Bible*, 355-469.

구약성서의 다른 트라우마 이전의 핵심

그러나 구약성서는 트라우마 이전 경전들의 또 다른 덩어리를 포함하고 있다. 이는 북부 "이스라엘" 지파들이 다윗/솔로몬의 유다에 의해 충분히 지배됐던 시기에 기록됐다. 솔로몬이 죽자 이스라엘 지파들은 솔로몬의 계승자 르호보암 왕으로부터 갈라졌다. 열왕기상 12장에 등장하는 이러한 분리에 관한 이야기는 새로운 이스라엘 지도자 여로보암이 어떻게 자신의 왕실 성소를 벧엘에 설치하고, 거기에 금송아지를 세우고, 백성들에게 출애굽 전통에 대해 상기시켰는지를 묘사한다.

> 이스라엘아 이는 너희를 애굽 땅에서 인도하여 올린 너희의 신들이라(왕상 12:28).

이는 여로보암의 새로운 이스라엘 왕조가 다윗의 남쪽 유다 왕조와 뿌리가 상당히 다르다고 주장하는 것에 대해 우리가 가지고 있는 첫 번째 단서다. 다윗과 솔로몬이 왕실 찬양들, 지혜 교훈들, 신화들을 가지고 있었던 반면에, 여로보암은 이스라엘에게 조상들과 출애굽에 관한 더 오래된 전통으로 돌아가도록 요청했다.

이렇게 북왕국 이스라엘의 역사가 시작됐다. 우리는 이 왕국에 관해 원하는 만큼 많이 알지 못한다. 특히 이 왕국이 건국된 지 2세기도 채 지나지 않아 멸망했기 때문이다. 그럼에도 적어도 학자들은 이스라엘의 북부 왕조가 존재했다는 것에는 동의한다. 더욱이 이 이스라엘 왕국은 존재하던 동안에 예루살렘에 있는 다윗 왕국보다 더욱 번성했다. 북부의 이스라엘 왕국은 유다의 작은 왕국보다 더 넓은 영토를 지배했다. 주요 무역로들이 이스라엘을 통해 지나갔던 반면에, 유다는 멀리 떨어져 있었다. 시간이 흐르면서 이스라엘은 더욱 강력해졌고, 유다를 포함한 주변의 지역을 통치했다.

우리가 다음 장에서 살펴볼 것처럼, 이 위대한 이스라엘 왕국의 성공은 실패의 원인이 됐다. 북이스라엘은 북부 메소포타미아를 기반으로 하는 아시리아 제국에 의해 멸망했다. 덜 번성하고 벽지에 있던 유다는 아시리아의 맹공격에서 살아남았고, 이스라엘에 관해 우리가 갖고 있는 유일한 기록들은 그들로부터 유래하게 됐다. 유다의 문서로서 구약성서 또는 히브리 성서는 이스라엘 왕조에 관한 이야기를 비스듬한 시선으로 알려준다. 유다의 관점에서 볼 때, 여로보암의 혁명은 일종의 반란이었고, 그가 예루살렘 밖에 성소들을 세운 것은 배교 행위였다.

그렇다고 하더라도 유다의 서기관들은 상당히 많은 양의 고대 이스라엘 경전들을 보존했다. 우리는 열왕기상 12장에 있는 이스라엘 건국 이야기와 여러 연결점이 있는 금송아지 이야기인 출애굽기 32장에서 이에 대한 표지를 볼 수 있다. 열왕기상 12장에서처럼 출애굽기 32장에도 금송아지가 나온다. 열왕기상 12:28에서 여로보암이 "이스라엘아 이는 너희를 애굽 땅에서 인도하여 올린 너희의 신들이라"라고 선포한 것처럼, 출애굽기 32장에서 백성들은 "이스라엘아 이는 너희를 애굽 땅에서 인도하여 낸 너희의 신이로다"(출 32:4)라고 말한다. 그러나 열왕기상 12장에서는 여로보암이 벧엘과 단에 성소들을 세웠지만, 출애굽기 32장에서는 이후에 벧엘의 제사장직과 연관된 인물인 아론이 광야에 성소를 세웠다. 학자들은 이 이야기들 사이의 연관성을 해결하는 데 실패했다. 그러나 열왕기상 12장과 출애굽기 32장은 모두 여로보암이 벧엘에 세웠던 새로운 왕실 성소에 아론 계열의 제사장직과 더불어 출애굽 제의가 있었음을 보여준다.[6] 다음은 더욱 놀랍다. 곧, 그러한 사실—여로보암이 금송아지 성소들을 세운 이야기(왕상 12장)와 그 기초를 출애굽 이야기(출 32장)로 재투사한 것 모두—에 관한 이스라엘 왕실 기억의 일부가 지금의 구약성서, 즉 유다의 문서 안에 포함됐다는 것이다. 출애굽기의 유대인 저자들은 시내산에서 아론이 금송아지를 세운 것을 큰 죄로 묘사하지만, 어떤 형태로든 그 기록을 보존하고 있다.

이는 여로보암에 의해 이스라엘에 세워진 왕조가 자신의 고유한 글로 된 경전들, 지금은 구약성서 안에 부분적으로 보존된 문서들을 발전시켰음을 보여주는 한 가지 표지일 뿐이다. 또 다른 사례는 창세기에서 발견될 수 있다. 거기에 나오는 야곱 이야기에는 예루살렘에 있는 다윗 왕조의 주장에 반하는, 아마도 여로보암의 서기관들에 의해 저술됐을 저항이 들어 있다. 다윗의 제왕시들은 야웨가 예루살렘에 거주한다고 선포하는 반면에(시 9:11; 135:21), 창세기의 야곱 이야기는 야웨가 오히려 이스라엘의 벧엘에 산다고 주장한다(창 31:13). 더 앞에서, 창세기의 야곱 이야기는 어떻게 야곱이 벧엘에서 하늘로 이어

---

6.   Frank Moore Cross, *Canaanite Myth and Hebrew Epic: Essays in the History of the Religion of Israel* (Cambridge: Harvard University Press, 1973), 198-99.

지는 사다리를 보았고, 거기에서 하나님에게 성전을 봉헌했는지를 설명한다(창 28:10-22). 이후에 창세기는 어떻게 야곱이 하나님과 씨름 했고, 여로보암이 이스라엘에 세운 최초의 수도들 중 하나인 부느엘 에서 이스라엘이라는 새로운 이름을 받았는지를 묘사한다(창 32:22-32; 그리고 왕상 12:25을 보라). 이러한 단서들은 모세에 관한 성서 이야기 의 일부분처럼, 창세기에서 발견되는 야곱 이야기가 예루살렘에서 발전된 문서들에 대한 이스라엘의 특별한 대항 경전들(counterscriptures)로서 등장했음을 시사한다. 여로보암의 서기관들은 이스라엘의 더 오래된 구전 전통을 기록함으로써 그러한 대항 경전들을 창조했 다. 그러한 과정에서 그들은 이스라엘 왕정의 왕실 성소(벧엘)와 수도 (브누엘)에 특별한 초점을 부과했다.

제국에 의한 트라우마 이전의 두 왕국, 두 경전

우리는 이제 성서 이야기의 다음 부분을 위한 등장인물들—개별 적 등장인물이 아니라, 민족들, 왕국들, 그들의 중요한 문서들—을 가 지고 있다. 한편으로, 우리는 여로보암에 의해 수립됐고, 고대 이스 라엘 지파 영역의 대부분을 통치했으며, 이스라엘의 옛적 야곱과 모 세 전통에 관한 기록 전승을 중심으로 세워진 이스라엘 왕국을 가지 고 있다. 다른 한편으로, 우리는 예루살렘에서 다윗의 후손에 의해 통치되는 유다 왕국을 가지고 있다. 이 다윗 계열의 왕국에서는 주변 나라들처럼 고대의 경전들에 더욱 초점을 맞추었다: 창조와 홍수 신

화들, 예루살렘과 그 왕권을 칭송하는 다윗의 시들, 솔로몬의 것으로
간주되는 지혜서.

　유다와 이스라엘 경전들 사이의 이러한 차이점은 유다와 이스라
엘의 왕국 안에서 수 세기 동안 각기 지속됐다. 심지어 한 세기 이후
기원전 700년대에 말하고 있는 예언자들도 이 기본적 차이를 반영
한다. 미가와 이사야의 유다 예언들은 야곱을 오직 지나가면서 언급
할 뿐이고, 다윗 계열의 왕권과 하나님의 "시온"으로서의 예루살렘
의 특별한 지위를 칭송하는 전통에 초점을 맞춘다. 이러한 초기 유다
예언자들은 출애굽 또는 광야에 관해 아무것도 말하지 않는다.[7]

　그러나 호세아의 경우는 다르다. 호세아의 말은 성서에 기록됐는
데, 유일하고도 진정한 이스라엘 예언자였다. 그는 야곱이 벧엘에 성
소를 세우고 브누엘에서 하나님과 씨름한 창세기 이야기를 언급한
다(호 12:3-4, 12). 또한 호세아는 이스라엘을 이집트로부터 인도한 모세
(호 12:13)에 관한, 그리고 광야에서 방랑하고 있던 이스라엘(호 9:10;
12:9)에 관한 여러 가지 출애굽기와 민수기 전승을 알고 있었다. 창세
기, 출애굽기, 민수기 안에서 발견되는 이야기에 관한 이러한 호세아
의 언급은 성서의 모든 곳에서 그러한 전통들에 관한 연대를 추정할
수 있는 가장 초기의 언급이다. 게다가 이러한 초기의 토라 저작에
관한 호세아의 초기 증언은 **북부의 것, 이스라엘의 것이다**

7.　물론, 현재 이사야와 미가에 연관된 책들 안의 일부 본문들은 출애굽 그리
　　고/또는 광야를 언급하고 있다. 그럼에도 불구하고, 대부분의 학자들은 이러
　　한 언급들(예. 사 63:10-14; 미 7:15)이 포로기 또는 포로기 이후의 서기관들
　　에 의해 이사야서와 미가서에 추가됐다는 것에 동의한다.

유다와 이스라엘 사이의, 그리고 그들의 문서 사이의 이러한 차이점들은 중요하다. 왜냐하면 그것들은 성서의 트라우마 이전의 배경을 형성하기 때문이다. 유다와 이스라엘의 경전들은 그것들을 창조했던 왕조들에 연결되어 있었다. 바로 이러한 의미에서 나는 이 경전들을 트라우마 이전의 것으로 묘사한다. 물론 사람들은 성서가 형성되는 이 시기에 고통을 겪었다. 그럼에도 이 경전의 두 본체—유다와 이스라엘 모두—는 기존 왕실의 정치 기관들을 지지했다. 만일 그것들이 이 단계들을 넘어서 발전되지 못했다면 아마도 잊혀졌을 것이다. 그리고 그것들은 이스라엘과 유다의 궁극적인 멸망에서 살아남을 수 없었을 것이다.

제2장
유일신론의 탄생

  기원전 700년대의 어느 시기에 이스라엘 국가는 당시의 초강대국 아시리아의 공격을 받아 그 지배 아래에 놓이게 됐다. 아시리아 제국은 현재의 이라크 북부 지역인 메소포타미아를 기반으로 하고 있었다. 기원전 700년대 초부터 아시리아 사람들은 서쪽의 여러 왕국들을 정복하기 시작했고, 지중해와 중요한 무역로를 가로막는 다른 나라와 여러 평원을 점차로 점령했다. 학자들은 그들의 동기에 대해 서로 논쟁하지만, 그 영향력은 분명했다. 광대한 영역에 걸쳐 있는 여러 왕국이 차례로 아시리아의 통치에 복종하게 됐다. 때때로 작은 왕국 무리가 아시리아의 힘에 저항하기 위해 일시적으로 연합하곤 했다. 이스라엘 국가도 이 연합체의 일부였다. 그러나 결국 아시리아는 이스라엘과 유다를 정복했고, 심지어 일정 기간 이집트까지도 지배했다. 아시리아의 군대와 견줄 만한 것은 없었다. 그리고 아시리아인은 자신을 거부했던 모든 자들을 잔인하게 심판하는 것으로 명성이 자자했다. 적절한 수준의 공포는 많은 양의 군사력보다 더욱 효과적으로 여러 가지 것을 성취할 수 있었다.[1]

기원전 745년부터 아시리아 군대, 즉 지구상에서 가장 유능하고 효과적인 군사 기계는 반복해서 이스라엘과 그 동맹들의 군대를 파괴했다. 현재 미국에서 그에 상응하는 인명 손실은 수백만 명의 군인/시민에 해당할 것이다. 그러한 공격의 생존자들은 아시리아인이 남겼던 경작지의 황폐화로 인한 기근으로 고통받았다. 그들은 또한 막대한 조공을 바쳤고, 전체 백성은 만약 아시리아에 대한 충성을 멈춘다면 스스로 저주받을 것이라고 선언하겠다는 "언약"을 통해 아시리아 정복자에게 충성을 맹세해야 했다. 아시리아인들이 그러한 맹세의 언약을 발명한 것은 아니었지만 자신들이 지배했던 여러 나라에게 충성을 강요하는 방식으로 그러한 언약을 완전하게 만들었다. 왕으로부터 평민에 이르기까지 모든 사람들은 오직 아시리아 왕에게만 충성하고 다른 나라와의 어떤 동맹도 거부함으로써 그에 대한 "사랑"을 보여주어야 했다. 무엇보다도 외세와의 동맹은 이스라엘 같은 작은 나라가 아시리아로부터 자유를 얻기를 희망할 수 있는 유일한 길이었다. 당연히 그들은 아시리아의 왕위 교체기와 아시리아 제국이 취약할 수 있는 다른 시기에 어떻게든 그러한 동맹을 형성하려고 시도했다. 그러나 이스라엘의 반란은 결코 성공적이지 못했다. 공격을 가하는 아시리아 군대는 처음에는 더 많은 사람들을 죽이고,

---

1.   A. Kirk Grayson, "Assyrian Rule of Conquered Territory in Ancient Western Asia," in *Civilizations of the Ancient Near East*, ed. Jack Sasson (New York: Scribner, 1995), 959-968.

나라의 규모를 감소시키며, 겉보기에 친-아시리아 지도자를 옹립함으로써 이스라엘 왕국을 심판했다. 결국 기원전 722년에 아시리아인은 북이스라엘을 지도에서 지워버렸다. 그들은 사마리아 왕국을 영구적으로 파괴하고 이스라엘 왕조를 해체했다. 그리고 그들은 모반을 꾀할 가능성이 있는 수천 명의 이스라엘 생존자를 제거했고, 포로민의 집과 땅을 장악하기 위해 제국의 다른 지역에서 이스라엘 땅으로 사람들을 이주시켰다. 그 이후로 줄곧 상실된 이스라엘 지파들에 관한 여러 소문이 있었지만, 이스라엘이라는 이름을 지녔던 특별한 북부 동맹과 관련하여 존재하는 것은 거의 없었다.

트라우마를 입은 이스라엘을 향한 호세아의 희망과 심판 예언

이러한 트라우마 상황 안에서 예언자 호세아—"여호와가 구원하신다"라는 뜻의 이름을 가진—는 희망의 메시지를 전달했다. 그는 야웨가 자신의 백성의 부모, 즉 하나님의 백성을 결코 포기할 수 없는 부모라고 선포했다. 호세아의 하나님은 자신의 백성을 가장 핵심적인 지파인 에브라임과 더욱 일반적인 이름인 이스라엘로 부르면서 다음과 같이 외친다.

이스라엘이 어렸을 때에 내가 사랑하여
내 아들을 애굽에서 불러냈거늘

선지자들이 그들을 부를수록

그들은 점점 멀리하고

바알들에게 제사하며

아로새긴 우상 앞에서 분향했느니라

그러나 내가 에브라임에게 걸음을 가르치고

내 팔로 안았음에도

내가 그들을 고치는 줄을 그들은 알지 못했도다

내가 사람의 줄

곧 사랑의 줄로 그들을 이끌었고

그들에게 대하여 그 목에서 멍에를 벗기는 자 같이 되었으며

그들 앞에 먹을 것을 두었노라

에브라임이여 내가 어찌 너를 놓겠느냐

이스라엘이여 내가 어찌 너를 버리겠느냐

내가 어찌 너를 아드마 같이 놓겠느냐

어찌 너를 스보임 같이 두겠느냐

내 마음이 내 속에서 돌이키어

나의 긍휼이 온전히 불붙듯 하도다(호 11:1-4, 8).

나 자신도 한 아버지이지만 이보다 더 강력한 무조건적 연민에 대한 이미지를 상상할 수 없다. 나의 첫 딸을 보았던 순간부터 그 이전에는 결코 느껴보지 못했던 깊은 감정에 사로잡혔다. 나는 어느 때라도 그 아이를 사랑하기를 멈추게 할 수 있는 어떤 것도 존재하지 않는다고 느낀다. 이것이 바로 호세아가 말하는 바, 하나님이 이스라

엘에 대해, 즉 아시리아에 의해 트라우마를 입게 된 이스라엘에 대해 가지고 있다는 사랑이다.

그러나 호세아의 메시지에는 더욱 가혹한 측면도 존재한다. 그는 백성이 아시리아의 지배를 종식하고자 시행하고 있는 여러 가지 것이 실제로 상황을 더욱 악화시키고 있다고 주장한다. 백성이 바알을 숭배함으로써 신적인 도움을 얻고자 노력한다면, 이는 "창녀 역할을 하는" 것과 같다(호 5:3). 이스라엘인이 자신의 죄를 속하기 위해 세운 바로 그 제단들은 그것을 악화시킬 뿐이다. 호세아는, "에브라임은 죄를 위하여 제단을 많이 만들더니 그 제단이 그에게 범죄하게 하는 것이 되었도다"라고 설교했다(호 8:11). 심지어 그는 이스라엘의 금송아지 및 다른 신적 상징들이 하나님의 진노를 유발하므로 파괴될 것이라고 선포한다. 호세아의 관점에서 보면, 하나님에 대한 이스라엘의 불성실, 즉 이스라엘의 바알 숭배와 신적 형상 헌신이 정확하게 이스라엘이 아시리아의 압제 아래서 고통받는 이유다.

> 에브라임이 말을 하면 사람들이 떨었도다
> 그가 이스라엘 중에서 자기를 높이더니
> 바알로 말미암아 범죄하므로 망했거늘
> 이제도 그들은 더욱 범죄하여
> 그 은으로 자기를 위하여 우상을 부어 만들되
> 자기의 정교함을 따라 우상을 만들었으며
> 그것은 다 은장색이 만든 것이거늘
> 그들은 그것에 대하여 말하기를

　　제사를 드리는 자는 송아지와 입을 맞출 것이라 하도다

　　이러므로 그들은 아침 구름 같으며

　　쉬 사라지는 이슬 같으며

　　타작마당에서 광풍에 날리는 쭉정이 같으며

　　굴뚝에서 나가는 연기 같으리라(호 13:1-3).

　전형적으로 다신교인 이스라엘인에게 그러한 말은 신성모독에 불과한 것처럼 들렸음에 틀림없다. 금송아지는 고대 이스라엘의 상징이었고, 호세아의 백성은 누구나, 기억할 수 있는 한 오랫동안, 엘(El)과 같은 다른 신들과 함께 야웨를 숭배했다. 비록 호세아는 수 세기 전 모세 시대, 즉 이스라엘이 오직 야웨에게만 충실했던 시대를 상상하지만, 호세아의 동시대인은 그러한 시대를 알지 못했을 것이다. 실제로 학자들은 초기 이스라엘이 유일신론적이었다는 것에 점점 더 회의적이다. 호세아의 예언은 혁명적이었다. 특히 도움이 필요했던 시기에 호세아의 동료 이스라엘인으로 하여금 금송아지와 같은 고대의 영적 상징과 더불어 바알과 아세라 같은 신들의 도움을 포기하게끔 하기 위해서는 많은 설득이 필요했을 것이다.

　호세아는 급진적인 행동 및 더더욱 급진적인 사상으로 주목을 받았다. 그는 매춘부와 결혼했다. 그러고 나서 그는 이 결혼이 하나님과 이스라엘의 관계에 대한 상징이었다는 혁명적인 생각 위에 자신의 예언을 세웠다. 야웨는 아세라와 결혼한 것이 아니라 하나님의 백성 이스라엘과 결혼했다. 이것은 새로운 것이었다. 우리는 여신과 결혼하는 남신에 대한 고대의 신화들을 알고 있다. 심지어 고대의 왕이 여신을 대표하는 여사제와 "신성한 결혼"(sacred marriage)을 맺는 의식도 존재했다. 그러나 하나님과 전체 백성의 관계를 남편과 아내의 관계로 재해석했던 예언자는 그 이전에는 결코 없었다.

고대의 결혼에는 많은 것—사랑, 출산, 자녀 양육, 종종 소규모 농장의 음식과 상품을 생산하는 동반자 관계—이 포함되어 있었다. 여기에는 또한 남편과 아내의 상호의무가 동반됐다. 남편은 아내를 보호하고 부양해야 했고, 아내는 남편, 오직 자신의 남편과만 성관계를 가져야 한다고 기대됐다. 고대의 법들은 간음한 아내들 및 그들과 성관계를 가진 남성들에게 가혹한 처벌을 내렸다. 자신의 결혼생활 밖에서 성관계를 가진 기혼 여성이 만약 질투심 많은 남편에게 발견된다면 죽음, 또는 적어도 벌거벗김, 굴욕과 수치를 당할 수 있었다.

호세아의 가장 유명한 예언 중 하나에서는 야웨를 그러한 질투심 많은 남편이자 이스라엘의 남편으로 묘사한다. 예언의 시작부에서 하나님은 이스라엘 자녀에게, "너희 어머니와 논쟁하고 논쟁하라 그는 내 아내가 아니요 나는 그의 남편이 아니라"(호 2:2a)라고 선포한다. 고대 시대 남편은 단순히 이러한 말을 선포함으로써 아내와 이혼할 수 있었다. 따라서 이 첫 번째 문장은 야웨가 이스라엘과 이혼하고 있음을 암시한다. 그러나 야웨는 계속해서 백성에게 대안을 제시한다.

> 그가 그의 얼굴에서 음란을 제하게 하고
> 그 유방 사이에서 음행을 제하게 하라
> 그렇지 아니하면 내가 그를 벌거벗겨서

그 나던 날과 같게 할 것이요

그로 광야 같이 되게 하며

마른 땅 같이 되게 하여

목말라 죽게 할 것이며(호 2:2b-3).

이러한 말로 호세아는 청중에게 그들이 신성하다고 생각했던 종교적 관습이 한 아내의 부정만큼이나 혐오스럽다는 것을 알린다. 야웨는 이제 남편과 같았던 자신의 보호를 철회하려 한다. 만약 이스라엘 백성이 그릇된 애인들 앞에서 벌거벗겨지고, 수치스럽게 되는 것을 피하고, 갈증으로 죽게 되는 것에서 벗어나기 원한다면, 자신들의 바알 숭배와 신적 형상 사용을 포기해야 한다. 하나님의 궁극적인 소망은 아내 이스라엘이 자기에게 돌아오는 것이다. 모든 고통을 겪은 후에 아내는 "내가 본 남편에게로 돌아가리니 그때의 내 형편이 지금보다 나았음이라"(호 2:7)라고 말할 것이다. 그러나 호세아는 하나님이 자신의 다루기 힘든 아내를 돌아오게 하기 위해 아시리아의 지배를 포함한 폭력을 사용할 것이라고 선포한다.

많은 현대의 독자들, 특히 여성 또는 학대받은 사람에게 있어서 이러한 이미지는 혐오스럽다. 심지어 한 여성이 결혼 생활에 부정했다 할지라도, 오늘날 대부분의 사람들은 남편이 그녀를 벌거벗기거나 구타하거나 굶주리게 하는 것을 용납하지 않을 것이다. 최근 수십 년 동안 구타당한 여성들에게 피난처를 제공하고, 취약한 아내들을 위한 법적인 보호를 강화하고자 하는 운동이 전체적으로 발전했다. 따라서 누군가는 '어떻게 야웨가 그렇게 분노하고 질투심 많으며 폭

력적이고 통제할 수 없는 남편이라고 상상할 수 있겠는가'라고 질문
할 수 있다. 그리고 호세아의 구속 이미지—아내를 되찾겠다는 야웨
의 약속—는 인간 관계 안에서 가끔 볼 수 있는 학대의 순환처럼 보
일 수 있다. 결혼생활의 이러한 순환에는 구타당한 아내를 사랑의 약
속으로 다시 구슬리는 것이 포함되어 있지만, 나중에 분노가 다시 불
타오를 때는 오직 그녀를 폭력에 굴복시킨다. 호세아의 예언에서 이
스라엘은 이러한 폭력적인 순환에 대한 우주적이고 신학적인 판(ver-
sion)의 대상이 될 수 있다. 이스라엘은 야웨의 구타당한 아내다. 만약
이스라엘이 야웨의 심판에 의해 고통을 당한다면, 하나님이 그녀를
다시 취한 후에 하나님의 폭력이 재발하지 않을 것이라는 확신이 어
디에 있는가?

* * *

신-인간의 결혼생활에 관한 이러한 예언적 그림은 제국의 트라
우마를 처리하려는 시도였다. 호세아의 백성은 불가능한 상황에 직
면해 있었다. 그들의 삶은 무너지고 있었다. 몇 년마다 아시리아 군
대는 또 다른 반역적인 이스라엘 군주를 제거하고 시골을 황폐화시
켰다. 그러한 반란 사이에서 사람들은 회복하기 위해 애를 쓰면서,
온 마음을 다해 "사랑"해야 했던 아시리아 군주에게 막대한 공납금
을 바쳤다. 결국 이스라엘 왕조와 그 웅장한 수도 사마리아는 사라지
고, 수천 명의 사람들은 아시리아 제국의 다른 지역에 영구적으로 정
착하며, 이스라엘 북부의 국가는 역사의 먼지 더미가 됐다. 호세아가

언급한 위기는 이스라엘 공동체의 자아가 진정으로 폭발적으로 붕괴되는 상황과 관련되어 있었다.

이러한 폭발적인 트라우마 상황 안에서 결혼 은유는 호세아가 백성들에게서 근본적인 변화를 이끌어내려고 의도한 충격이었다. 그들 중 대다수는 아시리아에 의한 위기가 과거에 효과를 발휘했던 여러 전략으로 다루어질 수 있다고 생각했다. 예컨대, 여기서 조약을 맺거나 또는 저기서 적절한 신에게 기도하는 것 말이다. 그러나 호세아는 더욱 깊은 무언가가 진정으로 잘못됐다고 믿었다. 이스라엘은 전략적 결정을 잘못했기 때문에 고통받고 있는 것이 아니었다. 이스라엘은 자신의 신 야웨에게 전적으로 충실하지 않았기 때문에 고통받고 있었다. 다른 말로 하면, 이스라엘은 죄를 지었기 때문에 고통받았다. 이스라엘의 고통을 야기한 진정한 존재는 아시리아가 아니었다. 바로 하나님이었다. 하나님은 이스라엘의 불충실한 죄를 심판하기 위해 아시리아의 군대로 하여금 이스라엘을 강탈하는 것을 허용하셨고, 심지어는 그렇게 하도록 그 군대를 보냈고, 이스라엘의 모든 도피 수단을 차단시켰다.

아시리아의 압제를 통해 이스라엘을 책망하는 이 예언은 압도적인 경험 가운데서도 통제권을 제공했다. 카이 에릭슨(Kai Erikson)이 관찰했던 것처럼, 트라우마를 경험한 집단들은 종종 자기 세상이 확실히 임의성과 혼란스러운 폭력에 의해 지배되고 있다고 느낀다. "그들은 끔찍한 일이 틀림없이 발생**하게 된다**고 느끼게 된다."[2] 이에 대

---

2.   Erikson, "Notes on Trauma and Community," 194 (원문의 강조).

한 반응으로 트라우마의 생존자는 종종 자기 행동 안에서 트라우마에 대한 어떤 이유를 찾는다. 그들은 적어도 트라우마의 일부를 자신이 통제할 수 있는 행동에 귀속시킴으로써 이 공포스러운 세상이 주는 느낌으로부터 벗어난다. 고통을 겪은 사람들은 자신의 경험으로부터 어떤 종류의 교훈을 끌어냄으로써 힘을 되찾기도 한다. 이전과 다르게 행동함으로써 고통을 피할 수 있었을 것이라고 느끼는 것이 완전히 무력한 현실에 직면하는 것보다 더욱 견딜 만할 수 있다.[3]

이러한 자기-비난(자책)은 이스라엘에게 그 밖의 무기력한 상황에서 자신을 능력을 부여받은 존재로 볼 수 있게끔 해주었다. 나의 동료이자 신학교 학장인 세레네 존스(Serene Jones)는 내 수업 중 하나에서 이를 다음과 같이 잘 표현했다.

> 깊이 고통을 받고 있는 많은 사람들에게 있어서, 하나님이 심판하고 있다는 생각보다 그들을 더욱 두렵게 하는 단 한 가지는 바로 하나님이 전혀 관여하고 있지 않다는 생각이다.[4]

어떤 사람들에게 있어서, 그러한 자기-비난은 믿음을 약화시키고 부식시킬 수 있다. 그러나 다른 어떤 사람들에게 있어서 강력한

---

3.   Herman, *Trauma and Recovery*, 53-54; Janoff-Bulman, *Shattered Assumptions*, 123-132.

4.   Serene Jones의 트라우마/신학과 관련된 더 많은 것들에 대해서는, *Trauma and Grace: Theology in a Ruptured World* (Louisville, Ky.: Westminster John Knox, 2009)을 보라.

하나님, 심지어 심판하는 하나님에 관한 생각은 오히려 안도되는 것일 수 있다. 적어도 자신의 행동을 바꾸거나 구원받을 수 있는 기회가 존재하기 때문이다. 만약 세상에 하나님이 전혀 없다면 상황은 상당히 다르게 보일 것이다. 그러면 사람은 심지어 아시리아 왕처럼 잔인하고 폭군적일지라도 가장 강력한 세력에 진정으로 종속되게 된다.

호세아는 이스라엘인에게 그들의 경험에 대한 해석을 제공했는데 그중 하나는 야웨가 아시리아 사람들에게 패배하게 했다는 것이 아니라 그들을 통해 일하고 있었다는 것이다. 야웨는 변덕스러운 백성을 일시적으로 징벌할 때 아시리아인을 단순히 꼭두각시처럼 사용했던 것이다. 아시리아의 문서와 예술은 아시리아 군대가 희생자를 여성화하고 강간하는 존재로 묘사했지만, 호세아 예언에서 이스라엘을 공포에 떨게 한 것은 오직 야웨뿐이었다. 하지만 이는 또한 이스라엘이 자기 행동을 바꾸고 상황을 통제할 수 있음을 의미했다. 이러한 방식으로 호세아는 트라우마를 입은 민족에게 자기-강화(self-empowerment)의 방법을 제공했다.

* * *

호세아의 메시지의 혁명적 의미는 이스라엘의 고통을 하나님에게 돌린 데 있었던 것이 아니라, 그가 제공했던 특별한 설명에 있었다. 이스라엘을 포함한 고대 세계 전체에서 고통은 흔히 모든 영역의 신들을 충분히 숭배하지 않음으로써 야기될 수 있다는 가정이 있었다. 죄란 이런저런 신을, 때때로 심지어 이전에는 결코 알지 못했던 신들을 무시함으로 불쾌하게 하는 일이었다.[5]

호세아의 결혼 비유는 이 모든 것을 뒤집었다. 호세아에 따르면, 이스라엘은 다른 신들과 우상들을 너무 많이 숭배했다. 하나님의 질투와 분노를 야기했던 것은 그러한 다른 신들에 대한 숭배였다. 호세아의 동시대 사람들이 왕실의 금송아지, 아세라와 바알 같은 신들을 소중한 종교적 원천으로 보았을 때, 호세아는 이들을 심오하고도 신적인 분노를 일으키는 간음의 표지로 보았다. 그들이 가능한 모든 신적 자원에게 도움을 구하고자 매달렸을 때, 호세아는 여러 신을 숭배하는 것이 바로 문제라고 주장했다.

다른 신들과 우상들에 대한 백성들의 숭배를 간음으로 묘사함으로써, 호세아는 트라우마를 입은 청중들이 가장 취약하다고 느낀 시기에 가장 소중한 종교적 관습 중 일부를 포기하도록 충격을 주려고 했다. 유명한 이집트 학자 얀 아스만(Jan Assmann)이 주장했던 것처럼, 여러 신들과 우상들에 대한 호세아의 비판은 유대교, 기독교, 이슬람교 같은 소위 유일신론 종교들의 혁신적인 핵심이었다. 그러한 종교들은 오직 한 신에 대한 확언이 아니라, 호세아처럼 다수의 신들 숭배를 금지하는 것에 의해 정의된다.[6]

---

5. Jan Assmann, "Monotheism, Memory, and Trauma: Reflections on Freud's Book on Moses," in *Religion and Cultural Memory: Ten Studies, trans. Rodney Livingstone* (Stanford: Stanford University Press, 2005), 56-57.

6. Assmann, *The Price of Monotheism*. Assmann은 다른 신들에 대한 포기를 "모세적 구별"이라고 부른다. 호세아가 그러한 생각과 관련해 연대를 식별할 수 있는 최초의 사례라는 점을 고려해 보면, 아마도 그 대신에 "호세아적 구별"

동시대 사람들은 호세아의 생각으로 인해 깜짝 놀랐음에 틀림없다. 그들은 이렇게 질문했을 것이다. 왜 우리가 아시리아의 위협에 맞서 싸우기 위한 전략을 포기해야 하는가? 만약 바알이나 아세라가 도움이 될 수 있다면, 왜 그들에게 기회를 주지 않는가? 그리고 이집트로부터 어떤 식의 도움을 얻고자 하는 시도는 단순히 야웨만을 의지하는 것보다 아시리아를 훨씬 더 효과적으로 억제하는 것처럼 보였다. 그들은 효과가 있을 것이라고 생각했던 몇 가지 전략을 여전히 가지고 있었다.

무엇이 호세아로 하여금 이토록 급진적인 아이디어를 이렇게 어려운 시기에 제안하도록 이끌었을까? 만약 그것이 그렇게 혁신적인 것이라면, 그것은 왜 이스라엘이 아시리아와의 언약의 압제 아래 시달렸을 때 이스라엘에 왔는가? 물론 많은 사람들은 그 대답이 간단하다고 믿는다. 하나님이 호세아에게 이 예언을 제시하라고 말했고, 그는 그렇게 했다는 것이다. 그러나 나는 더 깊은 공동체적 트라우마의 영향이 작용했다고 믿는다.

간단히 말해 호세아는 이스라엘 백성이 겪고 있었던 여러 재앙 속에서 하나님의 얼굴을 보았는데, 그 하나님의 얼굴은 아시리아 왕의 얼굴과 매우 흡사했다. 호세아는 단지 백성들에게 고통을 이해하고 통제할 수 있는 방법만을 제공했던 것이 아니다. 이스라엘이 무엇을 잘못했는지에 대한 호세아의 특별한 설명은 아시리아 왕실의 선전으로부터 나와 핵심 은유를 형성했다. 아시리아의 선전에 따르면

에 관해 말해야 할 것이다.

이스라엘은 아시리아의 왕에 대한 불순종의 결과로 죽음과 멸망을 경험하고 있었다. 호세아 역시 이 고통이 불충성과 불순종에서 비롯된 것이라고 생각했다. 그러나 호세아는 이스라엘의 불순종을 심판하는 진정한 왕이 야웨라고 생각했다. 호세아는 아시리아의 왕이 자기 봉신들에게 오직 자신만을 "사랑"하도록 요구했던 것처럼, 야웨를 절대적인 충성을 요구하는 존재로 묘사했다. 그리고 아시리아의 왕처럼 호세아의 야웨는 이스라엘 백성들을 다른 사람들과 연합한 것에 대해 심판한다. 이러한 방식으로 호세아는 이후의 종교사 과정을 형성하는 놀라운 일을 했다. 그는 이스라엘의 하나님 야웨를, 세계를 지배하고 복종을 요구하는 아시리아 황제에 대한, 즉 절대적인 충성 외에 어떤 것으로도 만족하지 않을 황제에 대한 (부분적인) 반영으로 다시 묘사했다.

심지어 호세아는 하나님과의 언약을 파기한 것으로 인해 이스라엘을 파괴할 것이라고 약속하는 황제-야웨에 대해 말한다.

> 나팔을 네 입에 댈지어다
> 원수가 독수리처럼 여호와의 집에 덮치리니
> 이는 그들이 내 언약을 어기며 내 율법을 범함이로다(호 8:1).

이것은 아시리아와 맺은 봉신 언약 파기에 대한 아시리아의 처벌 위협처럼 들린다. 그러나 아시리아의 위협은 호세아서에서 하나님의 입 안에 놓이는 하나님과 이스라엘의 언약을 가리키게 됐다. 자신의 청중이 아시리아 왕과의 언약에 불순종했기 때문에 고통받고 있다고 생각할 수 있는 곳에서, 호세아는 이스라엘이 파괴한 진정한 언약은 야웨와 맺은 언약이었다고 예언한다. 이는 하나님과 이스라엘 사이의 "언약"에 관해 연대를 추정할 수 있는 가장 초기의 언급이다.[7]

호세아가 하나님-백성 언약이라는 사상을 고안해냈을 가능성이 높다. 아시리아 왕이 부과한 언약은 야웨와 이스라엘 사이의 언약에 대한 모델이었다. 예언자 호세아보다도 훨씬 이전 시대를 배경으로 하는 성서 이야기에서도 분명 언약에 관한 다른 언급이 있지만, 우리는 이 다른 이야기들이 정확히 언제 기록됐는지는 분명하게 알지 못한다. 그러나 하나님과 이스라엘이 맺은 언약에 관한 호세아의 예언은 아시리아가 이스라엘을 지배했던 시기에 살았던 한 예언자가 했던 것이 분명하다.

마지막으로 호세아가 이스라엘 백성을 공포에 질린 한 여성으로 그린 것은 아시리아의 선전과 유사하다. 아시리아의 왕들은 자신을 가장 남성적인 남성으로 제시하면서 모든 대적을 잔인하게 다루고 여성화했다. 아시리아에 있어서 이방 민족들과 왕들은 아주 남성적이고 잔인한 아시리아 왕에 비교해 볼 때 "여성들"과 같았다. 심지어 몇몇 왕실 문서들은 불순종하는 자들이 여성으로 전환될 것이라고

---

7.   몇몇 학자들은 아마도 성서 안에 있는 언약 주제의 연대와 관련된 사전 전제 때문에 이 전체 구절 또는 그에 대한 언급을 후대 서기관들에 의한 첨가된 것으로 간주한다. 이를 완전히 배제할 수는 없지만, 아시리아 시대의 호세아 예언 속에 "언약"(히브리어 '베리트'[berith])이라는 단어가 등장한 것은 아마도 우연이 아닐 것이다.

위협을 가하기도 한다. 다른 문서들은 아시리아 왕의 군대가 외국 땅을 침입하여, 여성을 강간하는 남성처럼 폭력을 가했다고 말한다. 왕실 예술에서는 그러한 묘사를 보충하면서 왕을 작고 여성화된 대적들의 형상 위에 서 있는 거대한 남성 형상으로 그렸는데, 이는 흔히 그 자체로서 남성적 능력의 상징인 왕가의 거대한 활로 무장되어 있었다.[8] 이런저런 방식으로 아시리아 왕실의 선전은 이스라엘과 같은 아시리아의 신민을 지배당한 여성과 동일하게 취급했다. 호세아 시대에 이스라엘 왕과 백성은 아시리아에 의해 여성들처럼 다루어지는 것을 오랫동안 견뎌왔고 계속적인 거세의 위협에 직면해 있었다. 이러한 식으로 심지어 호세아가 이스라엘을 야웨의 아내로 묘사했던 것조차 아시리아에 의해 받았던 이스라엘의 트라우마와 유사했다.

고통의 지혜

불순종하는 백성을 심판하는 아시리아 같은 군주로서의 하나님에 대한 호세아의 묘사는 많은 독자들에게 충격적이었는데, 마땅히 그럴 만했다. 특히 하나님을 폭력적인 남편으로 묘사한 호세아의 예언을 어떻게 구제할 수 있는지를 아는 것은 어렵다. 그러나 트라우마

---

8.   Cynthia Chapman, *The Gendered Language of Warfare in the Israelite-Assyrian Encounter* (Winona Lake, Ind.: Eisenbrauns, 2004), 20-59.

가운데서 탄생한 호세아의 예언 같은 심판 예언은 또한 어려운 진리를 제공할 수 있다. 트라우마 연구가 로니 자노프-불만(Ronnie Janoff Bulman)이 관찰했던 것처럼 사람들은 종종 세상과 자기 역할에 대해 정확하지 않은 긍정적인 그림을 가지고 인생을 살아간다. 적어도 일시적으로 그들은 삶의 임의적인 비극에 의해 쉽게 산산조각 나는 몇몇 장밋빛 가정으로 인해 현실로부터 보호된다. 다른 연구들에 따르면, 낙심하거나 비관적인 사람들이 실제로 낙관적이었던 사람들보다 미래 전망을 평가하는 데 더욱 집중했다.[9]

아마도 어느 정도의 낙관적이고 장밋빛인 가정을 가지고 사는 데는 어떤 장점이 있을 것이다. 이것은 낙담 또는 절망에 호소하는 것이 아니다. 그러나 삶은 끊임없이 낙관적인 세계관 그리고/또는 신학의 한계를 보여줄 수 있다. 그리고 이때가 재앙 속에서 형성된 성서 본문이 또 다른 주목을 받을 만한 시기다. 현대에, 심지어 더욱 세속적인 맥락에서, 심판과 희망에 관한 성서의 여러 이미지를 시대에 뒤떨어지고 불편한 것으로 치부하고자 하는 유혹이 있다. 그러나 때때로 우리의 등(back)이 벽에 부딪혔을 때, 부서진 사랑과 회복에 관한 이러한 이미지, 심지어 본래 아시리아의 선전을 본보기로 했을 이미지조차도, 새로운 매력을 가질 수 있다. 나는 다음과 같이 말했던 한 친구를 기억한다.

우리는 우리의 생각에 따라 여러 계획들을 만들면서도, 우리의 고통

---

9.   Janoff-Bulman, *Shattered Assumptions*, 5-21.

에는 순종한다.

이스라엘과 유다에는 수 세기에 걸친 아시리아와 바빌로니아의 지배로 인해 부서졌을 트라우마 이전 "사상"(ideas)이 많이 있었다. 그 지배에서 살아남은 사람들은 "그들의 고통에 순종"하는 방법을 찾았다.

* * *

이 이야기의 결론을 제시하고자 한다. 호세아의 이스라엘은 생존하지 못했다. 이스라엘 통치자들은 아시리아와의 협상과 이집트 및 다른 나라와 함께 아시리아에 대항하는 계획 사이에서 계속해서 흔들렸다. 백성들은 야웨 외에도 송아지, 아세라 나무, 다른 신적 우상을 특징으로 하는 여러 신을 여러 성소에서 계속해서 숭배했다. 결국 아시리아의 군대가 침략해서 이스라엘과 수도 사마리아를 파괴했고, 많은 생존자를 아시리아 제국의 먼 지역으로 추방했으며, 다른 지역에서 온 이방 민족을 이스라엘의 많은 장소에 재정착시켰다. 이스라엘은 더 이상 존재하지 않았다.

그러나 호세아의 예언은 제자들에 의해 글로 기록됐고 살아남았다. 이것은 기이한 일이다. 대부분의 고대 근동의 예언은 전적으로 구전으로 이루어졌고, 이와 관련된 청중에게만 생방송으로 중계됐다. 기껏해야 몇몇 예언만이 서기관에 의해 기록보관소에 기록됐을 뿐이다. 그러나 호세아서는 완전한 문학 작품으로, 이스라엘과 야웨의 결혼 이미지로 시작하여 희망에 관한 전망과 더불어 사랑의 시 이미지로 가득 찬 호세아 14장으로 끝난다. 이러한 식의 더욱 광범위한 작품은 예언자적 가르침이다. 이것은 서기관적 기록이 아니라, 오히려 고대 근동의 교육에서 사용됐던 구전으로 된 지혜 가르침에 가깝다. 아마도 이것이 다음과 같은 말로 결론 내려지는 이유일 것이다.

> 누가 지혜가 있어 이런 일을 깨달으며
> 누가 총명이 있어 이런 일을 알겠느냐(호 14:9).

　당대의 세대, 즉 호세아가 직접 이야기했던 이스라엘의 청중들은 호세아의 급진적인 새 가르침을 들을 만한 귀를 가지고 있지 않았다. 그러나 다가올 다른 세대를 위하여 메시지를 보존하도록 글쓰기라는 수단이 사용됐다. 초기에는 아마도 오직 호세아의 자녀들 또는 다른 제자들만이 자신의 마음의 판 위에 예언을 기록하는 데 흥미를 가졌을 것이다. 그렇다고 그것을 알 수 있는 방법은 없다.

　그러나 우리가 알고 있는 바는 이것이다. 아마도 이미 글로 기록됐을 호세아의 예언은 어떤 식으로든 남쪽 유다에 이르렀을 것이다. 바로 거기 유다에서 이러한 호세아의 예언은 이후 구약성서 신학의 씨앗이 됐다. 신실함에 관한 호세아의 비전이 거기서 결국 유다의 공동체적 트라우마를 다루는 방식으로 수용됐다. 시간이 흐르면서 호세아의 예언 및 더 넓은 유일신론 비전은 본래의 맥락을 초월하여 이후의 세대가 트라우마들을 다루는 데 도움이 됐다.

　호세아의 유일신론 메시지는 그가 상상할 수 있는 것 이상으로 확장될 필요가 있었다. 호세아는 특정한 역사적 위기, 즉 아시리아의 공격을 야웨가 아닌 바알, 아세라, 다른 신들에 대한 백성의 집착의 결과로 해석했다. 그러나 그의 메시지는 결국 매우 다양한 상황을 설명하기 위해 이후의 세대들에 의해 재적용됐다: 전쟁과 다른 재난들, 개인적이고 공동체적인 상실들.

이렇게 적어도 이런 유일신론적 메시지를 유산으로 물려받은 사람들 사이에서 정상적인 인간의 삶—모든 것이 트라우마 경험에 의해 너무 빈번하게 특징지어지는—은 신 파쇄기(a god-shre-dder)가 됐다. 유대인, 기독교인, 무슬림의 미래 세대들은 개인적이든 집단적이든 간에 트라우마로 고통을 받았을 것이다. 트라우마를 겪고 있는 다른 사람들과 마찬가지로 그들도 고통에 대한 설명, 약한 통제감을 줄 만한 무언가를 찾았을 것이다. 유일신론이 이에 대한 설명이 됐다. 유일신론적 충격의 틀 안에서 이해된다면, 모든 종류의 고통은 옛 신들을 포기하려는 열성의 부족으로 설명될 수 있었다. 폭력, 질병, 기근 및 다른 재난들이 파도처럼 밀려올 경우, 각각은 오직 하나인 참 하나님에 대한 더 큰 헌신과 거짓된 신들을 내버려야 한다는 잠재적인 주장을 형성하게 될 것이다. 유일신론적 믿음들은 트라우마를 겪은 개인과 집단에게, "당신은 감당할 수 있다고 생각한 것 이상으로 고통을 겪고 있는가?"라고 묻는다. "당신의 우상 숭배를 회개하고 자유롭게 되어라."

제3장
유다의 생존

이스라엘은 파괴됐다. 그러나 유다는 살아남았다. 유다의 생존은 결코 완벽하게 이해될 수 없는 사건으로 상징화됐다. 예루살렘은 기원전 701년, 유다 왕 히스기야의 통치 때, 예루살렘을 포위했던 산혜립의 군대로부터 신비롭게 벗어났다. 성서에는 이 사건에 관한 최소한 네 개 이상의 다양한 기사가 나온다. 그리고 심지어 우리는 히스기야 때 예루살렘을 공격하고 이후에 거기서 철수한 것을 다루는 아시리아인의 기록을 갖고 있다. 이 기사들에서 아시리아인이 철수한 이유에 대해서는 일치하지 않지만 한 가지는 분명하다. 예루살렘은 이스라엘과 아시리아의 다른 대적들을 모두 무너뜨렸던 확실한 파괴로부터 사실상 살아남았다. 유다인들에게 이 생존은 기적적인 것으로 간주됐다. 산혜립의 철군이 분명 아시리아 통치의 종말을 의미했던 것은 아니다. 우리는 유다인들이 그 이후로 다가올 몇십 년 동안 아시리아의 통치를 견뎌내고 기원전 620년대에 비로소 자유를 얻게 된다는 사실을 알고 있다. 그러나 그들은 자신의 북쪽 형제인 이스라엘은 살아남지 못했음에도 불구하고 살아남았다. 어떻게 그럴 수 있었는가?

유다의 대답은 다양하기는 하지만 통상적으로 예루살렘의 특별함을 강조하고 있다. 예루살렘의 특별함에 관한 생각은 물론 새로운 것이 아니었다. 다윗 계열 왕정의 수립 이래로 여러 왕들은 하나님이 왕의 도시 안에 거주하면서 이를 보호할 것이라고 주장했다. 이 도시는 여러 찬송 안에서 시온이라고 일컬어졌고 시편 안에 여전히 보존되어 있다. 그러나 이 고대의 "시온 신학"(Zion theology)은 히스기야 왕의 통치 시기에 새로운 전환을 맞게 됐다. 그것은 유다인들이 자신의 신비한 생존 사실을 설명했던 주요 방식이 됐다.

이웃인 이스라엘의 파괴로 인해 유다는 아시리아의 지배에 트라우마를 입을 때 이스라엘과는 다른 방식으로 미리 준비할 수 있었다. 이스라엘은 스스로 난공불락이라는 환상을 가지고서 아시리아의 위기를 겪으며, 예언적 경고들을 무시하고 생존을 위한 여러 일반 전략을 실패로 간주했다. 유다는 그렇지 않았다. 유다가 아시리아의 언약적 멍에 아래 빠져들었을 때, 유다 백성들은 이스라엘이 같은 멍에 아래 빠졌을 때 상황이 어떻게 끝났는지 기억할 수 있었다.

아시리아인들에 의한 이스라엘의 파괴는 남일 같지 않았다. 이두 민족은 수 세기 동안 여러 복잡한 방식들로 연결되어 있었다. 유다와 이스라엘 모두 가나안의 구릉지역에 거주하면서, 공통의 생활 방식, 문화, 종교를 공유했다. 게다가 유다와 이스라엘 민족은 정치적으로 연결되어 있었다. 다윗과 솔로몬은 기원전 10세기 동안에 통

치했고, 후대 이스라엘의 강력한 왕조—오므리 왕과 아합 왕—는 일
시적으로 유다와 그 군대를 통제했다(왕상 22:4, 44; 왕하 3:7). 이러한 여
러 방식으로, 유다는 이스라엘의 한 지파가 아니라 이스라엘의 형제
국가였다. 이 두 국가, 이스라엘과 유다는 복잡하게 연관되고, 문화
와 서로 뒤얽힌 역사에 의해 함께 결합되어 있었다.

우리는 아시리아의 위기 동안 말했던 두 명의 유다 예언자, 미가
와 이사야의 표현 안에서 이러한 공통의 끈을 볼 수 있다. 그들은 유
다를 아시리아의 지배 아래 빠뜨렸던 유다의 왕 아하스 및 아시리아
로부터 자유를 얻고자 노력했던 그의 아들 히스기야 왕 시대에 설교
했다. 미가와 이사야 모두 이스라엘에 가해졌던 아시리아의 폭력이
유다 또한 강타할 것이라고 강조했다. 예를 들어, 미가는 다음의 방
식으로 하나님의 무시무시한 도래를 선포했다.

> 그 아래에서 산들이 녹고
>
> 골짜기들이 갈라지기를
>
> 불 앞의 밀초 같고
>
> 비탈로 쏟아지는 물 같을 것이니
>
> 이는 다 야곱의 허물로 말미암음이요
>
> 이스라엘 족속의 죄로 말미암음이라
>
> 야곱의 허물이 무엇이냐
>
> 사마리아가 아니냐
>
> 유다의 산당이 무엇이냐
>
> 예루살렘이 아니냐(미 1:4-5).

미가의 동시대인, 예언자 이사야도 유사한 메시지를 선포했다. 이사야는 유다와 예루살렘이 북쪽에서 보았던 황폐화를 면하지 못할 것이라고 주장했다. 이스라엘의 궁극적인 사망에 관한 아모스의 과거의 예견(암 4:6-12)을 자신의 예언의 본보기로 삼으면서, 이사야는 이스라엘에 대한 아시리아의 황폐가 하나님의 심판의 시작이었을 뿐이라고 주장했다. 이스라엘을 파괴했던 하나님은 끝나지 않았다. "그럴지라도 그의 노가 돌아서지 아니했고 그의 손이 여전히 펼쳐져 있느니라"(사 5:25; 9:8-21; 10:1-4). 유다는 이스라엘이 받았던 심판에 직면하게 될 것이다.

아시리아에 의한 위기 가운데 이러한 예언들은 대중적이지는 않았으나 사람들의 신경을 자극했다. 미가는 사람들이 자신에게 말한 것을 인용했다.

> 그들이 말하기를
> 너희는 예언하지 말라
> 이것은 예언할 것이 아니거늘
> 욕하는 말을 그치지 아니한다 하는도다(미 2:6).

이사야는 너무 많은 반대에 직면해서, 더욱 수용적인 미래 세대를 위해 예언을 기록하도록 부름 받았다(사 8:16-18). 미가와 이사야의 동시대인들은 유다의 운명이 이스라엘의 운명과는 다를 것이라고 믿고 싶어 했다. 그리고 한동안은 그들이 옳은 것처럼 보였다.

히스기야가 아버지 아하스 왕을 계승했던 기원전 715년에 유다는 일시적으로나마 더 나은 상태로 변화되기 시작했다. 유다는 약 10년 동안 아시리아의 통제 아래 있었다. 그로부터 7년 전, 기원전 722년에 유다는 아시리아가 이스라엘을 멸망시키는 최종 단계를 목격했다. 그리고 나서 아시리아의 군대는 팔레스타인 연안 도시의 반란을 진압했다. 그러는 동안 아시리아는 제국의 다른 부분들, 바빌로니아와 시리아로부터 여러 민족을 이스라엘의 이전 땅에 재정착시켰다. 이 민족들은 자신들의 외국 신들을 가져왔다. 그리고 우리는 토착 이스라엘인에 대한 외국 정착민의 새로운 경제적 지배를 보여주는 문서들을 갖고 있다.[1] 유다는 주변에서, 곧 북쪽과 서쪽에서 아시리아의 힘에 대항하다가 실패한 반역의 결과를 볼 수 있었다.

그러나 히스기야가 왕위에 오르고 수도 예루살렘이 점점 커지면서 희망이 증대됐다. 다윗과 솔로몬 시대의 예루살렘은 대략 5개 도시 구획 정도의 크기였다. 이와 대조적으로 히스기야 시대의 예루살렘은 대략 20개 도시 구획들을 포괄했고 거주민은 약 30,000명 정도로 증가했다. 어떤 사람들은 이러한 팽창의 주요 요인이 북왕국 이스라엘의 멸망과 이스라엘 피난민의 남쪽 도주였다고 생각한다.[2] 아시리아

---

1. Bob Becking, "Two Neo-Assyrian Documents from Gezer in Their Historical Context," *Jaarbericht van her Vooraziatisch-Egyptisch Genootschap "Ex Orient Lux"* 27 (1981-1982): 76-89.

2. William Schniedewind, *A Social History of Hebrew: Its Origins Through the Rabbinic Period* (New Haven: Yale University Press, 2013), 88-89. 히스기야와 그 계승자들의 친-이스라엘적 정책들에 관한 추가적인 제안들을 위해서는 같은 연구의 89-90쪽을 보라. 예루살렘의 성장에 관한 다른 관점에 관해서는, Philippe Guillaume, "Jerusalem 720-705 BCE: No Flood of Israelite Refugees," *SJOT* 22 (2008): 195-211을 보라.

군대는 이스라엘의 변두리 지역을 황폐화시켰고, 수천 명의 이스라엘
인들을 죽였으며, 그보다 더 많은 사람들을 추방했다. 예루살렘은 이
러한 재앙에서 살아남은 사람들을 위한 피난처가 될 수 있었다.

다른 왕이었으면 피난민들을 내쫓거나 성벽 밖에서 살도록 강요
했을지도 모른다. 그러나 히스기야는 그렇게 하지 않았던 것 같다.
히스기야는 아시리아의 공격을 대비하기 위해 예루살렘의 방어 시
설들을 확장하는 과정에서 더 많은 인구를 도시 안에 포함시켰다. 또
한 히스기야는 이전 이스라엘의 땅들을 유다 왕국 안으로 통합시켰
다. 히스기야의 왕실 행정 체제의 증거는 유다에서뿐 아니라 북이스
라엘의 여러 지역에서도 발견됐다. 심지어 그는 자기 아들, 후계자의
이름을 므낫세라고 지었는데, 이것은 이스라엘의 두 핵심 북부지파
중 하나의 명칭을 따른 것이다.[3] 히스기야는 예루살렘에서 유다와 이
스라엘 모두를 다스리는 다윗과 솔로몬의 영광스러운 통치를 재건
하기를 목표했던 것처럼 보인다.

그러나 히스기야는 먼저 유다에 대한 아시리아의 지배를 끝내야
했다. 기원전 705년 아시리아 왕 사르곤이 죽었을 때 기회가 생겼다.

---

3.   북왕국의 남은 자들이 유다에 편입된 이 시기는 과거에 벧엘의 이스라엘 왕
실 성소와 관련됐던 아론 계열 제사장들이 남쪽으로 이동하여 유다 내에서
지배권을 차지한 때일 수도 있다. 이러한 발전은 보통 제사장계 자료로 칭해
지는 오경의 여러 자료들 중 하나에 반영되어 있다. 이는 아론의 후예들이
제사장직에 대해, 그리고 심지어 전체 이스라엘에 대해 가지게 된 하나님에
의해 제정된 지배권을 이스라엘의 광야 기원으로 역투사한다(예, 출 29장,
레 8-9장, 민 16-18장을 참조하라). 이것은 전체 제사장계 자료가 히스기야
시대에 창출됐다는 것을 의미하지는 않지만, 기원전 8세기 후반에 그런 문
서의 창출로 이어지는 발전이 시작될 수 있었음을 제안한다.

히스기야는 이집트와 다른 이웃 국가들의 도움을 요청했고, 그 지역에 대한 아시리아의 통치를 끝내기 위해 국제적인 연합을 형성했다. 4년 동안 그 연합은 성공적인 것처럼 보였다. 아시리아 왕위를 둘러싸고 경쟁자들이 서로 싸웠고, 어떠한 아시리아의 군대도 성문 앞에 나타나지 않았다. 그러는 동안, 히스기야는 예루살렘에서 전례가 없던 건축 계획에 착수했다. 도시의 성벽을 확장했을 뿐만 아니라 예루살렘의 수도 공급을 위한 보호 수로를 건설했다. 많은 사람들은 이스라엘이 잃었던 자유를 유다가 성취하기를 꿈꿨다.

기원전 701년, 새로운 아시리아의 왕 산헤립의 지휘 아래 대규모 아시리아 군대가 심판적 형태로 다가왔다. 산헤립은 몇 주 내에 유다의 온 땅을 황폐하게 했다. 뒷장에 게시된 사진은 예루살렘 외부에 있는 유다의 가장 큰 도시, 라기스의 파괴에 대한 아시리아의 생생한 묘사를 보여준다. 이 부조의 한 부분에서 아시리아의 공성 망치(성벽을 부수는 도구)는 탑을 막 뚫으려고 한다. 그러면서, 부조의 다른 부분들은 공격 중에 있는 아시리아의 궁사들과 투석가들, 라기스 주변에서 창/칼에 찔려 있는 유다 군인들, 함락된 도시로부터 포로지로 끌려가게 되는 백성에 관한 이후의 장면을 묘사한다. 이 이미지는 많은 유다의 촌락들과 마을에 닥친 여러 파괴를 보여준다. 고고학적 조사들에 따르면, 아시리아는 예루살렘을 제외한 거의 모든 변두리 지역을 사실상 몰살시켰다.

또한 아시리아 사람들은 예루살렘을 포위했다. 그러나 곧이어 뚜렷한 이유 없이 철군했다. 열왕기하 19장과 이사야 37장에 이중으로 기록되어 있는 이야기는 "여호와의 사자가 나와서 앗수르 진영에서

[라기스에서의 승리: Photo, akg-images/Werner Forman]

군사 십팔만 오천 명을 쳤고”, 이로써 그들로 하여금 퇴각하도록 이끌었다고 주장한다(왕하 19:35-36//사 37:36-37). 그러나 이 장의 시작 부분에 언급된 것처럼 이에 대한 다른 기사들 또한 존재한다. 오직 열왕기하 18:14-16에만 등장(이사야 36장 안에 병행점이 존재하지 않음)하는 작은 이야기는 히스기야가 성전에서 금을 벗겨 내어 아시리아 왕에게 바친 것에 관해 말한다. 그리고 산헤립의 기록에서는 히스기야가 그에게 많은 금, 다른 귀중한 보석과 돌을 선물로 보냈다고 보도한다.

　　사마리아 및 다른 나라들과는 달리 예루살렘은 결국 살아남았다.

이것은 열왕기하 18-19장과 사실상 이와 동일한 장인 이사야 36-37
장에서 발견되는 아시리아의 위기에 관한 성서 기록의 시금석이 됐
다. 히스기야 시대 아시리아의 예루살렘 공격과 병행하는 기사들에
서는 예루살렘의 난공불락에 관한 거주민들의 믿음을 조롱하는 아
시리아의 관리들을 묘사한다. 아시리아 군대의 고위 관리 랍사게("왕
의 잔을 드는 자")는 예루살렘 성벽 위에 있는 사람들을 비웃으며 "히스
기야가 너희에게 여호와를 신뢰하게 하려는 것을 따르지 말라"라고
경고한다. 랍사게는 계속해서 다음과 같이 말한다.

> 열국의 신들 중에 자기의 땅을 앗수르 왕의 손에서 건진 자가 있느냐
> 하맛과 아르밧의 신들이 어디 있느냐 스발와임의 신들이 어디 있느냐
> 그들이 사마리아를 내 손에서 건졌느냐(사 36:18-19//왕하 18:30, 33-34).[4]

우리는 스발와임에 관해서는 확실히 알지 못한다. 그러나 하맛은
기원전 720년에 아시리아 사람들에 의해 파괴됐고, 아르밧은 기원전
738년에 한 차례, 720년에 또 한 차례, 총 두 차례 파괴됐다. 기원전
722년에 아시리아에 의해 파괴된 사마리아와 함께, 이 인근의 도시
들은 실패한 신들에 대한 소망의 잔해를 나타내는 것처럼 보였다. 아
시리아인 랍사게는 하나님 야웨가 다른 신들보다 더 우월하다는 점
이 증명될 것이라는 유다인들의 믿음에 도전한다.

---

4.   또한 왕하 19:10-13과 사 37:10-13에 있는 아시리아 사람들의 유사한 조롱을
      보라. 많은 학자들은 이것들이 본래 포위 작전에 관한 두 개의 개별적이고
      평행이 되는 이야기였고, 이후에 현재의 본문으로 결합됐다고 생각한다.

랍사게의 조롱은 대답이 되지 않은 채 지나가지 않는다. 나머지 이야기는 랍사게의 도전에 대한 야웨의 단호한 반박에 관해 말한다. 야웨는 예루살렘을 그 안에 있는 다윗 계열의 왕조를 위해 구원했다. 하나님은 아시리아의 왕에 관한 다음의 메시지를 공포하라고 이사야에게 말한다.

> 그가 이 성에 이르지 못하며 이리로 화살을 쏘지 못하며 방패를 성을 향하여 세우지 못하며 치려고 토성을 쌓지도 못하고 오던 길로 돌아가고 이 성에 이르지 못하리라 하셨으니 이는 여호와의 말씀이시라 내가 나와 나의 종 다윗을 위하여 이 성을 보호하여 구원하리라(왕하 19:32-34//사 37:33-35).

이어지는 내러티브는 이 약속의 성취를 묘사한다. 죽음의 천사가 아시리아 진영을 공격하고, 산헤립은 군대와 함께 집으로 돌아갔을 때 암살당한다(왕하 19:35-37//사 37:36-38). 열왕기하 18-19장//이사야 36-37장에 있는 이 이야기에 따르면 시온은 사마리아, 아르밧, 하맛 및 다른 장소들과는 여러 면에서 특별했다. 야웨는 아시리아의 파괴로부터 시온을 건져냈다. 왜 그러했는가? 하나님 자신을 위해서, 그리고 야웨가 영원히 보호할 것이라고 약속했던 다윗 왕조를 위해서였다.

현대 학자들은 열왕기하 18-19장//이사야 36-37장에 있는 많은 세부 사항의 역사적 진실성을 의심한다. 이야기가 기원전 701년을 배경으로 하고 있지만, 여기에는 예루살렘의 포위와는 멀리 떨어진 시기에 발생했던 사건—산헤립의 암살과 같은—에 관해 언급하고, 이 기적적인 구원 이야기의 의기양양한 어조는 산헤립 자신의 기록 및 열왕기하 18:14-16에 있는 성서 자체의 이야기 모두에 대조된다. 산 헤립은 히스기야를 궁지에 가두었고 조공을 받아냈다고 주장한다. 반면에 히스기야는 자신이 주도하여 예루살렘을 포위하고 있는 아 시리아인들에게 조공을 제공했다고 주장한다. 어느 경우든 간에, 아 시리아와 성서 자료의 조합은 예루살렘 포위로부터 아시리아의 기 이한 철군을 가리키는 것처럼 보이고, 이것이 기적적인 재앙에 의해 서라기보다는 일종의 조공을 제공한 것에 의해 진행됐다고 보는 것 이 더욱 가능성 있다.

이 모든 것을 고려할 때, 열왕기하 18-19장//이사야 36-37장에서 발견되는 평행 이야기는 유다가 아시리아 위기로부터 생존했던 것 을 어떻게 해결하고 이해하게 됐는지에 관한 중요한 기념물이다. 아 시리아의 예루살렘 포위에 관한 성서 이야기는 예루살렘의 포위와 생존에 관한 이야기를 이스라엘과 유다에 관한 더욱 긴 기사 안으로 통합시킨다. 이 기사는 다윗과 예루살렘에 대한 하나님의 선택으로 시작하고 사마리아의 파괴에 관한 묘사를 포함한다(왕하 17장). 이 더 욱 넓은 역사의 마지막 부분으로서, 열왕기하 17장 이스라엘의 사마 리아 멸망 기사 직후에 나오는 열왕기하 18-19장의 예루살렘 구원 기사는 유다가 자신의 생존을 받아들이고 설명하는 핵심적인 방식 이 됐다. 아시리아의 기사들(그리고 열왕기하 18:14-16의 성서 기사)이 철군 의 이유를 히스기야의 막대한 공납금에 돌리는 반면, 열왕기하//이 사야서의 더 폭넓은 내러티브는 다음의 신학적 확언으로 대답한다.

즉, 예루살렘은 야웨가 선택한 다윗 계열 왕들의 자리였기 때문에 살아남았다.

성서는 사무엘하 7장에 있는 나단의 예언으로 시작하여 하나님이 다윗 왕가를 영원히 보호하겠다고 세운 언약에 대해 여러 차례 언급한다. 거기서 하나님은 다윗에게 "네 집과 네 나라가 내 앞에서 영원히 보전되고 네 왕위가 영원히 견고하리라"라고 약속한다(삼하 7:12-16).[5] 게다가 여전히 성서에 보존되어 있는 고대의 "시온 시편"(Zion psalms)은 예루살렘이 야웨가 있는, 거룩하고 함락될 수 없는 왕의 도시라고 주장한다. 예를 들어, 시편 46편은 "하나님이 그 성 중에 계시매 성이 흔들리지 아니할 것이라"라고 선포한다(시 46:5).[6] 시온(예루살렘)과 그 왕위에 관한 이러한 고대의 전통은 산헤립의 포위 공격에서 예루살렘이 살아남은 후 새로운 중요성을 갖게 됐다. 예루살렘의 해방은 다른 많은 나라를 파괴했던 아시리아의 세력조차도 예루살렘/시온을 보호하고자 하는 야웨의 의지를 이길 수 없었다는 것을 증명하는 듯이 보였다. 유다는 계속되는 자신의 생존을 설명하기 위해 시온 신학을 계속 고수했다. 이스라엘은 죽었던 반면에, 유다는 어떻게 살아 남았는가?

---

5.   다윗의 집과 맺은 이러한 언약에 관한 추가적인 성서의 언급은 삼하 23:5; 렘 33:17, 20-22; 시 89:3-4, 19-37에 등장한다.

6.   또 다른 시온 시는 "그의 장막은 살렘(예루살렘의 축약 표기)에 있음이여 그의 처소는 시온에 있도다 거기에서 그가 화살과 방패와 칼과 전쟁을 없이 하셨도다"라고 진술한다(시 76:2-3).

* * *

여기서 "생존"이라는 단어를 점검할 필요가 있다. 히스기야의 왕국은 갈가리 찢어졌고, 여전히 아시리아의 지배 아래에 있었다. 나는 이미 예루살렘 바깥 지역들의 광범위한 인구 감소에 관해 언급했다. 아시리아 군대의 공격은 수많은 생명의 손실이라는 결과를 낳았음에 틀림없고, 산헤립은 수천 명의 유대인들을 추방시켰다고 보도한다. 심지어 그가 제시한 강제 추방자들의 수(200,150명)가 과장됐다고 할지라도 최종 결과는 분명하다. 유다는 인구의 대략 70%, 도시와 마을의 85%를 상실했다. 게다가, 아시리아는 히스기야 왕국의 황폐화된 지역을 더욱 충성하는 자들에게 주었고, 히스기야의 연례 공납금을 극단적으로 증가시켰다. 이어지는 이사야의 시는 산헤립 이후의 유다에 관한 그림을 요약한다. 거기서 유다인들은 자신들이 소돔과 고모라라는 전설상의 도시들처럼 완전한 멸망에 얼마나 가까이 이르렀는지 외친다(창 19장을 보라).

> 너희의 땅은 황폐하였고
> 너희의 성읍들은 불에 탔고
> 너희의 토지는 너희 목전에서
> 이방인에게 삼켜졌으며
> 이방인에게 파괴됨 같이 황폐하였고
> 딸 시온은 포도원의 망대 같이,
> 참외밭의 원두막 같이,

에워싸인 성읍 같이

겨우 남았도다(사 1:7-8).

이어서 이사야는 자신을 둘러싼 백성들이 이 황폐를 보면서 말하고 있는 것을 인용한다.

만군의 여호와께서[7]

우리를 위하여 생존자를 조금 남겨 두지 아니하셨더면

우리가 소돔 같고

고모라 같았으리로다(사 1:9).

소돔과 고모라는 완전한 파괴에 대한 전설상의 사례였다. 이사야의 동시대인들은 단지 그러한 파괴에 이르지 않은 것을 "생존"이라고 생각했다.

유다는 60년 이상 막대한 공물을 바치는 하찮은 왕국으로 지속됐다. 해마다, 유다의 왕 또는 왕의 대리자는 공물을 바치기 위해 니느웨를 연례적으로 방문했고, 왕의 궁실에서 80 * 8 피트(약 60m²) 규모로 라기스의 파괴를 묘사하는 작품을 보았다. 백성은 아시리아의 왕에 대한 절대적 충성을 요구하는 아시리아 언약적 요구에 복속됐

---

7.   이것은 종종 영어 번역에서 "무리들(hosts)의 야웨"로 등장하는데, "무리"(host)로 번역된 히브리어 단어는 분명 "군대"를 의미한다. "무리"(host)라는 번역은 "무리"(host)가 옛 영어에서 "군대"를 의미했던 때로부터 시작한다.

다. 이러한 충성을 담보하기 위해서 유다의 상류층은 자녀들을 아시리아로 보내야 했다. 거기에서 그들은 아시리아의 왕실에서 선전하는 교육을 받으면서, 마음의 판 위에 아시리아의 왕실 이념을 새겼고, 충성스러운 친-아시리아 유다인들이 된 이후에 고향으로 돌아갔다.

아시리아 이후의 요시야 개혁

그러나 결국 아시리아 이야기는 끝났다. 기원전 600년대 후반, 아시리아의 왕 앗수르바니팔은 이집트에 대한 통제권을 상실했고 이집트는 점차 가나안 지역, 특히 유다와 이스라엘을 지나 북쪽과 동쪽으로 이어지는 전략적인 해안 고속도로에 대한 통제권을 주장하기 시작했다. 그러나 아시리아인들조차 제국의 다른 지역들에 골몰하고 있었음에도, 유다는 히스기야의 계승자 므낫세의 긴 통치기와 이어지는 아들 아몬의 짧은 통치기 동안 충성스러운 아시리아의 봉신으로 남아있었다. 아몬은 단지 2년간 통치했고, 이후에 왕실 쿠데타로 살해됐다. 이 시점에서 유다에 있는 "그 땅의 백성"은 변화를 일으킬 기회를 엿보았다. 그들은 왕의 암살에 책임이 있는 사람들을 처형했고, 암살된 왕의 8살짜리 아들 요시야를 왕위에 옹립했다(왕하 21:24; 22:1).

요시야나 그의 섭정이 어떠한 즉각적인 변화를 만들어냈다고 할지라도 이는 기록되지 않았다. 그럼에도 그의 통치 18년에, 26살의 요시야는 후대 유대교에 큰 영향을 남길 개혁에 착수했다. 이러한 개혁에 대한 하나의 촉발점은 성전을 수리하는 동안 발견한 고대 율법책이었던 것 같다. 이 율법책의 내용이 매우 혁명적이었기에 예언자에 의해 이것이 진정한 것인지 증명될 필요가 있었다(왕하 22:13-20). 성서의 기록에 따르면, 일단 검증이 완료되자 요시야 왕이 "유다와 예루살렘의 장로들"을 새롭게 발견된 율법책을 기반으로 한 "언약"으로 이끌었다고 한다. 이 언약 아래서 왕과 백성들은 이전에 아시리아 왕들에 의해 요구됐던 사랑/충성과 유사한 방식으로 야웨를 사랑하고 충성하겠다고 맹세했다. 그들은 "마음을 다하고 뜻을 다하여 여호와께 순종하고 그의 계명과 법도와 율례를 지켜 이 책에 기록된 이 언약의 말씀을 이루게"(왕하 23:3) 할 것을 약속했다.

다음으로 요시야는 예루살렘 성전을 정결하게 하고, 유다 땅 전역에 있는 모든 지역의 성소들을 파괴했다. 또한 그는 특별히 벧엘에 있는 이스라엘의 고대 성소를 포함하여 이스라엘에 있는 여러 성소들도 파괴했다고 전해진다. 마지막으로 그는 이스라엘과 유다의 백성들에게 유월절을 기념하기 위해 예루살렘으로 오라고 명령함으로써 이 모든 것을 완료했다. 요시야 이야기는 "사사가 이스라엘을 다스리던 시대부터 이스라엘 여러 왕의 시대와 유다 여러 왕의 시대에 이렇게 지킨 일이 없었던" 중앙화된 유월절을 위해 요시야가 온 유다와 이스라엘을 예루살렘으로 오게 했음을 강조함으로써 끝맺는다(왕하 23:22).

이러한 방식으로 요시야는 이전에 발견됐던 율법책에 있는 명령을 성취했고, 호세아가 단지 꿈꾸기만 했던 종교적 정화를 제정했다.

성서는 요시야의 순종을 칭찬하며, "요시야와 같이 마음을 다하며 뜻을 다하며 힘을 다하여 모세의 모든 율법을 따라 여호와께로 돌이킨 왕은 요시야 전에도 없었고 후에도 그와 같은 자가 없었더라"(왕하 23:25)라고 선포한다. 그러나 이러한 개혁은 요시야 당시 대부분의 백성에게 거대한 충격으로 다가왔음에 틀림없다. 이스라엘과 마찬가지로, 유다 또한 수 세기 동안 아세라(제1장에서 언급된 야웨의 배우자), 바알 및 다른 신들을 숭배했다. 유다의 백성들은 이스라엘의 백성들과 마찬가지로 자신의 고향에서, 그리고 그 땅에 있는 여러 고대 성소들에서 다양한 신의 세계와 관계를 맺는 데 익숙했다. 심지어 우리는 성서의 출애굽기에서 요시야 시대 이전에 사람이 자신이 있는 모든 곳에서 어떻게 제단을 쌓아야 하는지에 관한 지침들을 발견할 수 있다(출 20:24-25). 이제 요시야는 여러 절기를 기념하고 희생 제사를 드리기 위해 모든 사람이 예루살렘으로, 오직 예루살렘으로만 와야 한다고 요구했다. 이제 모든 사람은 신명기에서 요청된 것처럼 "마음을 다하고 뜻을 다하고 힘을 다하여" 야웨를 사랑하며 오직 야웨만을 숭배해야 한다(신 6:5).

* * *

학자들은 요시야의 개혁의 동기와 범위에 대해 논쟁하지만, 우리는 그 영향력을 고려하기 위해 잠시 멈추어야 한다. 이러한 변화는 요시야의 개혁으로 인해 생계를 박탈당한 지역 제사장들에게 분명 쉽지 않았다. 또한 죽임을 당한 사람들에게는 치명적이었다. 게다가,

요시야는 백성들에게 과거에 헌신했던 전체 영적 세계로부터 돌아설 것을 요구했다. 아세라와 같은 옛 여신들과 바빌로니아의 이쉬타와 같은 새로운 것들이 모두 금지됐다. 바알과 여러 영적 신들은 차단됐다. 심지어 여러 씨족이 수 세기 동안 유월절 및 기타 다른 절기들을 기념했던 고대의 친숙한 지역 성소들도 훼손되고 금지됐다. 이것은 마치 뉴욕시의 시장이 갑자기 뉴욕 전 지역에 있는 모든 교회와 비기독교 예배 장소를 파괴하라고 명령하고 모든 사람에게 맨하탄 어딘가에 있는 단 하나의 대성당에서 예배를 드리라고 요구하는 것과 같았다.

종교사학자 얀 아스만(Jan Assmann)은 이러한 개혁이 이전의 세속적 예배 형태로부터의 트라우마적 단절을 대표한다고 주장했다. 유일신론 이전의 경건은, 이스라엘, 유다 또는 그 밖의 어디에서든지 간에, 사람들로 하여금 날씨, 전쟁, 사랑 등 세상을 지배하는 여러 세력과 직접적이고 개인적인 방식으로 관련되어 있다고 생각하는 데 도움이 된다. 아스만은 이런 믿음이 사람들을 주변 세상과 어떻게 연결하는지 가리키기 위해 이 경건을 "다신론"(polytheism)이라기보다는 "만신론"(cosmotheism)이라고 칭한다. 세계 안에 있는 여러 세력에 쉽게 종속됐던 고대인들은 세계가 여러 "신들"에 의해 통치되는 것으로 이해했고, 그러한 신들을 시각화하고 그들의 호의를 얻어내기 위해 구체적인 형상을 만들었다. 심지어 고대인들은 세계의 강력한 부분—태양, 달, 바다, 인간 왕들—을 신들의 통치 영역 안에 있는 더 광범위한 우주적 세력의 생생한 형상으로 이해했다. 정치적 인물들과 자연의 힘들은 고대 사람들의 삶에 신과 같은 영향만을 미친 것이 아니라, 압도적인 신적 권능에 대한 자연적 초상(icons)으로서, 고대 신자에게 작은 규모의 신상들(statues of deities)이 그랬던 것처럼, 만질 수 있는(tactile) 실제적인 상징으로 기능했다. 그 결과 초기의 이스라엘과 유다를 포함하여 고대인들의 세계는 세속 신들 및 형태를 가진 신적 상징에 매료됐다. 요시야는 백성들에게 그런 신과 우상의 상징을 포기하고, 일상적인 감각의 증거를 뒤로 한 채, 세상의 마술적 특성을 제거하도록 요청했다. 그러한 것들 대신에 요시야는 예루살렘을 중심으로 한 종교를 주었고, 하나님이 돌보고 있는 세상과 분리된 형상 없는 하나님에게 초점을 두었다.[8]

아스만은 요시야의 개혁을 "트라우마적"이라고 칭하면서 요시야의 "만신론" 억압에 시달리는 후대의 세대를 가리킨다. 더욱더 이른 시기의 이집트 개혁가, 파라오 아케나톤(Akhenaton)은 기원전 14세기에 유사한 유일신론적 개혁을 시도했다. 그러나 그의 사후에 이집트는 이전의 만신론으로 되돌아가면서 그의 통치에 대한 모든 기억을 지우고자 시도했다. 요시야의 개혁은 장기적으로 더욱 성공적인 것으로 판명됐는데, 이는 유다인들이 미래에 닥친 재앙으로 인해 그 개혁을 옳은 것으로 보면서 자신들의 고통의 원인을 요시야 사후 우상 숭배로 되돌아간 것에서 발견했기 때문이다. 그리고 아스만은 2,500년 이후 서구 문화도 여전히 요시야로 대표되는 고대의 만신론적 종교에 대한 탄압으로 시달리고 있다고 주장한다. 서구 문화 안에 있는 만신론적 운동의 지속적인 등장—신플라톤주의, 연금술, 이신론, 범

---

8.   Assmann, *Religion and Cultural Memory*.

신론, 뉴에이지 영성—은 "탄압된 것으로의 회귀", 즉 고대 세계에 광범위했던 세속적 영성의 형태를 나타낸다. 요시야의 개혁은 완성되지 않았고, 또한 완성될 수 없었다. 그것은 너무 급진적이면서도 너무 트라우마적이었기 때문에, 요시야 시대의 백성과 이후 세대 모두가 풍부한 형상(imagery)과 다양성으로 세상에 헌신하려는 유혹을 계속해서 받게 될 것이다.[9]

요시야 개혁의 근원들

무엇이 요시야로 하여금 더 이른 시기의 종교적 관습으로부터 그렇게 트라우마적인 단절을 제정하도록 이끌었을까? 열왕기하에 나오는 개혁 이야기는 이를 하나의 주요 요인으로 돌린다. 곧, 성전 수리 과정에서 "토라 두루마리"가 발견된 것, 그리고 "언약 두루마리"라고도 불리는 이 재발견된 두루마리를 기반으로 백성들이 야웨와 언약을 맺도록 하기 위한 요시야의 결정 말이다.

> 왕이 보내 유다와 예루살렘의 모든 장로를 자기에게로 모으고 이에 왕이 여호와의 성전에 올라가매 유다 모든 사람과 예루살렘 주민과 제사장들과 선지자들과 모든 백성이 노소를 막론하고 다 왕과 함께 한지라 왕이 여호와의 성전 안에서 발견한 언약책(언약 두루마리—편

---

9. Jan Assmann, *Moses the Egyptian: The Memory of Egypt in Western Monotheism* (Cambridge: Harvard University Press, 1997), 217.

주)의 모든 말씀을 읽어 무리의 귀에 들리고 왕이 단 위에 서서 여호
와 앞에서 언약을 세우되(히브리어 '카라트'[karat], "자르다") 마음을 다
하고 뜻을 다하여 여호와께 순종하고 그의 계명과 법도와 율례를 지
켜 이 책에 기록된 이 언약의 말씀을 이루게 하리라 하매 백성이 다
그 언약을 따르기로 하니라(왕하 23:1-3).

야웨의 집에서 발견된 "언약 두루마리", 즉 "이 책"이 바로 예루
살렘 성전에서 아세라 기둥과 다른 고대의 상징들을 제거하고, 유다
와 이스라엘 여러 지방에 있는 지역 성소들을 파괴하는 요시야의 대
규모 정화 계획에 시동을 걸었다.

요시야의 개혁 이야기의 문구를 자세히 살펴보면 그 기초에 있
는 율법책의 정체성이 드러난다. 열왕기하 23장에 있는 이 이야기는
요시야가 "마음을 다하고 뜻을 다하여 여호와께 순종"하도록 언약을
맺었다고 묘사하는데, 이것은 성서의 신명기에서 발견되는 "너는 마
음을 다하고 뜻을 다하고 힘을 다하여 네 하나님 여호와를 사랑하
라"라는 명령을 반향한다(신 6:5). 신명기는 오경 또는 토라의 다섯 번
째이자 마지막 책이며, 이스라엘 백성들이 이스라엘 땅으로 들어가
서 점령하기 위해 요단을 건너기 이전에 그들에게 제시된 모세의 마
지막 연설이다. 이 책에서 모세는 하나님이 조상들에게 약속했던 땅
으로 백성들을 데려갈 때 하나님을 기쁘게 하기 위해 그들이 무엇을
해야 하는지에 관한 법적 지침들을 준다. 예루살렘 밖에 있는 여러
지역 성소들을 제거한 요시야의 활동은 신명기 12장에서 발견된 율
법들을 실행한 것처럼 보인다. 신명기 12장은 야웨와 관계없는 숭배

의 대상들과 여러 지역 성소들에 대한 제거를 요청하고, 하나님이 선택하는 단 하나의 장소에서만 예배를 드리도록 명령한다. 그리고 요시야가 예루살렘에 중앙화된 유월절 축제로 유다와 이스라엘을 이끈 것은 신명기 16장에 있는 율법의 성취가 된다. 여기서는 이스라엘에게 하나님이 선택할 단 하나의 장소에서 모든 순례 절기를 기념하도록 명령한다. 이런저런 단서들은 요시야가 개혁의 기반을 성서 신명기의 초기 형태에 두었음을 보여준다. 바로 이 원-신명기(proto-Deuteronomy)가 요시야의 언약과 정화 프로그램을 지도했던 "토라 두루마리" 또는 "언약 두루마리"였다.

신명기를 요시야의 서기관들이 요시야의 개혁을 지지하기 위해 만들었던 단순히 유사-모세적(pseudo-Mosaic) 소품으로 보는 것은 매력적일 수 있지만, 이 책에는 그것이 이러한 방식으로 시작되지 않았다는 단서가 포함되어 있다. 예를 들어, 신명기는 오직 한 장소에서만 야웨를 예배할 것을 요청하지만 그 장소는 예루살렘이 아니다. 대신에 신명기의 가장 초기 사본의 끝부분에서 모세는 이스라엘에게 그리심 산의 북부 성소에 제단을 세우고 거기서 희생 제사를 드리라고 말한다.[10] 그리심 산은 유다가 아니라 고대 이스라엘의 중심 지역에 있다. 그리심 산은 고대 이스라엘의 거룩한 장소를 대표한다. 그러므

---

10. 신 27장의 많은 번역들은 "그리심 산"이 아니라 "에발 산"에 제단이 세워졌다고 말한다. 그러나 이는 후대 필사자가 교정한 것으로 보인다. 이에 대한 논의를 위해, 나의 *Formation of the Hebrew Bible*, 167-168을 보라. 심지어 에발 산이 본래 독법이라고 할지라도, 북쪽 지시에 관해 여기서 제시되는 신명기의 본래 요점은 여전히 유효할 것이다. 에발 산도 마찬가지로 북쪽 산이기 때문이다.

로 요시야의 유다 서기관들이 이것을 지어냈다는 것은 거의 불가능하다. 대신에 아마도 요시야의 관리들에 의해 발견된 두루마리였을 원-신명기는 그리심 산의 한 성소에서의 예배를 요청한 북부의 율법 두루마리였을 것이다. 대부분의 학자들은 이것이 모세에 의해 쓰이지 않았다는 점에 동의하지만, 처음부터 요시야 지지자들에 의해 창조된 것도 아니다.

　요시야의 서기관들이 이 고대의 율법책을 요시야 언약과 개혁의 핵심으로 삼으면서 이를 확장하고 수정한 것은 거의 확실하다. 그리고 우리가 요시야의 "언약"의 율법책인 신명기를 살펴보면 유다인들의 정신에 미친 아시리아 트라우마의 깊은 영향을 발견할 수 있다. 호세아서를 다루면서 나는 유다와 같은 나라들이 아시리아 왕들과의 언약에 참여하도록, 또는 적어도 그것을 배우도록 어떻게 요구받았는지 논의했다. 예컨대, 요시야 시대로부터 불과 몇십 년 전, 전체 아시리아 제국의 여러 민족들은 "승계 조약"(succession treaty)에서, 만약 "그들 자신의 생명을 사랑하는 것처럼" 아시리아 왕의 계승자를 "사랑"하고 순종하는 것에 실패한다면, 자신들 위에 저주가 내리도록 맹세할 것을 요구받았다. 신명기에서 한 왕을 향한 전적인 충성이라는 이러한 아시리아의 요청이 전용(轉用)된다. "너는 마음을 다하고 뜻을 다하고 힘을 다하여 네 하나님 여호와를 사랑하라."

　이것과 또한 다른 여러 가지 면에 있어서, 모세의 고대의 연설로 제시된 신명기는 사실상 모세 시대 한참 이후에 있었던 아시리아 트라우마의 영향을 반영한다. 바로 이 고대의, 모세 이후의 북부 율법책(초기 신명기)이 요시야의 서기관들에 의해 백성과 야웨 하나님 사이의 아시리아 언약 형태로 수정됐다. 신명기의 주요 부분들—역사적 서문, 충성 요구, 여러 법들, 여러 저주와 축복 및 지속적인 율법 낭독을 통한 율법 강화 조항—은 아시리아가 지배했던 나라들에 가해진 "봉신 조약"(vassal treaties)의 주요 부분에 상응한다. 그리고 신명기 13장에 있는 반역 금지와 같은 신명기의 특정 부분은 위에서 언급한 아시리아 승계 조약의 여러 부분을 반향한다.[11]

과거에 유다인들은, 특히 엘리트 유다인들은 충성과 사랑을 요구하는 아시리아의 봉신 조약들을 배우고 심지어 실행하도록 요구받았다. 그러한 조약들을 기념하는 것은 제국에 대한 충성을 마음에 새기는 방식이었다. 그러나 요시야는 고대의 북부 율법책을 전환하여 그러한 충성을 야웨와 맺은 아시리아식 조약으로 전용했다. 이처럼 제국적 트라우마는 종교적 트라우마를 강화하여 형성했다. 유다인들은 외국과의 동맹을 포기하도록 오랫동안 위협받았다. 그러한 포기를 강요하기 위해 사용됐던 동일한 문화적 형태, 즉 제국적 언약이 지금은 요시야에 의해 여러 신들과 고대 성소를 포기하도록 요구하는 데 사용된 것이다.

분명히 요시야의 율법책, 신명기는 서기관들에 의해 모세의 연설로 제시된다. 그러나 이는 아마도 아시리아의 영향을 받은 언약 문서에 고대의 권위를 더하려는 시도일 것이다. 일단 우리가 성서 신명기—요시야 시대와 후대 서기관들에 의해 재형성된—의 내용을 살펴보

---

11. 관련 논의와 문헌에 대해서는 나의 *Formation of the Hebrew Bible*, 307-309를 보라.

면 호세아가 이스라엘에 했던 더 이른 시기의 예언과 매우 유사하다. 호세아는 야웨에 대해서 아시리아와 같은 사랑을 요구했다. 요시야는 그것을 강화했다. 호세아는 다른 신들에 대한 숭배를 맹렬히 비난했다. 요시야는 그에 대한 상징물과 예루살렘 바깥 지역 성소들을 파괴했다. 호세아는 이스라엘이 파괴했던 언약을 간결하게 언급했다. 요시야는 성소에서 발견된 고대의 북부 율법책을 아시리아 언약 형태의 신학적 설명으로 전환시키고, 백성들로 하여금 그러한 언약을 야웨와 "자르도록"(cut, "맺도록") 이끈다. 호세아가 유다인들에게 영향을 미쳤던 이스라엘인 예언자였다면, 요시야는 북쪽에서 기원한 한 문서를 사용함으로써 호세아와 같은 생각들을 제정했던 유다의 왕이었다.

"이스라엘적" 정체성에 대한 유다의 채택

북부 이스라엘 전통을 유다가 전용한 것은 집단 정체성의 두드러진 변형에 있어서 핵심적인 단계였다. 이 시점 이전에 유다와 이스라엘이 유사한 삶의 방식의 복잡한 관계와 이따금 공통 규칙에 의해 연결된 별개의 민족이었다는 것을 기억해야 한다. 그들은 야웨라는 국가의 신, 그리고 수많은 다른 문화적 요소를 공유했지만, 그들의 전통은 서로 달랐다. 이전에 논의했던 것처럼 유다의 다윗 왕조는 예루살렘을 중심으로 이루어졌다. 유다의 경전들은 왕실 찬양과 지혜, 시온시들 및 여러 신화들을 특징으로 했다. 이와 뚜렷하게 다른 북이스라엘의 경전들은 이스라엘이 다윗 계열의 예루살렘 왕정으로부터 분리됐을 때 작성됐고, 모세와 출애굽에 초점을 맞추었다. 이스라엘은 우상 파괴적이고, 반(anti) "우상 숭배적"이며, 유일신론적 열정 형태의 최초의 고향이었는데, 우리는 이를 호세아서와 북부 율법서(초기 신명기)에서 발견했고 요시야의 개혁에 맞추어 수정된 것 안에서 확인했다.

요시야의 개혁은 이러한 두 흐름에 합류했다. 요시야는 중앙화된 예배에 관한 초기 신명기의 요청을 그리심 산 또는 다른 북부의 성소가 아니라 예루살렘에 적용하는 것으로 이해함으로써 예루살렘에 관한 유다인의 초점을 유지했다. 이는 작은 일이 아니었다. 그러나 신명기를 개혁의 토대로 만들면서 요시야는 단지 북부의 문서(초기 신명기)만이 아니라 북부의 여러 사상과 심지어 정체성을 유다 안으로 들여왔다. 왜냐하면 신명기 자체가 야웨와 이스라엘의 언약을 제시하기 때문이다. 신명기의 율법들은 하나님의 백성 이스라엘을 위한 야웨의 과거 행위라는 맥락 안에 등장한다. 자신의 백성으로 하여금 이러한 언약을 맺도록 이끎으로써 요시야는 그들로 하여금 이스라엘의 정체성을 자신의 것으로 취하도록 이끌었다. 성서는 언약을 제정하기 위해 "왕이 보내 유다와 예루살렘의 모든 장로를 자기에게로 모으고"(왕하 23:1)라고 말한다. 그러나 그들은 이 언약으로부터 "이스라엘"로 등장하게 됐다. 그들은 야웨를 사랑하고 신명기 안에서 제시된 율법을 준수해야 하는 이스라엘이 됐다. 그들은 언약에 불순종한 것에 대한 저주와 순종한 것에 대한 축복을 이스라엘로서 스스로 취했다.

요시야가 유다의 성소들뿐 아니라 이스라엘의 성소들도 제거한
것을 묘사함으로써 요시야에 관한 성서 내러티브는 이러한 변화가,
이스라엘의 정체성이 이스라엘에서 유다로 단순하게 전이된 것이
아님을 보여준다. 대신에 요시야는 이스라엘의 성소들을 정결하게
함으로써 자신이 유다뿐만 아니라 북이스라엘의 정당한 통치자가
될 수 있다는 주장을 내비쳤다. 아마도 요시야의 서기관들에 의해 초
안이 작성됐을 열왕기상하는 북이스라엘의 멸망의 원인을 호세아서
와 신명기에서 보이는 종교적 정결에 관한 요청을 그 나라가 지키지
않았다는 점에 돌린다. 열왕기의 (요시야적) 저자들의 관점에서 볼 때
북이스라엘의 큰 실수는 다른 신들을 거부하고 오직 야웨만을 사랑
하라는 고대의 요청을 듣지 않았던 것이다.[12]

이제 막 아시리아의 지배에서 벗어난 요시야의 유다인들은 자신
들이 선택에 직면해 있다는 것을 깨달았다. 그들은 "현재 그대로" 지
속할 수 있었고, 그래서 이스라엘이 그랬던 것처럼 멸망의 위기에 처

---

12. 이러한 기본적인 생각에 관한 고전적 논증은 Richard D. Nelson, *The Double
    Redaction of the Deuteronomistic History* (Sheffield: Sheffield Academic Press,
    1981)이다. 이 논증은 트라우마의 관점에서 쓰인 열왕기상하에 관한 가장 광
    범위한 저술들 중 하나인 David Janzen, *Violent Gift*, 7-25에서 반박된다. 여
    기서 Janzen의 논증에 상세히 대답하지는 않을 것이다. 나는 단지 열왕기상
    하와 다른 역사서들 안에 있는 트라우마 괴리에 관한 Janzen의 가장 설득력
    있는 많은 요점들—열왕기하의 마지막 장들(왕하 21-25장)의 일부가 하나님
    의 정의에 관한 여호수아~열왕기하의 다른 주장들과 대조된다는 그의 반복
    적인 언급 같은(예. 45-46, 110, 115-116, 142, 212, 218-219, 226-229, 233, 235
    쪽)—이, 여러 학자들이 포로기 이전판 열왕기에 추가된 후대 포로기의 첨가
    물을 확인했던 것과 상당히 일치한다는 점에 주목한다.

할 수 있었다. 또는 아시리아로부터 배운 언약의 형식으로 더 오래된
북부의 법을 수정할 수 있었다. 그들은 후자를 선택했고, 신명기에
있는 "모세"의 연설들은 그러한 유대적 작업의 결과다. 새로 재작성
된 신명기를 "언약 두루마리"로 사용하면서, 요시야, 서기관들, 나머
지 백성들은 이전에 아시리아 왕에게 바쳤던 어떤 것보다 더욱 전적
인 헌신을 야웨에게 바쳤다. 요시야의 유다는 신명기적 언약에 순종
한 "이스라엘"이 됐다.[13]

유다의 요시아에 의한 이러한 움직임은 나이든 형제자매의 상실
로 인해 트라우마를 겪은 가정들에서 볼 수 있는 "대체 자녀"(replace-
ment child) 현상과 평행을 이룬다. 그러한 가정에서 부모는 잃어버린
아이에 대해 한때 가졌던 희망과 기대를 무의식적으로 동생에게 전
가시킨다. 때때로 심지어 이름조차도 이전되고, 살아남은 자녀는 잃
어버린 형제 또는 자매의 정체성을 떠맡는다. 이러한 경우와 같이 우
리는 이스라엘과 유다라는 두 형제 국가를 가지고 있는데, 그중 하나
만이 아시리아의 공격에서 살아남았다. "유다"는 어떠한 이름과 정
체성도 만들지 않았던 형제 "이스라엘"의 이름과 정체성을 떠맡았
다. 게다가 신명기적 언약을 제정하면서, 요시야가 인도했던 이 새로
운 "이스라엘"은 본래의 이스라엘에게 부족했던 신적 기대들을 성취
하기 위해 노력했다. 요시야가 이전의 북부 법전을 기반으로 한 이

---

13. Daniel Fleming, *The Legacy of Israel in Judah' Bible: History, Politics, and the
    Reinscribing of Tradition* (Cambridge: Cambridge University Press, 2011). 고대
    유다와 이스라엘의 관계에 관한 더 초기의 이론들에 대한 판단력 있는 연구
    를 위해서 이 작품의 13-16쪽을 보라.

언약을 채택함에 따라 유다 백성은 이스라엘의 여러 이야기와 법 전통들, 심지어는 정체성의 측면에서 자신을 더욱 많이 들여다보게 됐다. 사실상 유다는 예루살렘 기반의 이스라엘이 됐고, 사마리아 기반의 이스라엘과는 달리 생존할 수 있었다.

* * *

신명기에서 볼 수 있는 북부 전통은 예루살렘에 대한 유다인들의 더 이전 초점을 어느 정도 강화했다. 요시야와 백성들은 북부 성소에서 중앙화된 예배를 드리라는 신명기의 요청을 순전히 하나님의 궁극적인 예루살렘 선택의 서곡으로 읽었다. 한편 북부 전통들 또한 유다의 경전들에 큰 변화들, 아시리아 트라우마에 의해 촉진된 변화들을 가져왔다. 요시야는 왕실 전통에 대한 전형적인 고대 근동의 초점으로부터 비-왕실 법적 전통들, 특히 현재 "언약 두루마리"로 기능하고 있는 신명기에 대한 새로운 유다적 초점으로 전환하기 시작했다. 심지어 이스라엘과 유다의 왕들에 초점을 맞추고 있는 성서 열왕기도 요시야의 서기관들에 의해 생성됐고, 그들은 이스라엘과 유다의 왕들을 하나의 기준으로 평가했다. 그들이 예루살렘으로의 성소 중앙화에 관한 신명기적 요구를 이행했는지, 아닌지의 여부 말이다. 사실상 이 책들에 관한 더 이른 시기의 편집은 아마도 열왕기하의 현재 끝부분 이전에 종결됐을 것이다. 이러한 요시야적 편집은 요시야가 신명기의 율법에 순종하는 데 다른 어떤 왕보다 더 잘했다는 구절로 끝난다(왕하 23:25; 그리고 신명기 17:14-20을 비교하라).

이러한 야웨와의 신명기적 언약을 떠맡으면서, 요시야의 유다는 현재 지속되고 있는 자신의 존재를 정당화하고 안전하게 하려고 노력했다. 우리가 보았던 것처럼 이 언약은 더 오래된 경건에 대한 급진적이고, 심지어 트라우마적인 거부를 수반했다: 가족 신들의 폐기, 그것들과 연관된 제의 대상들의 파괴, 고대 성소들에 대한 모독, 그것과 연관된 제사장직의 격하 또는 제거. 이는 아시리아 트라우마에 대한 반응으로 형성된 새로운 질서였고, 요시야가 생각하기에 이는 수십 년간의 아시리아 지배로 이어졌던 문제들을 해결할 수 있을 것이었다. 이는 시온의 영구한 미래와 그것의 왕위를 안전하게 해 줄 새로운 질서였다. 그러나 그는 끔찍하게도 틀렸다.

에필로그

요시야와 관리들은 유다의 영원한 미래를 보장했다고 믿었을지도 모른다. 그러나 그들은 심지어 이집트 군대와의 조우에서도 살아남지 못했다. 우리는 요시야가 왜 이집트인들을 상대하러 갔는지 알지 못한다. 그들은 유다를 공격하거나 위협하고 있지 않았다. 대신, 그들은 아시리아가 새롭게 발흥하는 제국, 즉 갈대아 민족의 신-바빌로니아 제국과 전투하고 있었을 때 아시리아를 돕기 위해 유다를 지나서 해안가를 따라 길을 가고 있었다.

이야기의 세부 사항들은 흐릿하다. 열왕기하에 있는 간결한 보도에서는 파라오 느고가 아시리아 왕을 대적하여 올라갔고, 요시야가 그를 맞서러 나갔으며, 그리고 파라오 느고가 "요시야를 므깃도에서 만났을 때에 죽인지라"(왕하 23:29)라고 말할 뿐이다. 이후에 그의 매장에 관한 기록과 다윗 계열 왕의 기름 부음이 이어진다. 역대하에 있는 이 사건에 관한 보도는 느고와 요시야 사이의 상호 작용에 관한 더욱 확장된 기사를 제공한다. 거기에서 요시야는 느고와 싸우기 위해 갑옷을 착용하고자 고집을 부리고, 전투에 나갔을 때 이집트 궁사들에 의해 치명적인 부상을 입고, 거기에서 옮겨진 이후에 예루살렘에서 죽는다(대하 35:20-24). 그러나 이 보도는 나중에 나온 것이며 당시 유다의 가장 위대한 군주 중 한 사람의 설명 불가하고 무의미한 죽음으로 보이는 것을 가장하려는 시도처럼 보인다.

그러나 요시야의 죽음에 대한 설명 불가능성과 무의미함은 그것이 전조하고 있는 것과 비교할 때 흐릿해진다: 예루살렘/시온의 궁극적인 멸망, 영원할 것으로 추정된 다윗 왕권의 종말, 예루살렘과 유다의 살아남은 많은 인구의 바빌로니아로의 유배. 나는 이제 그 이야기로 돌아가려 한다.

기원전 609년에 요시야를 죽였던 이집트인들은 단지 몇 년 동안만 유다를 통제했다. 이후 고대 바빌론 지역을 기반으로 하는 새로운 "갈대아" 제국이 등장했다. 요시야 사망 5년 후, 기원전 604년에 이 갈대아의 "신-바빌로니아" 제국은 유다를 포함하여, 한때 아시리아가 통제했던 여러 나라에 대한 지배권을 움켜쥐었다. 우리는 바빌론을 지배하게 된 이 갈대아인들의 배경에 대해서 많은 것을 알지 못한다. 그러나 그들은 일반적으로 아시리아인들보다는 피에 덜 굶주렸다는 평판을 받았다.

우선, 갈대아-바빌로니아인들은 당시 유다의 왕 여호야김을 계속 왕위에 있게 했다. 그러나 그는 이집트에 의해 권력을 얻었고, 따라서 친-이집트적이었다. 바빌로니아에 항복한 지 겨우 3년 후에, 여호야김은 바빌로니아의 통치로부터 독립을 선언할 기회를 붙잡았다. 처음에 이 대담한 행동은 성공적으로 보였을지도 모른다. 바빌로니아인들은 제국 내의 반항적인 다른 지역들을 진압하는 데 몰두해 있었고, 여호야김의 유다를 그냥 내버려두었다. 그러나 기원전 596년에 바빌로니아인들이 돌아왔다. 여호야김은 공격을 받기 직전에 죽었지만 바빌로니아인들은 심판을 단행했다. 그들은 성전을 약탈했고 예루살렘의 엘리트들을 유다 주변의 다른 거주민들과 더불어 바빌로니아의 먼 지역으로 이주시킴으로써 효과적으로 예루살렘의 인구를 감소시켰다. 여호야김의 후계자, 여호야긴 왕과 나머지 왕실 가족들은 이러한 수천 명의 예루살렘 거주민과 유다 포로민 사이에 있었고, 그중에는 제사장 에스겔도 있었다. 그의 예언은 곧 논의될 것이다.

예루살렘은 여전히 존재했고, 바빌로니아인들은 심지어 다윗 계열의 왕권이 어느 정도 지속되는 것을 허용했다. 그들은 요시야의 아들 시드기야를 예루살렘-유다의 새로운 왕으로 세움으로써 유다의 복종을 확실하게 하고자 했다. 외견상 예루살렘에는 수천 명이 살았기 때문에 어느 정도 회복된 것 같았으나, 시드기야는 결국 바빌로니아에 대해 반역을 일으켰다. 바빌로니아인들에 의해 왕으로 임명된 지 약 9년 후, 시드기야는 바빌로니아에 조공을 바치는 것을 중지했고, 이로 인한 공격을 불가피하게 대비해야 했다.

수개월 후 바빌로니아의 군대가 돌아왔고 거의 2년 동안 예루살렘을 포위했다. 결국 이 굶주린 도시는 기원전 587년에 함락됐고 바빌로니아인들은 무자비했다. 바빌로니아인들이 시드기야의 눈을 멀게 하기 전 그가 마지막으로 보았던 것은 자신 앞에서 모든 아들이 죽임을 당하는 것이었다. 그러고 나서 바빌로니아인들은 눈이 먼 시드기야와 수천 명에 달하는 예루살렘 생존자의 대부분을 포로지로 보냈다. 수주 후 바빌로니아인들은 조직적으로 예루살렘을 파괴했다. 그들은 성벽을 헐었고, 성전, 왕궁, 다른 건물들을 불태웠다. 이른바 난공불락의 "시온"은 돌무더기 외에 남은 것이 없었고 거주민들은 죽거나 유배됐다. 이제 바빌로니아에는 두 부류의 유다 포로민들이 살았다. 하나는 기원전 596년 바빌로니아의 첫 번째 공격 동안에 유배된 사람들, 그리고 기원전 587년 예루살렘의 완전한 파괴를 목격한 그 이후의 사람들이었다. 그들은 바빌로니아에 대항하여 어떠한 반역을 일으킬 수 있는 예루살렘과 유다의 사실상 모든 엘리트 지도자들과 장인들의 집단을 대표했다. 성서는 "그 땅의 비천한 자들"이 유다에 살도록 남겨졌고 지도층은 기원전 596년에 유다 사회에서 제거됐으며 587년에 또다시 제거됐다고 기록한다(왕하 25:12).[1]

이러한 사건들이 한 민족에게 트라우마를 입게 하지 못했다고 상상하는 것은 어렵다. 수천 명이 전투에서 죽었다. 더 많은 사람들이 포위된 도시들 안에서 굶주려 죽었다. 결국 예루살렘과 유다의 많은 것이 폐허로 남았고, 도시의 많은 인구는 죽거나 포로민이 됐다. 지방의 정착촌들은 예루살렘의 북쪽과 남쪽에 존속했고, 바빌로니아인들은 계속 세금을 징수하기 위해 오래된 행정 중심지를 사용했다. 그러나 유다는 자신의 왕조와 거룩한 도시를 상실했고, 성서의 여러 저자들은 포로지에서 등장했다.[2]

1.　렘 52:30은 기원전 582년, 세 번째 바빌로니아의 추방에 대한 기록을 제공한다. 그러나 정확히 무엇이 이런 추방을 일으켰는지는 분명하지 않다.
2.　바빌로니아의 공격에 상대적으로 영향받지 않은 채 남아 있던 여러 지역들

이 사건들은 유다인들의 두 가지 핵심 믿음들을 심각하게 약화시켰다. 곧, 예루살렘이 함락될 수 없는 하나님의 도시였다는 것, 그리고 하나님이 다윗의 후손이 예루살렘에서 영원히 왕이 될 것을 보장한다는 것 말이다.[3] 예루살렘과 그것의 난공불락에 관한 이러한 신념은 유배되기까지의 몇 년 동안 너무 강해졌기 때문에, 예언자 예레미야는 당시 예루살렘 성전이 파괴될 것이라고 선언했을 때 거의 처형당할 뻔했다.

언급된 바와 같이 결국 예레미야가 옳았음이 입증됐다. 예루살렘은 파괴됐다. 다윗 계열의 왕 여호야긴은 투옥됐다. 유다의 지도층은 아마도 결코 돌아올 수 없는 먼 바빌론으로 보내졌다. 유다인들의 집단적 정체성의 기존 토대들은 부서졌다.

에 대한 섬세한 그림에 대해서는 다음을 보라. Oded Lipschits, "Shedding New Light on the Dark Years of the 'Exilic Period': New Studies, Further Elucidations, and Some Questions Regarding the Archaeology of Judah as an 'Empty Land'," in *Interpreting Exile: Interdisciplinary Studies of Displacement and Deportation in Biblical and Modern Contexts*, ed. Brad Kelle, Frank Ames, and Jacob Wright (Atlanta: SBL, 2011), 57-90.

3.   이러한 핵심 믿음의 "부서짐"이 어떻게 트라우마의 핵심 측면이 되는지에 관한 논의를 위해서, Janoff-Bulman, *Shattered Assumptions*를 보라. 야노프-불만(Janoff-Bulman)이 이러한 부서짐을 설명한 방식에 대한 비판에 관해서는 다음을 보라. 특히 Patrick Bracken, *Trauma: Culture, Meaning, and Philosophy* (London: Whurr, 2002).

파괴의 여파로 인한 고통의 목소리들

성서는 이러한 재앙에 직면했던 사람들의 외침들을 보존하고 있다. 예레미야애가로 불리는 성서의 책 전체는 예루살렘의 파괴를 애도한다. 책은 한 여인으로 의인화된 도시가 어떻게 멸망하게 됐는지에 관한 한탄으로 시작한다.

> 슬프다 이 성이여 전에는 사람들이 많더니
> 이제는 어찌 그리 적막하게 앉았는고
> 전에는 열국 중에 크던 자가
> 이제는 과부 같이 되었고
> 전에는 열방 중에 공주였던 자가
> 이제는 강제 노동을 하는 자가 되었도다(애 1:1).

책의 나머지 부분은 한 여인으로 의인화된 도시, 예루살렘이 자신의 고통에 관하여 부르짖고 있는 시들과 함께 황폐화된 예루살렘에 관한 묘사들을 교대로 제시한다.

> 여호와여 보시옵소서
> 내가 환난을 당하여
> 나의 애를 다 태우고
> 나의 마음이 상하오니
> 나의 반역이 심히 큼이니이다

밖에서는 칼이 내 아들을 빼앗아 가고

집 안에서는 죽음 같은 것이 있나이다(애 1:20).

"나의 반역이 심히 큼이니이다"라는 그녀의 선언은 이 시기에 작성된 여러 문서들이 트라우마 생존자들에게 있어서 전형적인 자기 비난을 보여주고 있는 수많은 장면들 중 하나다. 호세아가 아시리아의 공격들에 대해 이스라엘을 비난하고, 요시야와 서기관들이 아시리아의 압제 시기에 유다를 비난했던 것처럼, 여러 유다인들은 예루살렘 파괴의 결과로서 이러한 재난에 대하여 스스로를 비난했다.

예레미야애가는 해피엔딩이 아니다. 이는 성서 안에서 질문으로 결론을 내리는 몇 권 안 되는 책들 중의 하나다.

주께서 어찌하여 우리를 영원히 잊으시오며

우리를 이같이 오래 버리시나이까

여호와여 우리를 주께로 돌이키소서

그리하시면 우리가 주께로 돌아가겠사오니

우리의 날들을 다시 새롭게 하사 옛적 같게 하옵소서

주께서 우리를 아주 버리셨사오며

우리에게 진노하심이 참으로 크시니이다(애 5:20-22).

또한 우리는 시편에서 다윗 계열 왕조의 상실에 대한 유사한 외침들을 발견할 수 있다. 한 유대인 저자는 시편 89편에 있는 이러한 상실에 대한 애도로 시편의 초기 모음집을 결론지었다. 이 시편은 다윗에 대한 하나님의 과거의 약속들을 개관하며 희망적으로 시작하는데, 다음의 구절을 보존하고 있다.

> 내가 네 자손을 영원히 견고히 하며
> 네 왕위를 대대에 세우리라(시 89:4).

그러나 시편 89편의 나머지 부분은 바빌로니아의 공격이 어떻게 다윗의 후손들을 위한 하나님의 보호에 관한 신뢰를 산산이 부수었는지 보여준다. 시편 기자는 "그의 영광을 그치게 하시고 그의 왕위를 땅에 엎으셨으며 그의 젊은 날들을 짧게 하시고 그를 수치로 덮으셨나이다"(시 89:44-45)라고 하나님에게 부르짖는다. 그러고 나서 포로지에 있는 시편 기자는 여러 질문으로 하나님에게 맞선다.

> 여호와여 언제까지니이까
> 스스로 영원히 숨기시리이까
> 주의 노가 언제까지 불붙듯 하시겠나이까(시 89:46).

이 시편은 하나님의 깨진 약속에 관해 직접적으로 언급함으로써 결론짓는다.

> 주여, 주의 성실하심으로 다윗에게 맹세하신
> 그 전의 인자하심이 어디 있나이까(시 89:49).

하나님과의 보호 관계 안에 있었던 유다인들의 집단적 신뢰는 부서졌다. 또한 유배는 그들에게 새로운 도전을 제공했다. 왜냐하면 유배는 자신의 나라와 도시에 연결되어 있다는 느낌을 절단했기 때문이다. 포로지로 끌려간 이 수천 명의 상류층 유다인들은 유다 외에 다른 곳에서는 살았던 적이 없었다. 대부분은 전 생애를 예루살렘에서 멀지 않은 곳에서 지냈다. 이제 그들은 인구가 적은 바빌론의 여러 지역에 재정착했고, "텔-아비브(델아빕)"와 "유다의 도시" 같은 유다 포로민들의 정착촌에 흩어져 있는 자신을 발견했다.[4] 이전에 이 포로민들은 유다의 제사장들, 관리들, 다른 특권 지도층들이었다. 이것이 바로 바빌로니아인들에 의해 강제로 이주됐던 이유였다. 이제 그들은 낯선 땅에서 외국인이었다. 생존하기 위해 노력하면서 바빌로니아 포획자들의 조롱을 견뎌야 했다. 이 포로민들은 한 세기 전에 형제 국가 이스라엘이 영구적으로 멸망됐을 때 발생한 것과 동일한 일들—수도의 파괴, 왕정의 종료, 유배—을 겪었다. 그리고 바빌론에 있는 이 유다인들에게는 그들의 운명이 다를 것이라는 어떠한 뚜렷한 표지도 없었다.

우리는 한 시편(시 137편)에서 그들의 외침을 들을 수 있는데, 이것

---

4.   텔-아비브(델아빕)는 겔 3:15에서 언급된 유대인들의 바빌로니아 정착촌이다. "유다의 도시"는 바빌론에 있는 또 다른 유다인들의 정착촌인데, 이것은 최근에 발견됐던 설형 문자로 된 유다 포로민의 몇몇 법적 문서에서 언급된다. 이러한 발견에 관한 예비적 설명은 Laurie Pearce, "New Evidence for Judeans in Babylon," in *Judah and the Judeans in the Persian Period, ed. Oded Lipschits and Manfred Oeming* (Winona Lake, Ind.: Eisenbrauns, 2007), 399-412에 나온다. 이에 대한 더욱 포괄적인 작품이 조만간 출간 예정이다.

은 1970년에 멜로디언의 "바빌론 강가"(Rivers of Babylon)라는 레게송으로 대중적으로 알려지게 됐다. 거기에서, 한 포로민 집단은 바빌로니아 포획자들의 조롱을 견디면서 혼란과 분노를 표명한다.

> 우리가 바벨론의 여러 강변 거기에 앉아서
>
> 시온을 기억하며 울었도다
>
> 그 중의 버드나무에
>
> 우리가 우리의 수금을 걸었나니
>
> 이는 우리를 사로잡은 자가
>
> 우리에게 노래를 청하며
>
> 우리를 황폐하게 한 자가
>
> 기쁨을 청하고
>
> 자기들을 위하여
>
> 시온의 노래 중 하나를 노래하라 함이로다
>
> 우리가 이방 땅에서
>
> 어찌 여호와의 노래를 부를까
>
> 예루살렘아 내가 너를 잊을진대
>
> 내 오른손이 그의 재주를 잊을지로다
>
> 내가 예루살렘을 기억하지 아니하거나
>
> 내가 가장 즐거워하는 것보다 더 즐거워하지 아니할진대
>
> 내 혀가 내 입천장에 붙을지로다(시 137:1-6).

예루살렘에 관한 이러한 기억은, 비록 유다 포로민들이 중앙 바

빌론 전역에 있는 여러 이질적인 마을 안에 살고 있었다고 할지라도, 그들을 하나로 묶을 수 있었던 것이었다. 이 포로민들 대부분은 결코 돌아오지 못했고, 이국 땅에서 죽었다. 성인들의 평균 기대수명이 대략 30년이었던 세계에서, 50년 동안의 바빌론 포로 생활은 한 세대를 넘어 지속된 것이었다. 그 결과 겨우 소수의 포로민만이 귀환할 수 있는 기회를 얻었다. 바빌로니아가 멸망했던 시기에, "포로민의 아들들"(그들은 스스로를 그렇게 불렀다)은 대부분 한때 유다에 살았던 사람들의 자녀였다. 그들은 결코 고향을 본 적이 없었던 "포로민들"이었다. 그들과 다른 사람들의 유일한 연결고리는 예루살렘과 이스라엘 땅에 관한 기억—주로 부모의 기억을 통해서만—이었다.

바빌로니아 포로기에 기록됐지만 그것과 무관한 저술

우리는 예루살렘 파괴의 결과로 인한 유다인들의 여러 부르짖음을 살펴보았다. 그러나 성서는 포로기 동안의 삶이 어떠했는지에 관한 내러티브에 대해서는 놀라울 정도의 공백을 보여준다. 열왕기는 예루살렘의 파괴와 유다인들의 초기 바빌로니아 망명에 관한 여러 이야기로 종결된다. 그리고 그 이야기는 바빌로니아인들이 패배하고, 페르시아의 왕 고레스(Cyrus)가 유다인들이 귀환하여 예루살렘을 재건하는 것을 시작할 수 있다고 반포할 때까지 재개되지 않는다(스 1:2-3//대하 36:23). 유일하게 보도되는 포로기의 사건은 포로민으로 끌려간 왕 여호야긴의 투옥 종료에 관한 세줄짜리 단편뿐이다(왕하

25:27-29). 포로기는 성서 전통에서 여전히 블랙홀로 남아 있다. 수백 년이 지나고 나서야 비로소 유다인들은 다니엘과 같은 포로기 인물에 관한 이야기를 쓰기 시작했다(단 1-6장). 이 외의 포로기는 성서 역사 한복판에 있는 공백기이다.

이러한 공백은 바빌로니아의 공격이 얼마나 진실로 트라우마였는지에 대한 징표일 수 있다. 물론, 예루살렘의 파괴는 끔찍한 것이었다. 예레미야애가는 그에 대한 하나의 증언일 뿐이다. 그리고 다윗 계열 통치의 상실은, 비록 회복될 것이라는 희망이 남아있었음에도 불구하고, 역시 고통스러웠다. 그러나 이 사건들 중 어느 것도 그것이 기록될 수 없을 정도로 트라우마적이지는 않았다. 성서는 예루살렘의 파괴를 묘사하고, 다윗 계열 왕조의 점진적 해체를 연대순으로 기록한다. 이는 고대의 유다인들이 묘사할 수 있었던 것들이다. 이 사건들은 고통스러운 것이었기에 유다의 저자들은 자신들이 사용할 수 있었던 애가의 여러 장르를 사용함으로써 그것들에 관해 말할 수 있었다. 이와는 달리 바빌로니아 포로지에서의 실제 삶은 진정으로 트라우마적인 "말로 표현할 수 없는 공포"였다. 그것은 "자신의 위치를 찾을 수 없는 역사"였다. 그 결과 유다에서 "시온을 기억하며" 울었던, 동화되지 못한 유다 포로민들은 바빌론에서의 삶에 관해 말하지 않았다.[5]

그러나 포로기에 관한 역사가 놀랍도록 결여되어 있음에도 불구

---

5. 트라우마 사건들의 집단적 "잊어버림"과 관련된 여러 문헌의 논의에 대해서는 이 책의 부록을 보라.

하고, 구약성서의 많은 부분은 이 유다 포로민들과 그 후손들의 저술 모음집이다. 무엇보다도 바빌로니아인들이 유다로부터 연이어 물결을 이루며 이주시켰던 지도자들은 정확히 고대 세계에서 글을 읽고 쓸 수 있었던 사람들이었다. 예를 들면, 제사장, 관료, 관리, 왕족들 말이다. 과거에는 포로기 이전 유다 인구의 작은 집단만이 글을 읽고 쓸 수 있었다. 그러나 포로기 동안, 기원전 597년과 586년에 바빌론으로 추방됐던 교육받은 유다 엘리트들은 글을 다룰 수 있는 수준이 더욱 높았다. 놀랍게도 바빌로니아의 느부갓네살 왕은 기이하게 높은 수준의 글을 읽고 쓸 수 있는 유다 포로민 공동체를 창조했다.

느부갓네살 자신은 거의 알지 못했겠지만, 이 작은 유다 포로민 공동체는 제국보다 훨씬 오래 지속될 경전들을 위한 부화장치(incubator)가 될 것이었다. 이후의 수십 년 동안, 바빌로니아는 서쪽으로는 이집트와 동쪽으로는 페르시아까지 제국의 영역을 성공적으로 확장시켰다. 바빌로니아의 이쉬타르 성전은 수 세기 동안 경이로운 것으로 회자됐고, 바빌로니아의 여러 문서들은 메소포타미아 도서관의 보물이었다. 그러나 예루살렘이 함락된 지 50년이 채 되지 않아, 바빌로니아는 페르시아의 고레스에 의해 점령당했다(기원전 538년). 수세기 내에, 바빌로니아 도서관의 여러 서판들은 모래 속에 묻혔고, 그 기록과 언어는 잊혔다.

그러는 동안, 트라우마의 영향을 입은 많은 사람들과 마찬가지로, 유다 포로민들은 자신들에 대해 근본적으로 새로운 이해에 다다르게 됐고, 이는 바빌로니아나 그 계승자들 같은 여러 제국보다 궁극적으로 훨씬 오래 지속될 것이었다. 히브리 성서에는 이들의 작품이 모여 있다. 사실상 모든 책이 바빌로니아 포로기의 영향을 보여준다. 예를 들어, 이때는 아모스, 미가, 호세아의 예언 같은 오래된 심판 예언이 자신에게 무엇이 발생했는지 이해하고자 노력하는 포로민들의 중심 초점이 됐다. 트라우마 고유의 자기 비난에 사로잡힌 포로민들은 이전에 그렇게 하찮게 여겼던 심판 예언자들을 진지하게 생각했고, 포로기를 죄에 대한 하나님의 약속된 심판으로 간주했다. 게다가 이스라엘의 멸망에 관한 유다의 이야기와 요시야 통치기까지 유다의 생존 이야기는 그 이후의 예루살렘 파괴에 비추어 수정되어야 했다. 본래의 열왕기가 아마도 그랬을 것처럼 요시야와 하나님의 언약, 예루살렘과 주변 땅의 정화, 유월절 축제로 열왕기를 끝맺는 것은 더 이상 의미가 없었다. 그래서 포로기 유다의 저자들은 대답을 제시하기 위해 열왕기의 끝부분을 추가했다. 거기서 그들은 요시야의 위대한 믿음조차도 그 앞에 있었던 아버지 므낫세의 불순종 행위를 상쇄하기에는 충분하지 않았다고 주장했다.[6]

에스겔, 유배된 제사장이자 예언자

그러나 유다 포로민들은 단지 더 이른 시기의 예언 모음집과 역

---

6. Janzen, *Violent Gift*를 보라. 이는 신명기-열왕기하에서 발견되는 것들 및 다른 흔적들을 추적하는데, 이들 중 일부는 이 책들을 포로기에 대한 설명으로 증대시키기 위한 포로기의 시도로 소급될 수 있다. 그러한 증대는 그것들이 등장하고 있는 맥락에 단지 부분적으로만 상응하고 때때로 서로 모순된다.

사를 수정하기만 한 것은 아니었다. 그들은 또한 그들의 자기 비난과의 투쟁을 반영했던 새로운 문서들을 창조했다. 우리는 이것을 특별히 에스겔에게 헌정된 성서의 책 안에서 볼 수 있다. 에스겔은 예루살렘이 파괴되기 10년 전, 유배의 첫 번째 파도에 바빌론으로 보내진 제사장이었다. 각 장마다, 이 예언자는 예루살렘과 포로민들의 여러 죄를 생생하게 묘사하면서 백성의 죄를 선언한다. 예를 들어, 에스겔은 "그러나 너희가 여러 나라에 흩어질 때에 내가 너희 중에서 칼을 피하여 이방인들 중에 살아남은 자가 있게 할지라 너희 중에서 살아남은 자가 사로잡혀 이방인들 중에 있어서 나를 기억하되 그들이 음란한 마음으로 나를 떠나고 음란한 눈으로 우상을 섬겨 나를 근심하게 한 것을 기억하고 스스로 한탄하리니 이는 그 모든 가증한 일로 악을 행했음이라 그 때에야 그들이 나를 여호와인 줄 알리라 내가 이런 재앙을 그들에게 내리겠다 한 말이 헛되지 아니하니라"(겔 6:8-10)라고 예언한다. 이런저런 문서에 보이는 자기 비난은 포로민으로 끌려간 유다인들이 듣기에 힘겨웠음에 틀림없다. 동시에 에스겔은 동시대인들에게 무엇이 발생했는지를 이해할 수 있는 방식을 제공했다. 이는 예루살렘의 파괴와 유배를 야웨가 통제하도록 남겨놓는 방식으로서, 야웨가 무력하거나 돌보지 않았다고 가정하지 않는 방식이었다.

그러나 포로기는 에스겔의 말에만 반영되어 있는 것은 아니다. 포로기의 영향은 또한 에스겔의 기이한 행동에 분명하게 나타난다. 수년에 걸쳐 학자들은 에스겔이 당시 여러 가지 정신 질환을 가지고 있다고 신속히 진단했다. 이는 주로 에스겔의 행위와 환상이 매우 기이하게 보였기 때문이다: 390일 동안 옆으로 누워있는 것(겔 4:1-17), 칼로 머리털을 밀고 불태우는 것(겔 5:1-4), 유배됐던 곳에서부터 예루살렘으로 거슬러 올라가는 영적인 "여행들"(겔 8-11장), 그리고 성욕과 잉의 "사마리아"와 "예루살렘"에 관한 외설적인 여러 이미지(겔 16, 23장). 각 세대의 성서학자들은 에스겔 안에서 다양한 질환을 보았다: 히스테리증, 정신분열증, (더욱 최근에는) PTSD(외상 후 스트레스 장애).[7]

물론, 에스겔 자신이 무엇으로 고통받았는지 알 수 있는 길은 없다. 그러나 그의 행위들이 바빌로니아 포로민들이 겪었던 더욱 깊었던 트라우마를 상징했다는 것은 분명하다. 예를 들어, 바빌로니아의 예루살렘 침공을 들은 직후 에스겔은 예루살렘의 임박한 파괴를 예언하고, 곧이어 자기 아내의 죽음이라는 다른 주제로 넘어간다. 그는 하나님이 자신에게 "(그의) 눈에 기뻐하는 것", 즉 그의 아내가 곧 죽을 것임을 알리면서 그 죽음을 애도하지 말라고 명령했다고 말한다. 그녀는 죽고, 에스겔은 그녀를 애도하지 않고, 그를 둘러싼 백성들은 왜 그렇게 이상하게 행동하는지 그에게 묻는다.

> 네가 [이러한 기이한 방식으로] 행하는 이 일이 우리와 무슨 상관이 있는지 너는 우리에게 말하지 아니하겠느냐(겔 24:19).

---

7. David Garber, "Traumatizing Ezekiel: Psychoanalytic Approaches to the Biblical Prophet," in *Psychology and the Bible, A New Way to Read the Scriptures*, ed. J. Harold Ellens and Wayne G. Rollins (Westport, Conn.: Praeger, 2004), 215-220.

에스겔은 계속해서 그들이 "너희 세력의 영광이요 너희 눈의 기쁨이요 너희 마음에 아낌이 되는" 예루살렘과 자녀들을 곧 잃어버릴 것이라고 말한다(겔 24:20-21). 그리고 에스겔은 이 모든 일이 일어날 때 그들 역시 애도하지 못할 것이라고 말한다. 대신에, 그들은 심한 악행으로 인해 얼어맞고 벙어리가 될 것이다. 이후 예언은 하나님이 에스겔에게 아내의 죽음에 대한 무감각한 반응이 백성에게 하나의 "표징"이 될 것이라고 개인적으로 말하는 것으로 끝난다.

수 세기 동안 여러 해석자들은 자신의 아내를 애도하지 못했던 에스겔로 인해 혼란을 겪었지만, 이 이야기는 포로민의 심리적 마비 상태를 생생하게 보여준다.[8] 예루살렘이 잿더미 안에 있고 유다인들이 바빌론 안에 있을 때, 그들은 "입술을 가리지 아니하며 사람의 음식물을 먹지 아니하며 수건으로 머리를 동인 채, 발에 신을 신은 채로 두고 슬퍼하지도 아니하며 울지도 아니한다"(겔 24:22-23). 이 포로민들은 에스겔서에 묘사된 에스겔처럼 트라우마를 경험하고 있는 사람들에게 일종의 전형적인 "삶 안의 죽음"을 경험하고 있는 자신들을 발견한다.[9] 한 개인으로서, 에스겔은 백성들이 예루살렘 파괴의

---

8.   나는 2012년 가을, 유니온 신학교(Union Theological Seminary)의 "트라우마와 성서"라는 수업에서 한 학생의 논문, Karenna Gore, "Ezekiel and Exile: A Study in Individual and Community Trauma," unpublished paper (2013)은 이 본문에 관해 처음으로 지적했다. 그의 허락을 받아 언급한다. 또한 Paul Joyce, *Ezekiel: A Commentary* (New York: T & T Clark, 2008), 168을 보라. 그는 에스겔서를 집단적 트라우마가 반영된 것으로 해석하는 사람들 중 한 명이다(3, 80).

9.   "삶 안의 죽음"이라는 이 표현은 히로시마 원자폭탄 투하의 여파로 인한 트라우마에 관한 이전의 고전적 연구, Lifton, *Death in Life*에서 등장한다. 특

여파로 경험했던 심리적 마비 상태를 체화했다. 한 개별적 인물인 에스겔에 관한 이 내러티브는 바빌로니아에 있는 유다 포로민들이 애도를 표현하기 위한 집단적 투쟁을 묘사할 수 있는 방식이 됐다. 고통을 겪는 많은 사람들처럼, 그들은 스스로를 자기 경험으로부터 분리시켰다. 자기 경험을 직접 묘사할 수 없었던 유다 포로민들은 에스겔 안에서 트라우마를 입은 공동체적 자아를 발견했다. 이것은 세상에 있는 하나님의 역할에 대한 하나의 "표징"으로 기능했다.

예레미야서와 예레미야애가에 나타난 시온의 딸

포로기 초기에 활동했던 다른 주요 예언자는 에스겔의 동시대인 예레미야다. 예레미야가 계속해서 예루살렘 안에 머물렀다고 할지라도, 그 또한 백성의 말로 표현할 수 없는 고통의 상징으로 기능했다. 에스겔이 아내의 상실로 인해 고통을 겪었다면, 예레미야는 가혹한 예언들로 인한 장기간의 거부와 고립으로 고통을 겪었다. 바빌로니아에 의한 멸망에 이르기까지 수년간, 유다의 마지막 왕들의 반-바빌로니아, 친-이집트 정책들을 비판했던 예레미야의 목소리는 외롭고도 인기 없었다. 예레미야는 조롱을 받고, 구덩이에 투옥됐으며, 거

별히 그 폭파로부터 살아남은 생존자들이 느끼는 삶 안의 죽음에 관해서는 207쪽에 있는 리프톤(Lifton)의 구절을 보라. 카이 에릭슨(Kai Erikson)은 그의 "Notes on Trauma and Community," 186에서 집단적 재앙의 생존자들로부터 이 구절들을 따라 몇 가지 인용문을 제시한다.

의 처형당할 뻔했다. 그의 예언들 중 하나에서, 그는 인기 없는 메시지를 말하는 것을 중단하고자 얼마나 노력했는지에 관해 말하면서, 그러나 "나의 마음이 불붙는 것 같아서 골수에 사무치니 답답하여 견딜 수 없나이다"(렘 20:9)라고 토로한다.

한때 경시됐던 예레미야의 예언들이 성서로 들어오게 됐는데, 이는 부분적으로는 아마도 파괴에 관한 그의 인기 없는 말들이 실현됐기 때문일 것이다. 그러나 그것이 전부는 아닐 수 있다. 예레미야서에서 예레미야에 관한 전기적 묘사 차원과 고통스러운 경험에 관한 탄식에 초점을 둔 것은 이례적이다. 예레미야의 탄식이 너무나도 두드러져서 "울고 있는 예언자"(the weeping Prophet)라는 명칭을 얻기도 했다. 그러나 "그의 눈에 기뻐하는 것"을 상실한 여파로 인한 에스겔의 마비 상태와 마찬가지로, 예레미야의 고통도 백성의 고통을 투영했다. 포로민들은 예레미야서를 읽고 추가했다. 예레미야가 집단적으로 고통을 겪고 있는 자신들의 자아를 개인적으로 체화했기 때문이다. 에스겔과 마찬가지로 예레미야는 포로민들에게 고통으로부터 분리되는 방법, 곧 고통에 대해 3인칭 시점으로 말할 수 있는 방법을 제공했다. 예언자의 말뿐만 아니라 예레미야와 에스겔 같은 고통을 겪고 있는 예언자의 인격에 초점을 맞춤으로써, 바빌로니아 포로민들은 트라우마를 입은 자아/자아들에 관해 안전하고 분리된 형태로 말할 수 있는 방식을 찾았다.

이와 유사한 현상을 위에서 언급한 예레미야애가 안에서 볼 수 있다. 여기에는 포로민으로 끌려간 유다와 예루살렘의 고통을 의인화하고 있는 "시온의 딸"에 관한 초점이 포함된다. 이사야와 같은 더

이른 시기의 예언이 "시온의 딸"을 잠깐 언급하고 있기는 하지만(사
1:8), 예레미야애가 안에서 그녀는 핵심 인물이 된다. 거기서 그녀는
자신의 잃어버린 아이들에 대해 애도하고, 반복적으로 하나님에게
부르짖는다. 에스겔과 예레미야의 사례와는 대조적으로, 고통받는
"딸 시온"이라는 이 인물은 여성성을 부여받은 존재다. 고대 세계에
서 (현대에서도 마찬가지로) 여성들이 트라우마에 더욱 취약했던 것만큼,
딸 시온이라는 이미지의 여성성은 이 이미지를 바빌로니아 포로민
들의 고통받고 해리된 "자아"에 관한 특별히 강력한 표현으로 만들
었다.

"제2이사야" 안에 있는 포로민들을 위한 위로

지금까지 우리는 포로민들의 외침들, 예언자들 안에 있는 포로기
고통의 상징들과 "시온의 딸", 그리고 절망을 살펴보았다. 그러나 포
로민들은 이것 이상의 어떤 것을 필요로 했다. 종종 고통을 동반하고
있는 자기 비난에는 희망이 동반되어야 했다.[10] 우리는 이전의 심판

---

10. 복합적 현대 문화 안의 집단적 트라우마에 관한 연구들 중 하나는 "지속
    적 희망"이 거대 트라우마로부터 그 집단이 회복되기 위한 "다섯 개의 필
    수 요소들" 중 하나로 여긴다. S. E. Hobfoll et al, "Five Essential Elements of
    Immediate and Mid-Term Mass Trauma Intervention: Empirical Evidence,"
    Psychiatry 70, no. 4 (2007): 298-300. 비록 이러한 결론이 현대의 트라우마에
    관한 연구로부터 등장한 것이라고 할지라도, 나는 그것이 고대의 트라우마
    및 그것으로부터의 회복에 관한 가설들에 여러 함의를 지닌다고 생각한다.

예언 모음집들에 추가된 포로기의 위로 예언 안에서 그러한 희망을 볼 수 있다.

이에 관한 최상의 사례들 중 하나는 (사 1-32장 안에 포함되어 있는) 이사야 예언의 옛 모음집이 포로기의 마지막 몇 년 동안에 쓰인 새로운 예언들—이사야 40-55장—로 확장된 것에서 발견될 수 있다. 이미 2세기 이전에, 여러 학자들은 이 장들이 기원전 8세기 예언자 "이사야"가 아니라, 포로기의 한 익명의 예언자에 의해 작성됐다는 것을 인식했다. 이러한 "제2이사야"는 유다에 대한 하나님의 심판을 되돌아보면서, 포로민들에게 하나님의 구원 계획을 신뢰하라고 촉구하고, 구원자로서 페르시아의 고레스를 구체적으로 언급한다(사 45:1-5). 고레스가 바빌로니아를 물리치기 직전에 등장한 예언은 포로민들이 고향으로부터 멀리 떨어진 지 수십 년 이후에 스스로를 어떻게 이해하게 됐는지에 관한 매우 중요한 열쇠다. 이사야는 절망 중에 있는 유배지의 유다 백성들에게 안심시키며 말했다. 그의 예언은 "너희는 위로하라 내 백성을 위로하라"라는 하나님의 명령으로 시작하고(사 40:1), "너희는 기쁨으로 [바벨론으로부터] 나아가며 평안히 인도함을 받을 것이요"라는 포로민들에게 한 약속으로 끝난다(사 55:12). 이사야 40-55장과 또한 다른 많은 희망의 말들은 포로기가 약화시켰던 하나님에 관한 신뢰와 그 세계를 회복하는 것에 초점을 맞추었다.[11]

---

11. 집단적 트라우마의 전문가인 카이 에릭슨(Kai Erikson)은 "가장 얻기 힘들고 깨지기 쉬운 유년기의 성취물 중 하나는 기본적 신뢰이며, 이는 트라우마로 인해 복구가 불가능할 정도로 손상될 수 있다"라고 말한다. "Notes on Trauma and Community," 197.

이러한 위로의 본문들은 바빌로니아의 예루살렘 파괴와 살아남은 생존자들의 추방이라는 결과로 인해 핵심적인 것이 됐다. 포로지에 있는 예언자 에스겔은 다음과 같이 말하고 있는 포로민들의 말을 인용했다.

> 우리의 뼈들이 말랐고 우리의 소망이 없어졌으니 우리는 다 멸절되었다(겔 37:11).

> 우리의 허물과 죄가 이미 우리에게 있어 우리로 그 가운데에서 쇠퇴하게 하니 어찌 능히 살리요(겔 33:10).

포로민들이 단지 자신에 대해서만 의심했던 것은 아니다. 그들은 하나님이 여전히 돌보고 있다는 것을 확신하지 못했다. 예레미야애가는 자신을 저버린 야웨에 관한 시온의 부르짖음으로 끝난다(애 5:20). 그리고 에스겔은 "여호와께서 이 땅을 버리셨으며 여호와께서 보지 아니하신다"라고 말하고 있는 장로들의 말을 인용한다(겔 9:9). 심지어 한때 호세아가 아시리아 사람들을 직면하고 있던 이스라엘인들에게 희망을 주기 위해 사용했던 하나님의 사랑에 관한 이미지조차도 전적인 신적 성폭력에 관한 무시무시한 이미지로 전환된다. 예를 들어, 에스겔서에는 음탕한 성행위로 인한 여성 예루살렘에 대한 야웨의 폭력적 처벌을 집중적으로 묘사하고 있는 두 개의 긴 장이 포함되어 있다(겔 16, 23장). 전체 히브리 성서에서 가장 어려운 본문에 속하는 에스겔의 이 예언은 야웨를 무시무시한 여성혐오증 폭군으

로, 그리고 하나님이 한때 사랑했던 백성을 무가치한 "창녀"로 묘사
한다.

그러나 제2이사야의 이후 예언은 포로민들에게 그러한 공포의
본문들에 대한 위로의 대응점을 제공한다. 거기서 우리가 발견한 하
나님은 시온에게 "두려워하지 말라 네가 수치를 당하지 아니하리라"
라고 말하고, 그녀가 "젊었을 때의 수치를 잊게 될" 것이라고 주장한
다(사 54:4). 거기에서 예언했던 하나님은 초기 포로민들의 절망을 인
식하지만, "내가 잠시 너를 버렸으나" 곧 더 좋은 시기들을 약속한
다. "큰 긍휼로 너를 모을 것이요." 그리고 다시 말한다. "내가 넘치는
진노로 내 얼굴을 네게서 잠시 가렸으나 영원한 자비로 너를 긍휼히
여기리라"(사 54:7-8). 그러한 회복의 약속들은 다시 호세아의 것처럼
들리고, 이사야 54장에 있는 하나님의 분노와 회한에 관한 이러한
그림은 과거와 현재의 많은 여성들이 삶에서 직면했던 학대의 순환
처럼 무시무시하게 들린다. 그러나 호세아 시대와는 달리, 이미 포로
민으로 끌려간 유다인들은 그러한 학대받은 여성들과 많은 공통점
을 발견했다. 그들은 폭력적인 하나님에 의해 지배되는 우주 안에 살
고 있는 것처럼 보였다. 그러한 이미지는 포로민들이 세상에 대해 이
해하는 것을 도왔다.

세계 역사를 하나님이 통제하고 있다는 이러한 믿음은 포로기
동안에 발생한 또 다른 발전으로 이어졌다. 이전에 존재했던 것보다
더욱 순수한 형태의 유일신론의 등장 말이다. 호세아와 요시야의 유
일신론은 단지 이스라엘이 오직 야웨만을 예배해야 한다는 것을 요
구했다. 그것은 다른 신들이 실제인지에 관해서는 어떤 것도 말하지

않았다. 대조적으로 제2이사야는 심지어 다른 신들이 존재한다는 것
조차 거부하는, 최초의 것으로 추정할 수 있는 성서 본문이다. 야웨
는 바빌로니아를 사용하여 유다를 심판했던 단 하나의 유일한 하나
님이다. 오직 야웨만이 포로민으로 끌려간 야웨의 백성을 구원하기
위해 페르시아의 통치자 고레스를 불러냈다(사 45:1-5). 다른 모든 신
들은 가짜다. 제2이사야는 통나무를 취하여 절반을 불을 피우기 위
한 연료로 사용하면서, 나머지 절반을 "너는 나의 신이니 나를 구원
하라"라고 기도하기 위하여 신의 조각상으로 새기는 장인을 조롱하
면서 바빌로니아의 성상 숭배를 비웃는다(사 44:13-17). 제2이사야에
있어서, 전 세계에 야웨 외에 다른 진정한 신은 존재하지 않는다. 비-
유다적인 신적 조각상과 형상의 세계는 허구다.[12]

　마지막으로, 제2이사야는 포로기의 고통을 상징하는 한 인물이
아닌 두 명의 인물에게 하나님의 위로 예언을 제시한다. 우선 이 익
명의 예언자는 예레미야애가처럼 의인화된 인물로서의 "딸 시온"에
관해 말한다. 그는 수십 년 동안 바빌로니아에서 살았던 유다인들에
게 희망과 위로의 말을 제공하는 과정에서 예레미야애가의 일부분
을 인용하기도 한다. 예레미야애가의 "딸 시온"이 "위로자"가 없음
으로 인해 부르짖었다면(애 1:2, 9, 16), 제2이사야의 예언은 "위로하고"
예루살렘의 "마음에 닿도록 말하라"는 하나님의 명령을 서술한다(사
40:1-2). 그리고 "딸 시온"이 하나님으로부터 버림받았다는 것에 대해
불평했던 곳에서(애 5:20), 제2이사야는 이 애가를 인용하여 자신의 자

12.　논의를 위해, Smith, *Origins of Biblical Monotheism*, 153-154, 179-193을 보라.

녀를 결코 포기할 수 없었던 사랑이 넘치는 어머니 하나님이라는 비전으로 응답한다(사 49:14-21).

제2이사야는 포로기의 고통과 절망을 대표하는 인물로서 "딸 시온"에 여전히 초점을 맞춘다. 그러나 예레미야애가와 비교해 볼 때, "딸 시온"이라는 이 인물은 자신이 상징하고 있는 백성들로부터 더 이상 완전히 분리되어 있지 않다. 대신에, 이사야 49장에 있는 딸 시온에게 한 말은 미묘하게 포로민들에 대한 연설로 전환된다(사 50:1-3). 그리고 곧이어 동일하게 딸 시온에 대한 연설(사 52:1-9)로부터 포로 공동체에 대한 연설(사 52:10-12)로의 전환이 발생한다. 따라서 바빌로니아에서 강제로 유배된 생활이 끝날 무렵 기록된 제2이사야의 예언은 거기에 있는 유다인들이 회복되는 단계를 대표한다. 이 지점에서 "딸 시온" 비유는 그것이 의미하고 있는 바 포로민들과 관련되기 시작한다. "딸 시온"에 대한 순수한 3인칭 시점 사용에서 벗어난 제2이사야의 이러한 전환은 일종의 치유를 나타낸다.[13] 포로민들은 이제 스스로를 "딸 시온"으로 여길 수 있다.

또한 제2이사야의 예언에는 또 다른 중요한 인물인 "야웨의 종"이 등장한다. 이는 바빌로니아 포로민들의 고통과 희망 모두를 상징한다. "딸 시온"의 경우에서처럼, 이 수수께끼 같은 "종"이라는 인물은 공동체를 상징하는 한 개인이다. 제2이사야의 앞부분에서, 하나님은 하나님의 종인 야곱/"이스라엘"의 공동체에게 연설한다.

---

13. 분리와 치유 재통합(healing reintegration) 문제에 관한 논의를 위해서는, Cathy Caruth, "An Interview with Robert J. Lifton," in Caruth, *Trauma*, 137을 보라.

그러나 나의 종 너 이스라엘아

내가 택한 야곱아

나의 벗 아브라함의 자손아 …

네게 이르기를 너는 나의 종이라

내가 너를 택하고 싫어하여 버리지 아니하였다 하였노라(사 41:8-9).

그러나 포로기의 예언이 지속되면서 우리는 때때로 공동체 안의 한 개인인 것처럼 보이는 "종"에 관해 듣는다. 이사야 42:1-4은 이사야서 안에 있는 여러 개의 "종의 노래들" 중 첫 번째 것인데, 거기서 본문의 청중들에게 분명하게 알려져 있지 않은 한 종을 소개한다.

내가 붙드는 나의 종,

내 마음에 기뻐하는 자

곧 내가 택한 사람을 보라

내가 나의 영을 그에게 주었은즉

그가 이방에 정의를 베풀리라(사 42:1).

제2이사야의 이후 부분에서는, 이 종 자신이 "내게 이르시되 너는 나의 종이요 내 영광을 네 속에 나타낼 이스라엘이라 하셨느니라"라고 그의 사명에 관해 말한다(사 49:3). 이것은 다시 그 종을 이스라엘 공동체와 동일시하는 것처럼 보인다. 그러나 곧 그는 자신의 개인적인 사명이 이스라엘을 회복시키는 것임을 암시한다.

이제 여호와께서 말씀하시나니

그는 태에서부터 나를 그의 종으로 지으신 이시요

야곱을 그에게로 돌아오게 하시는 이시니

이스라엘이 그에게로 모이는도다(사 49:5).

몇 구절 후 우리는 이 종이 한때 예언자들이 받았던 것과 동일하게 많은 거절로 인해 고통을 받았다는 것을 듣는다. 그는 "나를 때리는 자들에게 내 등을 맡기며 나의 수염을 뽑는 자들에게 나의 뺨을 맡기며 모욕과 침 뱉음을 당하여도 내 얼굴을 가리지 아니하였느니라"라고 말한다(사 50:6). 그러나 그는 또한 궁극적인 구속을 주장한다.

나를 의롭다 하시는 이가 가까이 계시니

나와 다툴 자가 누구냐 …

보라 주 여호와께서 나를 도우시리니(사 50:8-9).

마지막으로, 이사야 52:13-53:12에서 발견되는 마지막 "종의 노래"는 하나님이 이 고난받는 종을 어떻게 회복시켰는지에 관한 다른 사람들의 놀라움을 묘사한다. 그것은 "보라 내 종이 형통하리니"라는 하나님의 선언으로 시작하는데, 그의 성공(형통)은 "왕들"과 "나라들"을 놀라게 한다(사 52:13-15). 이후에 이 시는 전환하여 아마도 이 "왕들"과 "나라들"에 해당할 수 있는 한 집단의 말을 인용하는데, 그들은 이 "종"에게 무엇이 발생했는지에 대해 경탄한다.

> 우리가 전한 것을 누가 믿었느냐
>
> 여호와의 팔이 누구에게 나타났느냐 …
>
> 그는 멸시를 받아 사람들에게 버림 받았으며
>
> 간고를 많이 겪었으며 질고를 아는 자라
>
> 마치 사람들이 그에게서 얼굴을 가리는 것 같이 멸시를 당하였고
>
> 우리도 그를 귀히 여기지 아니하였도다(사 53:1, 3).

그러나 이 집단은 이 고통받는 한 사람, 그들이 생각하기에 하나님으로부터 저주받았던 자가 사실상 그들 자신의 죄에 대한 심판을 감당하고 있었다는 충격적인 믿음에 이르게 된다.

> 그는 실로 우리의 질고를 지고
>
> 우리의 슬픔을 당하였거늘
>
> 우리는 생각하기를 그는 징벌을 받아
>
> 하나님께 맞으며 고난을 당한다 하였노라
>
> 그가 찔림은 우리의 허물 때문이요
>
> 그가 상함은 우리의 죄악 때문이라
>
> 그가 징계를 받으므로 우리는 평화를 누리고
>
> 그가 채찍에 맞으므로 우리는 나음을 받았도다
>
> 우리는 다 양 같아서 그릇 행하여
>
> 각기 제 길로 갔거늘

여호와께서는 우리 모두의 죄악을

그에게 담당시키셨도다(사 53:4-6).

본문은 계속해서 구체적인 것들을 묘사한다. 이 "종"은 어떠한 폭력을 행하거나 어떠한 악에 관여하지 않았음에도 불구하고, 조용히 고통받고 "곤욕과 심문을 당하고 끌려갔고" "살아 있는 자들의 땅에서 끊어졌고" "악인들"을 위한 무덤에 놓였다(사 53:7-9). 이 시는 하나님이 이 종을 회복할 것임을 확신하고, 또한 이 종의 고통을 마치 성전 제사와 같이 다른 사람들의 죄를 위한 대속으로 삼겠다는 하나님의 약속을 인용하면서 맺어진다.

여호와께서 그에게 상함을 받게 하시기를 원하사

질고를 당하게 하셨은즉

그의 영혼을 속건제물로 드리기에 이르면

그가 씨를 보게 되며 그의 날은 길 것이요

또 그의 손으로 여호와께서 기뻐하시는 뜻을 성취하리로다 …

나의 의로운 종이 자기 지식으로 많은 사람을 의롭게 하며

또 그들의 죄악을 친히 담당하리로다

그러므로 내가 그에게 존귀한 자와 함께 몫을 받게 하며

강한 자와 함께 탈취한 것을 나누게 하리니

이는 그가 자기 영혼을 버려 사망에 이르게 하며

범죄자 중 하나로 헤아림을 받았음이니라

그러나 그가 많은 사람의 죄를 담당하며

범죄자를 위하여 기도하였느니라(사 53:10-12).

이 고난받는 종의 노래는 성서에서 가장 유명한 시들 중 하나이
자 또한 동시에 가장 논란이 되는 시들 중 하나다. 초기 기독교인들
은 그가 "많은 사람들의 죄를 담당했던" 방식과 그의 죽음이 "죄를
위한 희생 제사"였다는 것을 언급하면서, 이것을 예수의 십자가 처
형에 관한 예언으로 삼았다. 유대인들(Jews)은 이 시가 집단적인 "종",
즉 전체 이스라엘 백성에 관한 것이라고 이해했다. 최근의 역사적 학
문은 이 문제를 해결하는 데 실패했다. 한 학자가 이 "종"을 개인으
로 간주할 수 있다는 근거들을 제시하면 다른 사람들은 그 종이 사실
상 공동체라고 반박한다. 한편으로 제2이사야에 있는 이 "종"은 스스
로 말하고(사 49:1-6; 50:4-9) 한 개인으로서 특별한 고통의 경험을 가지
고 있는 것처럼 보인다: 메시지로 인해 모욕당한 것, 외모로 인해 배
척당한 것, 불공정한 재판 절차로 희생된 것. 다른 한편으로, 제2이사
야는 반복적으로 이 "종"을 전체 이스라엘 공동체와 동일시한다(사
41:8-9; 49:3).

어떤 사람들은 고난받는 종이 개인이라는 생각을 선호하고, 다른
사람들은 고난받는 종이 민족이라는 생각을 지지하는데, 우리는 이
러한 정보의 혼합을 어떻게 설명할 수 있을까? 나의 학생 중 하나,
캐롤라인 페리(Caroline Perry)의 제안을 따라, 나는 우리가 양 대안을
확인하기 위해 트라우마 이론을 사용할 수 있다고 제안하는 바다.[14]

---

14. "The Traumatized Self as Suffering Servant: Aftershocks of Trauma in Isaiah

그렇다. 어떤 차원에서 보면, 이사야 40-55장은 한 명의 고난받는 개인에 관해 말한다. 아마도 그는 자신의 메시지로 인해 고통을 겪고 주변의 사람들로부터 배척을 당한 예레미야와 같은 예언자일 것이다. 히브리 성서의 다른 예언자들처럼, 이 인물은 하나님에 의해 위임받은 것에 관해 말하고(사 42:1-9; 49:1-6), 다른 많은 예언자들처럼 처음에 메시지는 인기가 없었다. 그러나 예레미야와 에스겔의 사례에서처럼, 포로민들은 자신의 고통을 이 익명의 포로기 예언자의 고통 안에서 보게 됐다. 그의 고통에 관해 말하는 것은 그들 자신의 고통에 관해 말할 수 있는 안전하고도 취급하기 쉬운 방식이었다. 따라서 고난받는 종은 또한 한 고난받는 공동체, 즉 포로민들이었다. 그는 그들의 고통과 그들이 기대하고 있는 회복을 체화했다. 우리가 보았던 것처럼, 포로민들은 고통의 경험을 쉽게 설명하지 않았고, 흔히 딸 시온 또는 고통을 겪는 예언자들과 같은 여러 인물을 경유하여 묘사했다. 이사야 40-55장의 포로기 예언 안에서 발견되는 "종"은 여러 시적인 방식으로 고통을 겪고 있는 한 포로기 예언자—우리는 그의 이름을 결코 알지 못할 것이다—에 관한 집단적 고통을 반영하고 있는, 그러한 성찰의 생생한 사례다.

* * *

52:13-53:1," 2012년 가을, 성서와 트라우마 수업에서 한 학생의 출판되지 않은 과제(2013). Perry는 이 과제에서 종에 관한 개인적인 배역을 통해 한 공동체가 안전하게 자신의 트라우마와 회복에 관해 성찰할 수 있었다고 주장한다. 허락을 받아 인용했다.

종교사에서는 뚜렷한 유일신론으로 대표되는 제2이사야의 중대한 전환에 초점을 맞추곤 한다. 이는 온 우주에 야웨 외에 다른 실제 신들에 대한, 심지어 다른 민족들에 의해 숭배되고 있는 신들에 대한 믿음을 꺾는 것이다. 그리고 실제로 이러한 발전은 각처에서 모든 우주적 신에 관한 거부를 포함하여 현대 서구의 많은 곳에서 발견되는 세계관을 향한 중대한 단계다.

그럼에도 제2이사야는 포로기의 트라우마 한복판에 있는 다른 중요한 발전의 정점에 있다. 말로 표현할 수 없는 트라우마를 "딸 시온"과 "야웨의 종" 같은 개인적 인물들을 사용하여 처리하는 것 말이다. 예레미야애가는 이미 예루살렘의 잔해로부터 등장한 "딸 시온"의 부르짖음에 대한 긴 인용으로 시작했다. 에스겔서와 예레미야서는 각각 포로민들의 고통을 반영하여, 고통을 느끼고 있던 예언자에 대한 인격 묘사를 특징으로 한다.

그러나 장기적으로 볼 때 제2이사야에 있는 "야웨의 종"이라는 인물이 말로 표현할 수 없는 고통의 형태에 직면한 이후 공동체에 가장 큰 반향을 일으켰다. 이미 언급한 바와 같이 유대인들은 이사야 53장에 있는 고난받는 종을 자신들의 고통과 궁극적인 구속에 관한 상징으로 간주했다. 기독교인들은 같은 시를 그들의 고통을 투영하고 있던 예수 그리스도의 고통과 부활에 관한 묘사로 보았다. 여러 개인과 공동체는 각각 이사야서에 있는 이 익명의 인물, 즉 "간고를 많이 겪었으며 질고를 아는"(사 53:3) 종 안에서 그렇지 않았으면 인식되지 못했을 그들의 비통에 관한 반향을 발견했다. 비록 그가 "멸시를 당했다"고 할지라도, 이사야서의 후대 독자들은 그처럼 회복될 수 있기를 희망했다. 포로민들처럼 이사야서의 후대 독자들은 그들 안의 가장 깊은 고통에 대해 항상 말하지 못할 수 있고, 심지어 기억하지 못할 수도 있다. 그럼에도 그들은 가장 깊은 고통, 거부, 회복에 대한 희망을 상징했던 이사야의 고난받는 종 안에서 한 동반자를 발견할 수 있었다.

종합해 보면, 고난받는 종, 시온의 딸, 에스겔, 예레미야는 포로민 자신이 관련될 수 있었던 개별 인물 묘사들을 통해 포로기의 트라우마를 처리하는 사례라고 할 수 있다. 다음으로 우리는 포로민들이 아브라함과 모세와 같은 고대의 인물들에 관한 이야기들을 어떻게 재형성하고, 따라서 이 고대의 개인들이 또한 어떻게 고통과 희망을 대표하게 됐는지를 살펴볼 것이다.

제5장
아브라함과 포로기

"시온의 노래들"을 노래하라고 요청받았을 때, 포로민들은 "우리가 이방 땅에서 어찌 여호와의 노래를 부를까"(시 137:4)라고 되물었다. 유다인의 미래를 볼 수 없었던 여러 포로민은 바빌로니아 문화에 동화됐다. 우리는 바빌론에 있는 유다 포로민들이 작성했던 최근에 발견된 법적 계약서 안에서 그러한 동화된 유다인들의 서면 기록을 확인할 수 있다. 이 계약서에 포함된 사람들은 유다인의 이름을 가지고 있지만, 그 법적 문서들은 본토민 바빌로니아인들에 의해 작성된 문서들과 구별되지 않는다. 이러한 기록은 몇몇 포로민이 바빌로니아의 문화적 상황에 얼마나 철저하게 적응했는지를 보여준다.

그러나 히브리 성서는 몇몇 유다 포로민들이 동화되기를 거부했다는 견해를 증거해준다. 그들은 살아남았고 크게 변화됐다. 이전 세대가 특히 왕, 거룩한 예루살렘/시온에 집중했다면, 시편 137편은 이제 포로민들이 바빌론에서 "시온(예루살렘)의 노래들"을 부르는 것이

어렵다고 느꼈다는 사실을 증언한다. 그들은 여전히 그러한 노래들과 다른 포로기 이전의 문서들을 수집했지만, 히브리 경전들 내부의 무게중심은 이동했다. 결국 포로지의 서기관들은 고대의 조상들(예를 들어, 아브라함과 사라)과 모세 세대(따라서 출애굽)에 관한 문서들에 점점 더 초점을 맞추었다. 이는 예루살렘을 결코 명시적으로 언급하지 않는 문서였다.[1] 그들의 작품은 우리가 지금 오경 안에서 찾을 수 있는 여러 이야기를 히브리 성서의 중심, 즉 토라로 만드는 데 일조했다.

포로기 동안 유다인들은 먼 과거의 이야기에 이전보다 더욱 초점을 맞추게 됐다. 토라는 이스라엘의 가장 초기의 역사 안에 있는 여러 인물에 초점을 맞춘다: 아브라함과 사라, 이삭과 리브가, 야곱과 후손들, 이집트를 떠나서 광야에서 40년을 보냈던 모세와 아론의 전체 세대. 이들이 역사 속 인물이라면 기원전 1000년경 이스라

---

1. 창세기의 아브라함 이야기에는 예루살렘에 대한 두 개의 가능성 있는 간접적인 연결점들이 존재한다. 창 14:18은 아브라함이 조카 롯을 구한 이후에, "살렘 왕 멜기세덱"이 그를 맞이하러 왔다고 말한다. "살렘"은 "예루살렘"의 축약된 형태로 간주될 수 있고, "멜기세덱"은 시 110:4에서 예루살렘/시온과 관련하여 언급된다. 게다가, 아브라함이 이삭을 거의 바칠 뻔한 이야기는 "모리아"라는 산 위에서 발생하는데(창 22:2), 여기는 성서의 다른 곳에서 솔로몬이 예루살렘 성전을 건축한 장소로 언급된다(대하 3:1). 오경 안에 있는 예루살렘에 관한 이런 가능성 있는 언급들은 복잡하고 간접적이다. 마지막으로, (비록 예루살렘이 구체적으로 언급되지는 않는다고 할지라도) 출 15장에 있는 모세의 노래는 예루살렘으로 받아들여질 수 있는 땅 내부에 있는 두 개의 장소들에 관한 언급들을 특징으로 한다. "주의 거룩한 처소"(출 15:13), 그리고 "주의 기업의 산, 주의 처소를 삼으시려고 예비하신 것, 주의 손으로 세우신 성소"(출 15:17).

왕조가 설립되기 한참 이전에 살았을 것이다.[2] 따라서 이 인물들—모 세든, 그 이전의 조상이든 간에—은 이스라엘이 구전 문화였던 시기 (기원전 1200년 또는 그 이전)에 번성했다. 그때에는 그들에 관한 긴 문학 본문을 작성할 수 있는 서기관이 존재하지 않았다.[3]

히브리 성서는 이러한 고대의 인물들에 관한 매우 많은 본문을 포함하고 있다. 실제로 모세가 이스라엘 또는 유다에서 글로 된 히브 리 문학이 시작되기 수 세기 전에 살았다는 사실에도 불구하고, 토라 중 네 권은 전체적으로 모세의 일대기를 다룬다. 이는 총 136장에 달 한다. 그것은 다윗이나 이스라엘 역사의 다른 어떠한 인물에 관해 말 하기 위해 사용된 장보다 더욱 많다. 누가 이 장들을 썼는가? 그리고 언제 썼는가? 학자들은 대략 300년 동안이나 이 문제를 논의해 왔 고, 결정적인 해결책을 발견하지 못했다. 그럼에도 나 자신을 포함하 여 점점 더 많은 학자들이 바빌로니아 포로기와 그 여파가 이 고대의

2. 왕정의 연대 산정은 최근 수십 년간 특별히 논란이 됐다. 많은 논쟁적인 학 자들은 실제 왕정이 기원전 800년 또는 그 이후까지도 발전하지 않았다고 결론을 내린다. 나는 나의 저서 *Formation of the Hebrew Bible*, 355-385에서 보다 상세하게 이 쟁점들을 논의했고, 기원전 1000년경 예루살렘을 중심으 로 한 왕정의 최초의 등장, 그리고 약 1세기 후 북이스라엘에서의 보다 강화 된 중앙집권에 대한 좋은 증거가 존재한다고 결론지었다.

3. 이 단락에서 제시되는 연도들은 근사치이다. 메르넵타 석비(기원전 1207년 으로 추정) 안에 있는 "이스라엘"에 관한 메르넵타의 간단한 언급 외에, 우 리는 연대를 추정할 수 있는 고대 근동의 문서들 안에서 연대 산정에 정확성 을 더할 수 있는 초기 이스라엘 왕들에 관한 동시대의 언급들을 가지고 있지 않다. 이 도시국가 시기의 제한된 문해력에 대한 논의를 위해, Ryan Byrne, "The Refuge of Scribalism in Iron I Palestine," *BASOR* 345 (2007): 1-31을 보 라.

조상들—아브라함, 모세 등등—에 관한 이전의 구전, 문서 전통들이 현재의 형태로 수정됐던 결정적 시기였다고 믿게 됐다. 심지어 바빌론에 있는 유다 포로민들이 연대기적으로 이러한 고대의 조상들의 시기와 멀리 떨어져 있었다고 할지라도(다음 표를 보라), 이 포로민들은 더욱 최근의 과거 기사에서보다 아브라함과 모세에 관한 이야기들 안에서 더 큰 위안을 얻었다.[4]

---

4. 오경 안에 있는 가장 이른 시기의 자료들의 연대와 형성에 관해 많은 논쟁이 있음을 주목해야 한다. 몇몇 학자들, 특별히 유럽의 학자들은, 사실상 전체 오경이 포로기 이후에, 아마도 헬레니즘 시대에 작성됐다고 주장했다. 그와 반대로, 여전히 나는 오경이 기원전 10세기, 또는 9세기만큼이나 이른 시기로 산정될 수 있는 원역사, 조상들, 모세에 관한 여러 글들을 포함하고 있다고 확신한다. 이러한 영향에 관한 나의 가장 최근의 논증들은 *The Formation of the Hebrew Bible*, 456-483에서 발견될 수 있다. 그러나 아브라함과 다른 사람들에 관한 성서 이야기들에 대하여 이러한 초기 연대 산정이 가능함에도 불구하고, 나는 이 장에서 이 이야기들이 포로기 시기의 새로운 빛 안에서 다시 읽혔고, 수정, 확장됐다고 주장한다(최근의 진술에 관해서는 *The Formation of the Hebrew Bible, 252-303*을 보라). 초기 문서들의 지속적인 수정에 관한 이러한 모델은 오경 연구에 대한 문서적 접근법으로부터 벗어나, 자칭 "신문서가설" 학파(Neo-Documentarian School)의 새로운 형태 안에서 부활했다. 이것은 오경이 상대적으로 편집적 개입 또는 확장이 거의 없이 4개의 문서들(J, E, D, P)을 섞어 짠 것으로부터 창조됐다고 주장한다. 이러한 접근법에 관한 최근의 이용 가능한 소개는 Joel Baden, *The Composition of the Pentateuch: Renewing the Documentary Hypothesis* (New Haven: Yale University Press, 2012)에서 발견될 수 있다.

기원전 약 1550-1200년	이집트 신왕조 시기(아마도 역사적 모세에 대한 가장 가능성 있는 시기)
약 1250년	"이스라엘" 민족이 최초로 글로 된 고고학적 기록 안에 등장
약 1000년	이스라엘 땅 안에서 왕정들의 시작 (아마도 이스라엘 문학의 시작)
약 586-538년	바빌로니아 포로기(모세, 아브라함, 그리고 다른 조상들에 관한 포로기의 초점)

[오경 안의 역사적 인물들과 바빌로니아 포로기 사이의 간격]

우리는 아브라함에 관한 이른 시기와 포로기 후기의 두 가지 예언적 인용을 대조함으로써 고대의 조상들에 관한 이러한 초점의 발전을 추적할 수 있다. 첫 번째 "이전" 인용은 바빌로니아에 의한 예루살렘 파괴 직전으로부터 유래한다. 반면 두 번째 "이후" 인용은 강제된 포로기의 끝에 놓여 있다. 예루살렘 파괴 이전에 유래한 인용에서 예언자 에스겔(첫 번째 포로민의 일부)은 "아브라함은 오직 한 사람이라도 이 땅을 기업으로 얻었나니 우리가 많은즉 더욱 이 땅을 우리에게 기업으로 주신 것이 되느니라"(겔 33:24)라고 말하는 그 땅의 백성을 질책한다. 이어서 에스겔은 아브라함의 사례를 믿는 백성들이 비록 "황무지"에 있다고 할지라도 칼에 죽게 될 것이고, 그들이 비록 "들"에 있다고 할지라도 들짐승들에게 먹혀버리게 될 것이고, 그들이 비록 산성과 굴에 숨는다고 할지라도 전염병에 죽게 될 것을 하나님이 약속했다고 말한다.

내가 그들이 행한 모든 가증한 일로 말미암아 그 땅을 황무지와 공포의 대상이 되게 하면 그 때에 내가 여호와인 줄을 그들이 알리라(겔 33:29).

이러한 에스겔의 "이전" 인용에서, 아브라함을 희망의 봉화로 생
각하는 것은—적어도 그 땅에 남아 있는 백성들에게 있어서는—잘못
이다.

두 번째 인용은 유배된 지 40-50년 이후의 "제2이사야"로부터
유래한다. 이는 아브라함에게서 희망을 보는 것에 관해 더욱 긍정적
인 태도를 보여준다. 포로민들에게 연설하면서 이 익명의 예언자는
다음과 같이 말한다.

> 의를 따르며
>
> 여호와를 찾아 구하는 너희는 내게 들을지어다
>
> 너희를 떠낸 반석과
>
> 너희를 파낸 우묵한 구덩이를 생각하여 보라
>
> 너희의 조상 아브라함과
>
> 너희를 낳은 사라를 생각하여 보라
>
> 아브라함이 혼자 있을 때에 내[야웨]가 그를 부르고
>
> 그에게 복을 주어 창성하게 하였느니라
>
> 나 여호와가 시온의 모든 황폐한 곳들을 위로하여
>
> 그 사막을 에덴 같게,
>
> 그 광야를 여호와의 동산 같게 하였나니(사 51:1-3).

두 예언자들 모두 "단 한 사람"이었던 아브라함을 바라보는 것이
무슨 의미인지 말한다. 둘 다 "황무지들"로 가득한 땅에 관해 말한다.

그러나 그들의 메시지는 너무나도 다르다. 에스겔이 스스로 아브라함의 유산을 받을 권리가 있다고 주장하는 사람들을 배척한 반면, 제2이사야는 포로민들에게 "너의 아버지 아브라함과 너를 낳은 사라" 안에서 희망을 취하라고 말한다. 그리고 에스겔은 그 땅이 황폐하게 될 것이라고 약속하는 반면, 제2이사야는 야웨가 그것을 곧 회복할 것이라고 약속한다. 심지어 그는 이러한 회복의 이미지로서 창세기 시작부에 묘사되어 있는 에덴동산을 회상한다. 하나님은 "그 사막을 에덴 같게, 그 광야를 여호와의 동산 같게" 만들 것이다.

　포로기의 시작과 끝 사이의 시간에서, 우리는 잘못된 희망으로서의 아브라함으로부터 희망을 두고 있는 반석으로서의 아브라함까지 이동했다. "딸 시온"과 제2이사야의 익명의 종과 같은 현재의 인물들이 포로민들의 고통을 상징했던 곳에서, 아브라함과 같은 고대의 인물은 포로민들이 희망을 바라볼 수 있는 방식이 됐다. 그리고 이러한 희망은 오래전에 살았던 (아브라함 같은) 인물들 위에 토대를 두고 있다. 이것이 제2이사야가 바빌로니아 포로기라는 경험 안에 있는 유대인들에게 이후에 "너의 아버지 아브라함, 너를 낳은 사라를 바라보라"라고 요청했던 이유다.

포로기 저주의 해독제로서 아브라함에게 주어진 약속

　멀리 있는 조상들을 "바라보라"라고 요청하는 이유는 무엇인가? 한편으로, 유다 포로민들은 자신의 땅에 살지 않았다는 의미에서 아브라함과 사라 같은 인물들과 관련될 수 있었다. 이전의 세대보다 포로기의 유다인들은 아브라함, 야곱, 모세 및 외국 땅에 살면서 외국 통치에 복속됐던 다른 사람들 안에서 자신을 바라보았다. 다른 한편으로 아브라함 및 다른 인물들에 관한 이러한 이야기는 포로기의 경험으로부터 충분히 멀리 떨어져 있었기 때문에 안전했다. 따라서 이들은 현재의 상황에 관해 직접 말하기를 꺼렸던 유다 포로민들에게 "은폐 기억"(screen memory: 어떤 기억 및 그 기억과 연관된 정서나 역동을 숨기기 위해 사용되는 회상 내용을 가리키는 정신분석 개념—역주)의 형태로 기능했다. 포로기의 현재와 과거에 관해 집단적 기억상실증에 걸렸던, 바빌론에 있는 유다인들은 대신에 고대 선조들의 이야기에 초점을 맞추었다.[5] 그들은 아브라함과 사라 같은 땅 없는 조상들을 "바라보았고" 이들의 투쟁에 관련됐으며 이들의 약속 안에서 희망을 찾았다.

포로민이 "바라보았던" 조상 이야기들은 바빌론 디아스포라 삶에 그 이야기들을 더욱 밀접하게 평행시키기 위하여 옛 전통과 후대 수정이 혼합된 것이다. 예를 들어, 아브라함 이야기는 창세기 11장 끝에서 시작한다. 거기서 아브라함의 아버지 데라는 아브라함과 조카 롯, 아브라함의 아내 사래를 데리고 "갈대아인의 우르를 떠나" 가나안 땅으로 출발했다(창 11:31). 이러한 "갈대아인"에 관한 언급은 아브

5.　"은폐 기억"(screen memory)이라는 용어는 이 주제에 관한 Freud의 고전적 논문 "Screen Memories" in *Sigmund Freud: The Collected Papers, vol. 6*, ed. Alix Strachey and James Strachey (London: Hogarth, 1899), 43-63에 등장한다. (나치의 집단 학살에 관련된) 트라우마 기억에 관한 집단적 회피와 공동체 형태의 "은폐 기억"(마사다에서의 유대인의 저항)에 관한 재초점의 역학은 현대 이스라엘에 관한 Zerubabel, *Recovered Roots*, 57-76에 아름답게 서술되어 있다.

라함 이야기가 바빌로니아 포로기에 살고 있던 후대의 유다인들에 의해 재형성됐음을 보여주는 표지들 중 하나다. 이전에 언급했던 것 처럼, "갈대아인"은 기원전 1000년대 중반, 약 기원전 700년경 바빌 로니아를 지배했던 셈족 계열의 한 민족이다. 갈대아인들에 관한 이 러한 성서의 언급은 아브라함과 관련하여 문제가 된다. 창세기는 아 브라함과 창세기의 다른 조상들을 갈대아인들이 메소포타미아를 지 배하기 수백 년 전에, 그리고 기원전 1200년대와 1100년대 이스라엘 민족의 이집트 탈출과 가나안 땅으로의 진입 이전에 위치시킨다. 학 자들은 아브라함에 관한 여러 이야기들이 역사적으로 얼마나 정확 한지에 대해 많은 질문을 제기했다. 그러나 갈대아인들이 아브라함 시대에 메소포타미아 지역에서 번성하지 못했다는 것은 분명하다. 대신에 "갈대아인의 우르"는 유다 포로민들이 알고 있었던 메소포타 미아를 환기시킨다. "갈대아인의 우르"에 관한 이러한 간략한 언급 을 포함시킴으로써, 창세기의 이러한 아브라함 이야기를 쓴 포로기 저자들은 아브라함을 자신들에 대한 간접적인 묘사로 만들어냈다. 이제 "갈대아인의 우르"에 있는 아브라함은 유다 포로민들의 희망과 두려움을 반영하는 최초의 포로민(a proto-exile)이 된다.

　아브라함 이야기는 창세기 12장에서 지속되고 이야기의 각각의 측면은 포로민들을 향한 메시지로 만들어진다. 하나님은 아브라함에 게 어려운 명령과 그에 연결된 약속을 준다. 그는 "고향과 친척과 아 버지의 집"을 떠나야 한다. 다시 하나님은 다음과 같이 말한다.

　　내가 너로 큰 민족을 이루고 네게 복을 주어 네 이름을 창대하게 하

리니 너는 복이 될지라 너를 축복하는 자에게는 내가 복을 내리고 너
를 저주하는 자에게는 내가 저주하리니 땅의 모든 족속이 너로 말미
암아 복을 얻을 것이라(창 12:2-3).

또다시, 이 간략한 약속의 각 부분은 유다 포로민들—그들 중 많
은 사람은 바빌론에서 태어났다—을 위한 특별한 의미로 울린다. 이
이야기의 아브라함처럼 포로민들은 유다/예루살렘으로 돌아가기
위해 바빌론과 그 땅에 남아있던 친척을 떠나는 것을 고려해야 한다.
그러나 이 이야기의 조상 아브라함은 그들에게 희망을 준다. 나라가
파괴됐던 곳에서 하나님은 아브라함에게 미래의 국가 지위를 약속
한다. 그들은 스스로를 작게 여길 수도 있다. 그러나 그들의 조상 아
브라함은 이름이 크게 될 것이라는 약속을 받았다. 그들이 약하다고
느끼는 곳에서, 그들의 아버지 아브라함은 하나님의 특별한 보호를
제공받는다. 이 이야기를 쓰고 읽은 포로민들은 이야기 안에 있는 아
브라함의 지위를 요구하면서 위로를 얻을 수 있었다. 하나님은 그들
을 축복하는 사람들에게 복을 줄 뿐만 아니라, 그들을 하찮게 대하는
사람들을 저주할 것이다(이러한 어조는 종종 번역에서 모호하다). 이러한 방
식으로 포로민들은 이 이야기의 아브라함 안에서 자기들도 그러한
하나님의 선물을 받을 수 있다는 희망을 발견할 수 있었다.

더욱 중요한 것은 최초의 포로민 아브라함이 창세기 12장에서 다
양한 방식들로 복을 제공받는다는 것이다.

네게 복을 주어 … 너는 복이 될지라 … 너를 축복하는 자에게는 내가

복을 내리고 … 땅의 모든 족속이 너로 말미암아 복을 얻을 것이라.

이러한 반복은 복이 핵심 주제라는 사실을 보여준다. 하나님이 아브라함에게 복을 약속했다는 것에 대한 지속적인 강조는 누군가가 반대로 생각했을 수도 있음을 암시한다. 즉, 아브라함, 또는 그의 포로민 후손들이 저주를 받고 있다는 것이다.

실제로, 우리는 성서 안에서 포로민들이 유배됐을 때 저주를 받았다고 느꼈다는 것에 대한 여러 단서를 가지고 있다. 시편 79편은 "우리 이웃에게 비방거리가 되며 우리를 에워싼 자에게 조소와 조롱거리"(시 79:4)가 되는 것에 관해 말한다. 예레미야는 여러 나라들 중 저주의 사례가 된 백성과 예루살렘에 관해 말한다(렘 24:9; 25:18). 그리고 포로기 이후의 예언자 스가랴는 백성이 "이방인 가운데서 저주가"(슥 8:13) 됐던 시기로서 포로기에 관해 회상한다.[6]

우리가 창세기 12장에서 발견하는 아브라함 이야기는 자신들이

---

6. 이 단락 안에 있는 이것과 다른 인용들은 Hilde Nelson, *Damaged Identities and Narrative Repair*, 21에서 "침투된 의식"(infiltrated consciousness)이라고 부른 것에 대한 전형적인 예가 된다. 이는 개인이나 집단이 자신에 대한 타인의 부정적인 관점을 내면화하는 장소다. 이러한 부정적인 묘사는 자신에 대한 집단의 자의식에 영향을 주고, 그러한 집단들 안에 있는 사람들은 종종 그들에 대한 타인의 나쁜 의견을 스스로에게 확신시키는 것에 의해 고통을 받고 있는 자신을 발견한다. 이에 대한 응답으로 "침투된 의식"에 영향을 받은 집단은 종종 넬슨이 "반대 이야기들"(counterstories)이라고 부른 것, 곧 자기 정체성에 긍정적인 영향을 제공하는 여러 이야기 형태를 발전시킨다. 타인들이 바라보는 방식에 저항하여 집단적 반대 이야기들을 발전시키는 유사한 과정들에 관해서는, Malkki, *Purity and Exile*, 245-246에 있는 뛰어난 논의를 보라.

범지역적인 저주의 사례가 됐다는 포로민들의 믿음에 반응했다. 아브라함에게 한 약속에서 종종 잘못 번역되는 마지막 부분은 이러한 쟁점에 관해 가장 직접적으로 말해준다. 많은 번역본에서는 하나님이 아브라함에게 "네 안에서 땅의 모든 가족들이 복을 받게 될 것이다"(NRSV: in you all the families of the earth shall be blessed)라고 말함으로써 창세기 12장의 약속을 결론짓는다. 신약성서에서 사도 바울에 의해 인용된(갈 3:8) 이러한 역본은 비-유대인들을 아브라함의 복을 받는 존재로 간주하는 교회의 신학에 잘 들어맞는다. 그러나 기원후 11세기의 저명한 유대인 주석가 라쉬(Rashi)는 이 구절이 "땅의 모든 부족들이 너로 말미암아 스스로를 축복할 것이다"(all clans of the earth shall bless themselves by you)라고 번역되는 것이 가장 적합하다고 주장했다. "다른 나라들이 축복을 받게 될 것이다"가 아니라 "그들이 스스로를 축복할 것이다"라는 말이다. 아브라함은 축복의 봉화가 될 것이고, 그래서 다른 나라들은 아브라함이 누리는 것으로 유명한, 그러한 하나님의 복을 스스로 바랄 것이다.[7]

이러한 방식으로 이해된다면 창세기에 있는 아브라함에게 주어진 하나님의 약속은 아마도 시편에 있는 왕을 위한 오래된 기도 모델을 기초로 할 것이다. 그중 하나는 모든 나라들이 다윗 계열의 왕으로 말미암아 "스스로를 축복하고", "그에게 복(happy)이 있다"고 선언하기를 기도한다(시 72:17). 우리는 이후의 창세기에서 유사한 생각을

---

7. 더 많은 번역과 학문적 논의의 인용을 위해서는, 나의 *Reading the Fractures of Genesis*, 186-188을 보라.

보게 된다. 거기서 야곱은 "이스라엘이 너로 말미암아 축복하기를 하나님이 네게 에브라임 같고 므낫세 같게 하시리라"(창 48:20)라고 말함으로써 요셉의 두 아들, 에브라임과 므낫세를 축복한다. 창세기 12장을 썼던 포로기의 작가는 이러한 생각을 취하여 아브라함에게 적용했다. 자신들이 저주를 받았다는 유다인들의 인식을 뒤집기 위해 그는 선조 아브라함을 "땅의 모든 부족들이 너로 말미암아 스스로를 축복할 것이다"라는 약속을 받은 존재로 묘사한다. 포로민들이 창세기에 있는 이러한 "아버지 아브라함"을 "바라보았을" 때, 저주 받을지도 모른다는 우려에 대한 해답을 발견했다. 아브라함의 자녀로서 그들 또한 저주가 아니라 축복의 본보기가 될 운명이었다. 그리고 창세기는 이러한 약속이 하나님에 의해 아브라함의 후손들에게 반복되고 있음을 보여줌으로써 이 메시지를 강화한다. 예를 들어, 야곱은 "땅의 모든 족속이 너와 네 자손으로 말미암아 스스로를 축복할 것이다"(창 28:14)라는 말을 들었다. 포로민들에게 있어서, "너와 네 자손"은 자신들을 의미했다. 고대의 아브라함을 향한 하나님의 축복에 관한 이러한 포로기의 이야기는 그들을 위로했고 격려했다.

포로민들은 우리가 창세기의 나머지 부분에서 발견할 수 있는 아브라함에 관한 다른 이야기들을 통해서도 또한 위로를 받았을 것이다. 그들처럼 아브라함은 가는 곳마다—가나안, 이집트, 지중해 해안가의 블레셋—이방인으로서 살았고, 스스로를 약하다고 생각했다. 그러나 하나님은 아브라함이 사실상 포로지에 살고 있는 동안에도 그를 보호하고 심지어 번성하게 한다. 포로민들처럼 성서의 아브라함도 하나님이 보호와 축복에 관한 약속을 진정으로 완수할 것인지에 관해 지속적으로 의심한다. 예를 들어, 그는 "주 여호와여 무엇을 내게 주시려 하나이까 나는 자식이 없사오니"라고 질문하며, 심지어 하나님이 이후에 그에게 아들을 약속할 때 웃는다(창 17:17). 계속해서 그는 자신을 보호하기 위해 이집트와 블레셋에서 그의 아내를 누이 라고 속이기까지 하지만, 하나님은 어떤 식으로든 그와 가족을 구조 한다(창 12:10-20; 20:1-18). 아브라함과 사라는 하나님이 상속자를 줄 것 인지에 관해 의심하면서, 한 종을 통해 이스마엘이라는 아들을 낳도 록 계획한다. 이 모든 것에도 불구하고 하나님은 나이 많은 사라를 통해 한 상속자(이삭)를 주고, 하갈을 통해 낳은 아들(이스마엘)에게 특 별한 운명을 허락한다(창 16장).

후대의 독자들은 성서의 아브라함이 하나님의 약속들을 의심했 던 여러 방식을 종종 잊어버린다. 이렇게 그들은 "믿음이 있는 아브 라함"(갈 3:9)이라는 후대의 랍비, 기독교 전통에 의해 영향을 받았다.[8] 그러나 만약 우리가 창세기에 있는 실제 성서 이야기를 더욱 세밀하 게 관찰해 보면, 하나님이 진정으로 약속을 성취할 것이라는 점을 상 당히 신뢰하지 못하는 한 인물을 발견하게 된다. 창세기 15장에서 아 브라함은 심지어 "주께서 내게 씨를 주지 아니하셨으니 내 집에서 길린 자[한 종]가 내 상속자가 될 것이니이다"(창 15:3)라고 항의한다. 그리고 땅에 관한 하나님의 약속에 대해 "내가 이 땅을 소유로 받을 것을 무엇으로 알리이까"(창 15:8)라고 질문함으로써 반응한다. 그러

---

8. 초기 기독교 문헌은 아브라함을 기독교 신앙의 모본으로 생각했다. 예를 들 어, 그는 히브리서 11장에 있는 믿음에 관한 찬송에서 두 번 언급된다. 유대 교 역시 신실한 토라 순종의 모범인 아브라함에 초점을 맞추었다.

나 하나님은 이러한 질문들에 대해 그를 꾸짖거나 심판하지 않는다. 대신에 하나님은 땅을 주기 위한 자신의 헌신을 진지하게 확정하는 언약을 제공한다(창 15:9-21). 그리고 창세기 17장에 등장하는 할례와 관련한 하나님의 언약은 하나님의 약속이 안전하다는 추가적인 확신을 제공한다.

제2이사야서 안에 있는 아버지 아브라함에 관한 언급으로부터 판단해 보면(사 40-55장), 포로민들은 비록 여전히 의심하고 있다고 할지라도, 그러한 이야기들 안에서 희망을 발견했다. 아브라함처럼 그들은 의심했다. 그러나 그들은 하나님이 보호하고, 자신들을 나라로 만들어서, (다시) 가나안 땅을 주기를 갈망했다. 바로 아브라함처럼 말이다. 아브라함에 관한 창세기 이야기들은 희망에 대한 제2이사야의 예언들 못지않게, 아마도 그 이상으로 실제로 포로민들에게 위로가 됐을 것이다. 이것은 마치 누군가가 제2이사야의 위로 예언들을 취하여 이야기 형식 안에 집어넣은 것과 같았다.

자신에 관한 이야기를 말로 할 수 없었기 때문에, 포로민으로 끌려간 유다인들은 아브라함을 "바라보았고", 그에 관한 이야기들을 다시 말했다. 아브라함 이야기를 자신의 것으로 떠맡고, 재형성함으로써, 그 안에서 희망을 발견했다. 약속으로 가득 찬 아브라함 이야기는 유다인들이 저주를 받았다는 다른 사람들의 주장을 반박해냈다. 이는 집단적 기억에 대한 치유 형태였다. 그리고 그것은 바로 포로민들을 위한 성경이었다.

나는 아브라함과 후손인 이삭과 야곱에게 주어진 하나님의 약속이—토라 이야기에 있어서, 그리고 전체 이야기가 절망에 빠진 포로

민들의 신뢰 회복을 돕는 방식에 있어서—매우 중요한 것으로 판명
될 것이기에 아브라함에게 주어진 첫 번째의 약속에 매우 많은 지면
을 할애했다.[9] 아브라함 이야기가 후대의 포로민들에게 핵심적인 것
으로 간주된 이유가 바로 이것이다. 위에서 언급했던 것처럼, 우리는
제2이사야가 에스겔과는 다르게 아브라함 이야기를 사용하는 방식
에서 그것을 볼 수 있다. 제2이사야는 우리에게 아브라함의 이야기,
특히 아브라함에게 주어진 하나님의 약속 이야기가 후대의 포로민
들에게 시금석이 됐음을 보여준다. 갈대아인의 우르에 있는 아브라
함은 바로 그들이었다. 그리고 그들은 명성, 보호, 축복이라는 아브
라함에게 주어진 하나님의 약속 안에서 위로를 얻을 수 있었다.

위기에 처한 두 번째 세대 보호하기

그러나 아브라함 이야기의 마지막 삽화는 포로민들이 아브라함
이야기 안에서 단지 위로를 받은 것만이 아니라, 어떻게 자신들의 가
장 깊은 두려움을 발견하게 됐는지 보여준다. 나는 여기에서 창세기
22장에 있는 잊을 수 없는 이야기를 다루려 한다. 거기서 하나님은
아브라함에게, "네 아들 네 사랑하는 독자 이삭을 데리고 모리아 땅
으로 가서 내가 네게 일러 준 한 산 거기서 그를 번제로 드리라"라고

---

9.   Erikson, "Notes on Trauma and Community," 197에 있는 트라우마를 입은
      공동체들을 위한 핵심적 과업.

말한다. 본문은 그 명령의 끔찍함에 관해 어떠한 의심도 남겨두지 않
는다. 마치 어떤 부모가 이 하나님의 명령이 얼마나 잔인할 수 있는
지를 상상하는 데 도움을 필요로 하는 것처럼, 본문은 "네 아들, 너의
유일한 아들, 네가 사랑하는 아들"이라고 강조한다. 어떻게 하나님은
이러한 것을 명령할 수 있었는가? 아브라함이 겪었던 모든 것 이후
에, 이제 하나님은 어떠한 설명이나 약속 없이 그에게 그의 미래를
제물로 바치라고 말한다. 마치 역설을 강조하기 위한 것처럼, 여기서
아브라함에 대한 하나님의 명령은 아브라함이 결코 본 적이 없었던
땅을 향해 갈대아인의 우르를 떠났던, 이야기 서두에 하나님이 주었
던 명령을 반향한다. 거기 창세기 12장에서 하나님은 그에게 "내가
네게 보여 줄" 땅을 향해 "고향과 친척과 아버지의 집을 떠나라"고
말했다. 여기서 하나님은 아브라함에게 "내가 네게 보여 줄"(개역개정
성경에는 과거형["내가 네게 일러 준"]으로 되어 있음—역주) 산 위에서 "네 아들
네 사랑하는 독자 이삭을" 번제로 드리라고 말한다. 그러나 여기에
는 중대한 차이점이 존재한다. 창세기 12장 시작부에서 하나님은 아
브라함에게 과거의 집을 떠나는 것에 대한 축복과 보호를 약속했다.
그리고 하나님은 곧이어 "내가 이 땅을 네 자손에게 주리라"(창 12:2-3,
7)라고 덧붙인다. 그러나 여기 창세기 22:2에서 하나님은 단 한 명의
후손, "너의 독자"를 제물로 드리라고 말하지만, 이에 대한 어떠한
약속도 주어지지 않는다. 이는 마치 창세기 22장에 있는 이야기가 창
세기 12장에서 주어진 전체 약속을 위험에 빠뜨리게 하는 것처럼 보

인다.[10]

　아마도 창세기에 있는 다른 어떤 이야기들보다 이것이 포로민들의 가장 깊은 두려움과 더욱 공명했을 것이다. 유배를 경험했거나 연구했던 사람은 누구나 이러한 두려움을 이해한다. 그것은 낯선 새 땅에서 자녀들에게 무엇이 발생할지와 관련해 포로민들 사이에 존재하던 두려움이다. 포로민의 자녀가 성장함에 따라, 아이는 자기 가족 내에서 이방인이 될 수도 있고, 십대의 역학으로 이미 검증된 것처럼 부모-자녀의 유대감이 긴장될 수 있다. 확실히, 그러한 유대감은 살아남을 수 있고, 종종 살아남았지만, 너무 오랜 시간 동안 그 결과는 고통스럽게도 불확실하다. 이 유다 포로민들 또한 "그들의 자녀, 그들의 유일한 자녀, 그들이 사랑하는 자녀"가 낯선 땅에서 영원히 사라질지도 모른다는 가능성에 직면했다. 최초의 포로민인 아브라함이 하나님으로부터 독자를, 미래에 대한 그의 유일한 희망을 제물로 바치라는 명령을 받았던 창세기 22장의 이야기보다 그러한 도전을 상기시키는 더욱 강력한 방식은 존재하지 않았다.

　이삭을 거의 제물로 바칠 뻔했던 이 이야기는 창세기의 다른 어느 곳보다, 이후의 전통에서 말하는 "신실한 아브라함"과 만날 수 있는 장소다. 항의하거나 여러 의심을 극복했던 다른 모든 장소에 이미

---

10. 이 본문들 사이의 밀접한 연관성으로 인해 나는 창세기 22장이 12장과는 무관한 엘로힘계 자료의 일부로서 발생했다는 이론을 불가능하다고 생각하는 많은 근거들 중 하나일 뿐이다. 아브라함 이야기에 대한 전통적인 자료 접근법과 비교되는 이러한 연결과 다른 고려 사항에 대한 더 많은 논의를 위해서, 나의 *Reading the Fractures*, 196-202를 보라.

지쳐버렸던 아브라함은 아들을 제물로 바칠 준비를 하고 곧바로 앞으로 나아간다. 우리는 무엇이 그의 마음을 관통했는지 결코 들을 수 없다. 대신에 우리는 그의 여행 준비에 관한 사실 관계 보고서를 얻는다: 아침에 일찍 일어나는 것, 나귀에 안장을 지우는 것, 이삭과 두 종들을 데리고 가는 것, 제물로서 이삭을 불태우기 위한 나무를 움켜쥐는 것, 출발하는 것(창 22:3). 그는 어떻게 이렇게 할 수 있었는가? 여러 랍비는 아브라함은 이삭이 상실될 것을 진정으로 믿는 것 같지 않다고 말했다. 그들이 제사 장소에 도착했을 때, 아브라함은 종들에게 나귀들과 함께 기다리라고 하면서 "내가 아이와 함께 저기 가서 예배하고 우리가 너희에게로 돌아오리라"(창 22:5)라고 말한다. **우리가 너희에게로 돌아오리라?** 이것은 이삭이 제물로 바쳐지지 않고, 아브라함과 함께 하나님을 예배한 후에 돌아올 것임을 암시한다. 그러고 나서 아브라함은 이삭에게 번제를 위한 나무를 지우고, 계속 나아간다. 신중한 독자는 "불과 나무는 있거니와 번제할 어린 양은 어디 있나이까"라는 이삭의 질문에 아브라함이 답을 해야 하는 가슴 아픈 장면에서 좋은 결과를 기대하는 아브라함의 신뢰에 대한 또 다른 암시를 발견한다. 이에 대해 아브라함은 "번제할 어린 양은 하나님이 자기를 위하여 친히 준비하시리라"(창 22:7-8)라고 수수께끼처럼 대답한다.

　　그러나 정확한 위기 해결은 이야기 내에서 여전히 더욱 불분명하다. 아브라함과 이삭이 제사를 위해 지정된 장소에 도착한 후, 이야기는 고통스러울 정도로 느린 동작으로 전개되면서 이삭의 죽음에 이르기까지 여섯 개의 개별적인 행동이 묘사된다. 아브라함은 제단을 건축하고, 그 위에 나무를 벌여놓고, 이삭을 묶고, 태울 수 있는 제단의 나무 위에 이삭을 올려놓고, 손을 뻗어 아들을 제물로 바치기 위해 칼을 취한다. 바로 이 마지막 지점에서 "여호와의 사자"가 하늘에서부터 부르면서 행동을 중지시킨다.

> 그 아이에게 네 손을 대지 말라 그에게 아무 일도 하지 말라 네가 네 아들 네 독자까지도 내게 아끼지 아니하였으니 내가 이제야 네가 하나님을 경외하는 줄을 아노라(창 22:12).

그때야 비로소 아브라함은 고개를 들어, 하나님이 제공할 것이라고 신뢰했던 동물, 덤불 속에 잡혀 있는 한 숫양을 본다. 그 후 그는 자신이 건축했던 제단 위에 그 양을 번제로 바친다. 그리고 바로 이 때 창세기 22:15-18에 등장하는 하나님의 약속을 재보증받는다. 이는 이 장의 시작부에 있는 최초의 명령에 없던 것이었다. 그가 "네 아들 네 독자까지도" 아끼지 않았기 때문에, 이제 하나님은 아브라함에게 복을 주고, 후손을 번성하게 할 것이며, 다시 "또 네 씨로 말미암아 천하 만민이 복을 받으리니 이는 네가 나의 말을 준행하였음이니라"라고 말한다.

과거에 아브라함은 하나님이 약속을 완수할 것을 의심했다고 할지라도, 비록 포로민들도 이것을 의심했다고 할지라도, 그들은 여기서 다시 확신을 얻게 된다. 창세기 12장에 있는 약속과는 대조적으로, 본문은 여기에서 모리아에서의 아브라함의 순종이 그를 위한, 그리고 이후의 세대들, 즉 "그의 씨"를 위한 하나님의 약속을 보장했다는 것을 강조한다. 아브라함이 순종했기 때문에, "[하나님의] 목소리를 들었기" 때문에, 그와 (유다 포로민들을 포함한) 후손들은 하나님이 그들을 번성하게 하고 그들에게 복을 줄 것이라는 사실을 신뢰할 수 있었다.[11] 자신들의 고향을 떠났던 포로민들은 자기 자녀들을 잃을지도 모른다는 가능성을 너무도 잘 이해했다. 그러나 창세기는 여기에서 아브라함이 어떻게 그러한 도전에 직면하고 극복했는지를 말한다. 그 과정에서 아브라함은 하나님이 그의 후손들의 모든 미래 세대를 축복하고 보호할 것이라는 점을 확신했다.

이 메시지는 더 후대 세대 유대인들에게서도 상실되지 않았다. 그들 역시 적대적인 외국인들 사이에서 살고 있었다. 다른 유대인들도 중세 유럽의 십자군 전쟁, 동유럽의 집단학살, 나치의 인종 청소, 수많은 다른 집단적 트라우마들 등 몇 번이고 계속해서 핍박에 직면했다. 이 모든 것 가운데서, 유대인들이 때때로 자녀들, 그들의 사랑하는 자녀들이 박해자들에 의해 살해당하는 것을 보았던 바로 그 순간에 이 이야기로 돌아갔다. 예를 들어, 유대교 전통에서 아케다("묶음", "결박")로 알려져 있는 창세기 22장 이야기는 1096년 독일 마인츠(Mainz)에 있던 유대인들이 기독교 폭도들의 손에 넘어가기 전에 자기 자녀들을 죽이고 자살했던 삽화를 다루는 중세 유대인 연대기에 언급되어 있다. 이 연대기의 저자는 질문한다.

---

11.   나의 *Reading the Fractures*, 153-159에서, 나는 창 22:15-18에 있는 약속과 창 12장에서 발견되는 약속 사이의 차이점을 더욱 상세하게 논의했다. 다른 많은 학자들과 마찬가지로 나는 이 약속들을 아브라함에 전통의 발전 내부에 나오는 바 서로 다르지만 연관되어 있는 단계로 바라보는 경향이 있다.

지금 묻고 보라. 아담의 시대 이래로 이와 같은 번제가 전에 존재했
는가? 아브라함의 아들, 이삭의 아케다와 같이 그들 중 각 사람, 모든
사람을 바치는, 단 한 날에 천 개의, 백 개의 제사를 바친 적이 언제
있었는가?

회당에서 거듭 불렸던 또 다른 시는 하나님이 한때 이삭을 구원
했던 것과 같은 방식으로 당대의 박해에 직면한 유대인을 구하지 못
한 것으로 인해 하나님에게 맞섰다.

오 주님, 전능하신 이여, 높은 곳에 거하시는 분!
한때, 한 아케다에 대해, 여러 천사들이 당신 앞에서 외쳤습니다.
그러나 지금 얼마나 많은 이들이 도살되고 불태워지고 있습니까!
왜 어린 자녀들의 피에 대해 그들은 외치지 않았습니까?

그 선조가 그의 독자를 성급하게 제물로 바칠 수 있기 전에,
하늘로부터 들렸습니다. 너의 손을 들어 파괴하지 말아라!
그러나 지금 얼마나 많은 유다의 아들, 딸들이 살육되고 있습니까?
반면에 그러나 하나님은 도살되고 있는 이들도,
화염에 던져진 이들도 구원하기 위해 서두르지 않습니다.

모리아의 아케다를 한때 우리가 의지할 수 있었다고 할지라도,
여러 세대의 구원을 위해 보호받았다고 할지라도,

지금 하나의 아케다에 또 다른 아케다가 이어지고,

그들은 계수될 수 없습니다.[12]

이러한 방식과 또 다른 방식으로 이삭을 거의 제물로 바칠 뻔한 창세기의 아브라함 이야기는 유대인들이 수천 년 동안 직면했던 공포를 반영했다. 이러한 후대의 유대인들은 마치 자기 자녀들이 제물로서 바쳐지고 있는 이삭과 같다고 느꼈다. 그러나 이삭은 창세기의 아케다 이야기에서 살아남았다. 그것을 읽었던 이후 세대의 유대인들은 왜 그들의 자녀들은 구원되지 못했는지 질문하면서 그들의 하나님에게 항의했다.

* * *

학자들은 아브라함에 관한 이 이야기들이 언제, 그리고 어떻게 쓰였는지에 관해 논쟁하고 있다. 그러나 한 가지는 분명하다. 아브라함 이야기가 언제, 어떻게 쓰였든지 간에, 그것은 고통을 겪고 있는 사람들에게 말했다. 그들은 아브라함과 그의 자녀들 안에서 자신들을 발견했고, 적어도 이론적으로는 그들을 돌보고 있는 하나님을 보았다. 심지어 삶의 최악의 트라우마에 있어서도, 심지어 어떠한 부모가 상실할 수 있는 가장 귀중한 것, 즉 자녀들이 상실되거나 위협받

---

12. Shalom Spiegel, *The Last Trial: On the Legends and Lore of the Command to Abraham to offer Isaac as a Sacrifice: The Akedah* (New York, Schocken, 1967), 20-21의 번역.

고 있는 장소들에서도 말이다. 창세기의 아브라함 이야기, 특별히 아브라함과 이삭의 이야기는 유대인들과 다른 사람들에게 희망을, 또는 적어도 항의를 위한 토대를 제공했다.

이 이야기가 어떻게 그러한 힘을 얻게 됐는지는 분명하지 않다. 물론 우리는 과거에 살았던 한 인물, 역사 속 아브라함이 창세기에서 묘사된 것과 같은 여러 도전을 실제로 겪었음을 배제할 수는 없다. 아브라함 이야기가 트라우마를 입은 이후 세대들을 위로하는 것으로 드러난 것은 절묘한 우연일 수 있다.

기원이 무엇이든 간에 창세기의 아브라함 이야기는 트라우마 속에 있는 사람들을 위해 트라우마의 빛 안에서 수정된 이야기였다. 그것은 성서의 여러 본문이 어떻게 재앙에 관한 보편적인 인간 경험을 다루게 됐는지에 관한 탁월한 사례다.

아브라함 이야기가 특별히 중요한 또 다른 이유가 있다. 그것은 오경 전체를, 토라 전체를 단일 내러티브 안으로 결합시키는 족장들에 대한 하나님의 약속이라는 주제를 소개한다. 더 이른 시기, 포로기 이전에는 야곱, 요셉, 모세와 출애굽에 관한 개별적인 이야기들이 있었다. 북쪽에서 기원한 이스라엘의 조상들과 출애굽에 관한 이 기사들은 개별적인 두루마리로 통용됐고, 호세아 같은 초기 예언자들에 의해 개별적으로 언급됐다. 그리고 요시야 같은 유다의 왕들이 출애굽-광야 전통을 언급했다 할지라도, 그것들이 하나의 연속적인 이야기로 연결됐었다는 어떠한 분명한 표시도 존재하지 않는다.[13] 그러

---

13.   나의 책, *Reading the Fractures,* 203-217에서 나는 오경에 대한 이러한 아브라

나 현재의 오경은 이삭, 야곱, 모세 세대를 돌보는 하나님의 보살핌이 본래 아브라함에게 주어진 약속을 기억한 것에 근거한 이야기다. 다른 말로 하면 아브라함의 약속이라는 포로기의 주제는 오경의 이질적인 부분들을 서로 연결시키는 끈이다. 이삭, 야곱, 모세의 이야기들 안에서 약속이라는 주제를 빼고 나면, 이들 대부분은 독자적으로 서게 된다.

그뿐 아니라 약속이라는 이 끈도 포로기의 저자들에 의해 야곱, 요셉에 관한 문서와 같은 더 이른 시기의, 포로기 **이전**의 저술들에 추가됐던 것처럼 보인다. 예를 들어, 창세기 26장에 나오는 이야기에서 이삭은 이전에 아브라함에게 주어졌던 약속을 받게 되는데(특별히 창 26:2-5, 24), 이는 창세기 25, 27장에 있는 야곱과 에서의 경쟁 관계를 다루는 연속적인 이야기들 사이에 삽입된 이야기다. 창세기 28장의 야곱이 벧엘에서 하나님을 본 것에 관한 이야기는 특징적으로 아브라함 약속을 인용한다(창 28:13-14). 이는 벧엘 성소의 거룩에 관한 주변 이야기와는 단지 느슨하게만 연결되어 있다. 창세기 46:2-4에서 야곱에 대한 하나님 약속의 재확인 장면을 제외하고는 야곱/요셉 이야기의 나머지 부분에서 아브라함 약속에 관하여는 좀처럼 듣기 어렵다. 이것 역시 요셉과 형제들 사이의 갈등에 중점을 두고 있는 요셉에 관한 더 폭넓은 노벨라(novella: 단편적인 이야기—편주)에서 야곱에

함 연결을 논의하면서 이전의 연구를 요약한다(248-253). 나는 창세기에 있는 야곱(창 25-35장)과 요셉(창 37-50장) 이야기들이 본래 북이스라엘적인 형태로부터 유다인 서기관들에 의해 유다를 더욱 두드러지게 하는 현재의 형태로 수정됐다는 것을 설득력 있게 주장한 것 같다.

대한 하나님의 약속에 초점을 두고 있는 후대 포로기의 삽입처럼 보인다.

그렇다면 아브라함에게 주어진 약속은 단지 포로기의 트라우마 가운데서 아브라함 이야기의 형성만을 가리키는 것이 아니다. 창세기의 나머지 부분 전체에서 아브라함을 위한 하나님의 약속이 등장하는 것은 또한 야곱과 요셉에 관한 오래된 이스라엘의 이야기들이 포로기 동안에 어떻게 수정됐는지를 보여주는 붉은 표시선과 같다. 포로기의 트라우마 가운데서 형성된 그리고/또는 수정된 창세기는 이후의 트라우마에 대해서도 말할 수 있는 준비가 됐다.

제6장
모세 이야기

창세기 이후, 출애굽기에서 우리는 앞장에서 보았던 것과 유사한 양상과 조우한다. 멀리 있는 조상들에 관한 이전의 전통이 포로기 경험의 빛 안에서 재형성, 확장—때때로 과격하게—되는 것 말이다. 내가 이미 언급했던 것처럼 모세는 이스라엘 지파에게 있어서 고대의 역사적 인물이었고, 이스라엘의 가장 이른 시기의 여러 저술의 초점이었다.

출애굽과 포로기

모세 이야기에 관한 이러한 옛 기원에도 불구하고, 우리가 지금 성서의 모세 이야기를 가질 수 있는 이유는 그 이스라엘 이야기가 그로부터 훨씬 이후에 추방된 유다인들의 경험에 관해 말했기 때문이다. 이는 출애굽기부터 신명기까지의 책들이 두 단계에서 작동했음을 의미한다. 하나의 단계에서, 이집트를 떠난 후 광야에서 40년의 시간을 보내고, 시내산에서 십계명과 다른 율법들을 받았던 모세와 이스라엘인들에 관한 이야기 흐름이 존재했다. 이 이야기는 멀리 떨어져 있는 과거를 배경으로 설정되어 있고, 적어도 부분적으로는 모세와 같은, 아마도 역사적일 수 있는 여러 인물에 관한 포로기 이전의 전통을 토대로 한다. 반면 다른 단계에서, 모세 이야기는 훨씬 후대의 유다인들, 즉 포로기에 있거나 또는 포로기를 회상하고 있는 유다인들의 경험에 연결되어 있었다. 이러한 포로기의 유다인들은 더 이른 시기의 모세 전통을 우리가 현재 가지고 있는 본문으로 보존하고 재형성했다. 확실히 성서학자들은 이러한 문서들이 정확히 어떻게 형성됐는지에 관한 합의에 도달하는 것에 어려움을 겪었다.[1] 그럼에도 우리가 지금 갖고 있는 형태의 모세 이야기는, 이집트에서든, 바빌로니아에서든 간에, 집단적 트라우마를 중심으로 전개된다.

출애굽기는 여전히 이집트에 살고 있는 야곱의 자손들로부터 시작한다. 그들은 요셉 시대에 식량을 구하기 위해 이집트에 왔던 야곱 가족의 이후 세대들이다. 그들은 거대한 국가를 이룰 정도로 번성했기에 "요셉을 알지 못했던" 파라오는 두려워하며 그들을 노예로 삼았다. 이러한 노예화에 관한 고대 이야기는 바빌로니아에 있는 유다 포로민들의 경험을 반영했다. 그들은 바빌로니아의 여러 건축 개발

---

1. 나는 "The Formation of the Moses Story: Literary-Historical Reflections," *Journal of Hebrew Bible and Ancient Israel* 1 (2012): 7-36에서 이러한 주요 불일치점들을 개관한다.

계획에서 강제노동을 견뎌야 했다. 예를 들어, 바빌로니아의 왕 느부갓네살은 한 비문에서 자신이 메소포타미아 서부의 모든 나라들을 점령했고, 바빌로니아의 성전을 짓기 위해 그 민족들을 노예로 삼은 것에 관해 다음과 같이 자랑한다.

> 레바논 산의 거대한 향나무(백향목)들은 바빌론의 도시로 보내졌다. 나의 주 마르둑은 나에게 먼 곳들로부터 여러 민족들, 종족들 전체를 건네주었다. 나는 그들을 에테메난키(Etemenanki)의 건축을 위해 일하도록 시켰고, 나는 그들 위에 벽돌 바구니를 부과했다.[2]

따라서 출애굽기에 등장하는 이집트 노예 생활 이야기는 바빌로니아에서 힘들게 일하고 있는 유다 포로민들에 대한 새로운 공명을 일으켰다.

그러나 출애굽 이야기는 고대의 트라우마에 관한 그림에 있어서 한층 더 나아간다. 파라오는 노예제도에서 멈추지 않고 집단학살의 계획을 발전시킨다. 그는 산파들로 하여금 새로 태어난 이스라엘의 모든 남자 아기들을 살해하도록 한다. 십브라와 부아라는 산파가 파라오의 명령을 어기자 그는 이스라엘의 모든 아기를 나일강으로 던지라고 명령한다(출 1:15-22). 바로 이런 상황에 모세가 레위 지파의 한 부부에게서 태어난다. 아들에게 닥칠 것을 두려워했던 모세의 어머

2. Daniel Smith-Christopher, "The Politics of Ezra: Sociological Indicators of Postexilic Judaean Society," in *Second Temple Studies I: Persian Period*, ed. Philip R. Davies (Sheffield: Sheffield Academic Press, 1991), 79에 있는 번역.

니는 물이 새지 않는 바구니에 아들을 넣고 나일강 위에 띄워 놓았
다. 한 장 반 정도의 분량에서 출애굽기는 노예제도, 유아학살, 그리
고 강에 자신의 아기를 놔두었던 한 어머니의 결정으로 시작한다. 이
러한 첫 장면들은 "어떻게 되는지를 알려고" 멀리 서서 보고 있는 모
세의 누이와 함께 끝난다(출 2:1-4).

이야기가 진행되면서 모세라는 등장인물의 개인적인 삶은 백성
들의 취약함을 반영하는 방식으로 전개된다. 모세는 많은 포로민처
럼 단지 외국 땅에서 태어난 것만은 아니다. 그의 어머니는 단지 석
달 된 아기를 바구니 안에 넣어 큰 나일강에 놔둠으로써 이집트인들
에 의해 살해되는 것만을 피한 것은 아니다. 오히려 나중에 그는 한
이집트 공주에 의해 강에서 건져져, 이집트의 가정 안에서 성장한다.
따라서 이 이야기의 아이 모세는, 비록 어머니가 유모로 고용됐다고
할지라도, 한 명의 포로민처럼 외국인들 사이에서 살았다. 그 공주는
그에게 모세라는 이집트식 이름을 지어준다. 그러나 역설적이게도
이 이집트 여인은 그 이름을 히브리어의 측면에서 설명한다. 이것은
그녀가 모세를 강의 물로부터 "건져냈다"(히브리어 '마샤'[ma-shah])는 사
실을 반영한다(출 2:10). 여기서 우리는 많은 포로민들이 문화적 소수
자로 사는 동안에 직면하고 있던 문화적 혼류(混流, cross-currents)를 볼
수 있다. 그들은 자신의 문화와의 연결점을 유지하면서도, 외국의 이
름 그리고/또는 관습을 따랐다. 이러한 포로기 이야기 관점(version)에
서, 모세의 어머니는 아들을 단지 비밀리에만 양육할 수 있었고, 그
의 이름은 노예 소유주(slaveowner)의 문화(모세)와 이에 대한 히브리어
재해석("나는 그를 물에서 건져냈다")이 혼합된 것이다. 파라오의 딸은 거

의 알지 못했겠지만, 자기가 모세의 이름을 물에서 건져낸 것과 연관시킨 것은 모세가 나중에 백성을 이집트 홍해에서 건져낼 것을 예견한다(출 14장).

노예제도, 집단학살, 폭로, 비밀스러운 양육에 관한 이 이야기는 한편으로는 개별적인 드라마로 강력하게 작용하지만, 또한 바빌로니아에서의 강제노동 아래 있는 포로민들에게 특별한 방식으로 반향을 일으켰을 것이다. 무엇보다 고대의 인물 "모세"는, 에스겔, 예레미야, 고난 받는 종과 같은 여러 인물처럼 유다인 집단의 운명을 상징하는 또 다른 개인 인물이 될 수 있다. 한 아기로서 모세가 위험에 처한 것과 나일강에서 구조된 것에 관한 옛 내러티브를 보존하고 수정함으로써, 이 포로민들은 안전한 거리를 두고 자신들의 고통과 희망에 관해 말할 수 있었다.

마치 모세와 전체 이스라엘 백성 사이의 관계를 밀접히 연관하려고 하듯 성서는 계속해서 백성이 곧 겪게 될 경험과 평행을 이루는 여러 이야기를 말한다. 이는 모세가 파라오의 분노를 피해 광야로 달아나면서 시작한다. 이집트에서 모세가 도망친 길은 나중에 백성을 인도하게 될 것과 동일한 길이다(여기에서 출 2:11-15은 14-17장을 예견한다). 이어서 모세는 "하나님의 산"에서 불타고 있는 덤불 안에서 하나님을 본다(출 3:1-4:17). 이 이야기는 모세의 백성이 시내산에서 하나님을 보게 될 때를 미리 내다본다(출 19-24장). 다음으로 출애굽기 4:24-26에는 성서에 있는 가장 이상한 이야기들 중 하나가 나온다. 그것은 모세가 백성을 구원하기 위해 이집트로 돌아갈 때, 야웨가 모세를 공격하고 죽이려고 했던 시도에 관해 말한다. 모세의 아내 십보라가 아들에게 할례를 행하고 피 묻은 포피를 모세의 다리에 갖다댔을 때 그는 비로소 구원받는다. 이 이야기는 하나님이 이집트의 모든 장자들을 죽이려고 하나님의 "파멸자"를 보낼 때, 문설주 위에 피를 바르는 것이 어떻게 모세의 백성을 구원할지를 예견한다(출 12:1-13, 23). 마지막으로 모세가 젖먹이일 때 나일강으로부터 건져짐으로써 구원받았던 것처럼(출 2:5-6), 똑같이 이스라엘 국가도 모세가 그들을 인도하여 홍해를 통과할 때 그렇게 구원받는다(출 14장).

따라서 출애굽기 2-4장에 등장하는 모세의 삶에 관한 전체 이야기는 책의 나머지 부분에서 백성들이 경험한 두려움, 구원, 신현현을 예견한다.

모세	이스라엘
아기 모세는 나일강에서 위험에 처하고 구원받는다	이스라엘은 홍해에서 건져내진다
모세는 이집트인 가족 안에서 성장한다	이스라엘은 이집트에서 "국가"가 된다
모세는 이집트로부터 광야로 도망친다	모세는 이스라엘을 이집트로부터 광야로 인도한다
모세는 "하나님의 산"에서 야웨를 보고 명령을 받는다	이스라엘은 시내에서 야웨를 만나고 계명들을 받는다
모세는 하나님에 의해 거의 죽임을 당할 뻔하고, 그의 아들의 피를 바름으로써 구원받는다	이스라엘은 하나님의 파괴자에 의해 위협을 받고, 유월절 피를 바름으로써 구원받는다

[모세의 삶과 이스라엘의 삶의 평행점]

이러한 평행점들은 포로민들이 자신들을 모세, 이스라엘 백성들과 동일시하는 것을 도왔다. 포로민들(특별히 포로민의 자녀들)처럼 모세는 디아스포라의 위험한 삶 가운데 성장했고, 하나님은 때때로 살인적인 악마처럼 보인다. 그러나 모세와 백성들에 관한 본문의 평행점들은 포로민으로 끌려간 유다 독자들이 자신을 고대 "이스라엘"과 동일시하는 것을 또한 강화한다. 그들은 모세가 이집트의 포로민 됐던 데로부터 성공적으로 이끌어냈던 이스라엘인들 안에서 자신들을 볼 수 있었다.

앞서 강조했던 것처럼 우리는 모세와 이스라엘인들에 관한 이 이야기들이 정확히 언제 작성됐는지 알지 못한다. 출애굽기의 여러 부분은 바빌로니아 포로기보다 시기적으로 훨씬 앞선다. 그러나 이 이야기들은 또한 시간이 흐르면서 발전했고, 이스라엘과 유다의 이후 세대들은 그것들을 자신들의 삶에 연관시켰다. 특별히 포로기 동안에 다음의 한 가지 특징이 출애굽 이야기에 추가됐던 것처럼 보인다. 곧, 출애굽 사건이 오랫동안 지속됐다는 생각 말이다. 더 이른 시기의 전통은 출애굽을 하나의 드라마 같은 사건으로 설명한다. 일반적으로 하나님이 홍해에서 이스라엘인들을 이집트로부터 해방시켰다고 묘사하는 이 전통은 출애굽기 14장에 반영되어 있다. 성서의 많은 전통들은, 옛 전통과 새 전통 모두, "이스라엘을 이집트로부터 데리고 나온" 하나님에 관해 언급한다. 하나님이 이집트에서 행했던 구체적으로 특정되지 않은 "여러 이적과 기사들"에 대한 다양한 언급이 존재했고, 이처럼 포로기 이전의 북부 예언자 호세아는 광야에 있던 이스라엘에 관한 전통들을 알고 있었다.

그러나 이집트의 여러 재앙은 포로기 이전의 출애굽 언급에 등장하지 않는다. 신명기는 이집트의 재앙에 대해 알고 있다. 그러나 오직 이집트가 집단 유행병으로 특징지어지는 장소였다고 말할 뿐이다(신 7:15; 28:60).[3] 출애굽기 7-12장에서 전염병 재앙을 겪는 이집트에 대한 이러한 생각은 새로운 방식으로 발전된다. 하나님이 이스라엘인들을 이집트로부터 해방시킨 것은 이집트인들을 괴롭혔던 이 재앙들 이후에야 비로소 나타난다. 하나님은 단지 모세에게 이스라엘을 이끌어내라고 말한 후에 이집트로부터 이스라엘을 구한 것이 아니다. 그보다도 하나님은 재앙을 연속적으로 이집트에 내리면서 파라오의 마음을 굳게 한다. 왜 그러한가? 내러티브에서 하나님은 이 재앙들과 마음의 굳어짐을 통해 이스라엘과 이집트 모두 "내가 여호와"(출 7:5; 8:22; 10:2; 14:4, 18)라는 것을 인식하게 될 것이라고 반복적으로 선언한다. 다른 말로 하면, 출애굽의 지연은 하나님의 능력을 증명할 수 있는 더 많은 여지를 제공한다. 우리는 이미 제2이사야의 포로기 후기 예언에서 능력을 보여주고 있는 하나님이라는 주제를 보았다. 출애굽기의 재앙 내러티브에 이러한 주제가 등장하는 것은 이러한 재앙 내러티브가 특별히 포로기의 창조물이라는 것을 보여주는 주요 지표들 중 하나다.

출애굽기의 이러한 재앙 부분은 많은 실망 이후에 희망을 얻고자 하는 바빌로니아 포로민들의 투쟁에 관해 말한다. 포로기가 시작될 때쯤 몇몇 예언자들은 유배되지 않을 것이라는 예언들로 예레미

---

3. 여러 질병에 관한 간략한 언급은 암 4:10에서도 등장한다. "내가 너희 중에 전염병 보내기를 애굽에서 한 것처럼 하였으며 칼로 너희 청년들을 죽였으며." 그러나 대부분의 학자들은 "애굽에서 한 것처럼"이라는 표현은 이 구절을 이집트 이야기와 연결시키기 위해 추가된 주석이라는 것에 동의한다. 이 것은 시의 흐름을 중단시킨다. 그리고 서기관들이 이러한 간략한 조정하는 논평들과 다양한 문서들을 연결시키는 것은 일반적이었다.

야를 대적했다. 만약 유배가 발생한다고 하더라고, 그것은 짧게 끝날
것이다.[4] 그러나 바빌로니아 포로기는 50년 이상 지속되는 것으로
판명됐다. 사람들은 고향을 결코 다시 보지 못하고 죽었다. 그리고
많은 다른 사람들은 그들 또는 그들의 자녀들이 "이집트", 곧 바빌로
니아를 떠나 집으로 갈 수 있는 기회를 얻게 될지를 궁금해 했다. 수
십 년의 기다림으로 훈계를 받은 이 포로민들은 긴 과정 이후의 출애
굽이라는 이야기가 존재하는 출애굽기 안에서 구원에 관한 믿을 만
한 이야기를 찾았다. 어떤 것도 쉽지 않았고, 어떤 것도 즉시 이루어
지지 않았다. 그러나 강요된 포로기로부터의 탈출은 결국 다가왔다.

유월절의 생존 기념하기

따라서 출애굽 이야기는 트라우마를 넘어 트라우마로부터의 생
존으로 이동한다. 바빌로니아에 의한 유다인의 유배는 이스라엘이라
는 나라를 효과적으로 멸절시켰던 아시리아의 유배만큼 오래 지속
되지 않았다. 예루살렘 파괴로부터 대략 50년 이후, 기원전 538년에
페르시아의 왕 고레스는 바빌로니아 제국을 패배시켰고, 제사장들과

---

4.   예를 들어, 렘 28장은 예레미야와 또 다른 예언자 하나냐와의 대립에 관해
      말한다. 그때는 바빌로니아에 의한 유다의 왕과 엘리트들의 최초의 추방, 그
      러나 아직은 예루살렘이 파괴되기 이전과 두 번째의 유배 파동 사이의 시기
      였다. 예레미야가 바빌로니아의 유다 지배가 오래 지속될 것이라고 예언하
      고 있었을 때, 하나냐는 유다의 왕과 성전이 2년 이내에 회복될 것이라고 예
      언했다(렘 28:3-4).

과거의 다윗 왕조와 관련있는 몇몇 집단으로부터 시작하여 약간의 유다 포로민들이 고향으로 돌아가는 것을 허락하기 시작했다.[5] 그러나 이것은 단지 귀환 과정의 시작이었고, 많은 유다인들은 결코 바빌로니아를 떠나지 않았다. 성서의 에스라서가 여러 차례의 귀환을 묘사했지만, 에스라와 공동체는 고레스 이후 한 세기가 더 지날 때까지도 아마도 바빌로니아를 떠나지 않았을 것이고, 심지어 그때 많은 유다인들은 해외에 있었다. 기원전 538년이라는 연도는 강요된 포로기의 끝을 묘사하지만, 또한 그것은 유다 포로민들이 (그리고 귀환한 포로민들이) 공동체의 생존, 즉 모세 이야기를 통해 부분적으로 겪었던 과정을 이해하고 포용하기 위한 투쟁의 시작에 불과하다.

출애굽기 이야기는 이러한 맥락 안에서 이해되어야 한다. 이는 단지 노예생활에 관한 이야기가 아니라, 노예생활로부터 하나님에 의해 구원되는 이야기이다. 물론 그러한 구원 자체는 여러 면에 있어서 트라우마적이다. 하나님은 모세를 공격한다(출 4:24-26). 그리고 나중에는 하나님의 "파멸자"를 보내며, 이는 오직 문설주에 어린 양의 피를 바르는 것을 통해서만 피할 수 있다(출 12:23). 이스라엘인들은 처음부터 끝까지 모세에게 심히 불평했다.

> 너희가 우리를 바로의 눈과 그의 신하의 눈에 미운 것이 되게 하고

---

5. 비록 스 2장에 있는 귀환자들의 목록에 관해 여러 의문들이 존재한다고 할지라도, 그것은 처음에는 다윗의 후손인 스룹바벨과 그의 수행원들을 특징으로 하고(스 2:2), 특별히 다양한 제사장 인원들의 목록들에 의해 지배된다(스 2:36-58).

그들의 손에 칼을 주어 우리를 죽이게 하는도다(출 5:21).

애굽에 매장지가 없어서 당신이 우리를 이끌어 내어 이 광야에서 죽
게 하느냐(출 14:11).

그러나 결국 이스라엘인들은 이집트를 떠난다. 그들의 의심은 잘
못된 것이었다. 그들은 살아남았기 때문이다.

출애굽기 12장에 등장하는 유월절 지침은 이러한 트라우마로부
터의 생존을 기념한다. 이 본문은 외지에서 삶의 두려움과 노예 상태
로부터의 해방을 경험하지 못한 다음 세대들을 미리 내다본다. 하나
님은 성서에서 모세에게 이스라엘을 건국한 트라우마를 어린이들에
게 가르치기 위해 매년 한 쌍의 축제를 마련하라고 명령한다. 이 교
훈들은 여러 감각을 사로잡는 촉각적 상징들로 강화된다: 이집트를
떠날 때의 긴급함을 기억하기 위한 무교병, 이집트인의 자녀들을 죽
이는 과정에서 이스라엘인의 집을 "넘어갔던" 하나님의 파멸자를 상
기시키기 위한 제물로 바쳐진 동물의 피. 후대의 유대교 전통은 쓴
나물 및 노예 상태를 기억하기 위해 벽돌 회반죽을 상징하는 갈색 혼
합물과 같은 다른 감각적 상기제를 추가했다. 이러한 생생한 의식은
문화를 통해 가장 중심적인 공유 기억의 전달을 보장하게 하는 방식
이다. 아이들에게 시각, 후각, 촉각을 통해 역사에 대해 가르치는 연
례 의식을 제정하는 것 말이다. 고대 이스라엘의 가장 중요한 연례
축제 중 하나인 유월절 의식은 이스라엘의 어린이들로 하여금 자신
을 탈출한 노예의 후손으로 여기도록 가르쳤다.

이렇게 재현되고 예식화된 트라우마와 구원은 이것이 처음 등장

했을 때보다 더욱 복잡하다. 포로기 저자들이 포로기의 경험을 기억하기 위해 출애굽기 12장에 있는 유월절 본문, 이 절기를 발명했던 것은 아니다. 오히려 그들은 희생양의 피를 바르는 것과 관련된 고대 "유월절" 축제를 이른 봄의 보리 수확을 기념하고 무교병을 동반했던 또 다른 축제에 결합시킴으로써 고대의 축제 규정을 재확인하고 수정했다.[6] 이러한 고대의 예식은 이제 유대인 어린이 세대들을 구원받은 노예들로 전환시켰다. 이 어린이들이 자기만의 트라우마를 경험했을 수도 있고, 경험하지 않았을 수도 있다. 그럼에도 출애굽기 12장의 유월절 예식은 이 아이들을 노예 생활과 집단학살의 생존자로 만들었다. 매해 봄에 문설주에 피를 바를 것이라고 본문은 말한다. 자녀들은 해마다 "이것을 왜 하나요?"라고 질문할 것이다. 이에 대한 대답으로, "이는 여호와의 유월절 제사라 여호와께서 애굽 사람에게 재앙을 내리실 때에 애굽에 있는 이스라엘 자손의 집을 넘으사 우리의 집을 구원하셨느니라"(출 12:27)라고 말할 것이다.

"하나님이 이집트인들을 쳤으나 우리의 집들은 보존했다"라는 이러한 해마다 반복되는 확언은 트라우마의 핵심 곤경을 표현한다. 이것은 캐시 케이루스(Cathy Caruth)의 1996년 고전적 연구『수취인 없는 체험: 트라우마, 내러티브, 역사』(Unclaimed Experience: Trauma, Narrative, and History)에서 논의된다. 여러 회상, 악몽, 강박적인 반복을 논의하면서, 그녀는 다음과 같이 쓴다.

---

6. 이 절기들을 묘사하고 있는 더욱 오래된 두 본문은 출 23:14-17과 신 16:1-17 이다.

트라우마는 죽음을 마주한 것뿐만 아니라 **정확히 그것을 모른 채 살아남았을 때에도 존재한다.** 누군가의 회상에서 다시 시작되는 것은 자신에게 임박했던 죽음에 대한 이해 불가능성이 아니라, 자신의 생존 자체에 대한 이해 불가능성이다. 다른 말로 하면, 반복은 단순히 자신이 거의 죽을 뻔했다는 것을 파악하려는 시도가 아니라, 더욱 근본적으로, 그리고 더욱 불가사의하게도, **바로 그 자신의 생존을 주장하려는** 시도다. 만약 역사가 트라우마의 역사로서 이해될 수 있다면, 이는 자신의 생존을 그 자신의 것으로 상정하기 위한 끝없는 시도로 경험된 역사다.[7]

트라우마의 생존자는 뒤늦게야 자신을 거의 파괴할 뻔한 사건에 맞서기 위해 투쟁한다. 이러한 대결은 죽음을 가져오는 사건의 힘 앞에서 생존자들의 무력감으로 자아를 계속해서 되풀이하게 한다. 실제로 죽음의 위협에 처한 사건을 기억하는 사람은 과거에 취약했던 자신을 어떻게든 보호하기 위해 여전히 아무것도 할 수 없기 때문에 그 무력감은 더욱 극심하다.

생존을 위한 투쟁은 종종 주변 사람들을 죽이는 상황 가운데서 살아남은 사람들에게 강조되곤 한다. 그들은 "다른 사람들은 죽었는데, 왜 나는 살아남았는가?"라고 질문하고 있는 자신을 발견한다. 출애굽기 12장에 있는 여러 유월절 규정은 이스라엘인들의 각 세대를

---

7.   Caruth, *Unclaimed Experience*, 64 (원문의 강조).

유사한 생존 순간으로 다시 데리고 간다: "하나님이 이집트인들을 쳤으나 우리의 집들은 보존했다." 그렇게 함으로써 이 율법들은 이러한 출애굽 본문을 쓴 유다의 저자에게 있어서 보다 최근의 생존 순간을 간접적으로 반향한다. 즉, 북쪽의 형제자매 "이스라엘"과는 달리 바빌로니아 포로기에 생존한 유다 공동체 말이다. 페르시아의 고레스는 유다인들이 추방된 지 50년 이후 바빌로니아인들을 패배시켰고, 그들이 고향으로 돌아가는 것을 허용했다. 유다인 공동체는 질문했다. 이스라엘은 그러지 못했는데 왜 우리 공동체는 살아남았는가? 성서 열왕기상하에 나오는 북왕국의 죄에 관한 역사는 북쪽을 향하는 하나님의 심판 예언들이 그랬던 것처럼(예, 호세아와 아모스) 부분적인 설명을 제공했다. 그럼에도 이는 어려운 질문이었다. 실제로 너무 어려웠기 때문에, 아주 오래된 이야기 안에서 추상적으로만 제기될 수 있었다. 그 이야기는 어떻게 "하나님이 이스라엘을 쳤으나 유다는 보존했는지"에 관한 것이 아니다. 그 대신, 다음 세대는 어떻게 "하나님이 이집트인들을 쳤으나 우리의 집들은 보존했는지"에 관한 이야기를 들려줄 것이다.

생존과 선택받음

토라의 나머지 대부분은 "우리는 왜 살아남았는가?"라는 질문에 답하려고 시도한다. 또다시 케이루스(Caruth)의 연구는 생존 참여의 핵심 개념으로 "선택받음"의 중요성에 대해 유용한 지침들을 제공한다. 선택받음에 관한 그녀의 논의는 "자신의 생존을 주장"하는 투쟁 논의의 후속 단계며, 사람들이 죽음의 위협을 주는 재앙으로부터 생존했다는 것을 뒤늦게 "자각"했을 때 어떻게 대처해야 하는지 다룬다. 이 논의를 통해 그녀는 유대교의 유일신론이 고대 유대인의 트라우마와 관련되어 있다는, 『모세와 유일신론』(Moses and Monotheism)의 프로이트 논증으로 데려간다. 케이루스는 프로이트의 이론을 생존에 관한 자신의 논의에 연결시키면서 다음과 같이 제안한다.

> 만약 프로이트에게 있어서 유일신론이 하나의 "자각"이라면, 그것은 단순히 과거로의 회귀가 아니라, 과거에 생존했었다는 사실이다. 그러한 생존은 새로운 유대교 신의 모습에서 볼 때 유대인들에 의해 선택됐던 행위가 아닌 약속 안에서, 그러나 여전히 이해될 수 없는 채, 남아있는 미래를 위해 **선택된 존재**라는 이해할 수 없는 얼굴로 등장한다. 따라서 선택받음은 단순히 과거의 사실이 아니다. 오히려 자기에게 전혀 속하지 않은 미래를 겨냥하고 있는 존재의 경험이다.[8]

이러한 "선택된 존재", "자기에게 속한 것이 전혀 아닌 미래를 겨냥하고 있는 존재"라는 생각은 얼마나 많은 트라우마 희생자가 현재 진행 중이고 손상되기 쉬운 존재를 위해 새로운 목적을 설정하게 되는지를 강력하게 서술한다.

프로이트는 유대인의 선택받음이라는 믿음을 모세 시대(기원전 약

---

8.   Caruth, *Unclaimed Experience*, 71.

1300-1150년) 이집트에서 찾은 반면, 많은 학자들은 아마도 이 주제가 빠르면 지파 시대(기원전 약 1150-1000년) 이스라엘 안에서 등장했을 것이라고 생각한다. 어느 쪽이 옳든 간에, 출애굽기의 이 본문들은 수세기 후 유대인들, 아마도 바빌론 포로기를 경험하고 살아남았던 유다인들에 의해 형성됐을 것이다. 어떻게든 이 트라우마를 겪은 유다인들은 고대 이스라엘이 선택받은 이야기에서 치유의 길을 발견했다. 포로기의 여파로 이제 유다는 요시야 시대보다 더욱더 "이스라엘"과 같이 됐고, 이스라엘의 고대 역사는 유다의 고대 역사가 됐다.

우리는 포로기 이후 유다인들이 이스라엘의 여러 이야기들과 선택받음이라는 믿음을 받아들인 것과 관련한 회복력(resilient power)을 말하기 위해 멈추어야 한다. 포로기 이전 유다인들은 예루살렘과 왕실 전통에 초점을 맞추었다. 그러나 토라를 형성했던 유다 포로민들에게는 새로운 초점이 필요했다. 예루살렘/시온은 파괴됐고 왕정은 사라졌다. 토라는 둘 중 어느 것에 대해서도 거의 언급하지 않는다. 그 대신 거의 멸망한 것의 여파로 인한 고통을 받아들이기 위해 투쟁하고 있던 유다 포로민들은 특정한 도시 또는 정치 구조에 매여 있지 않은 이스라엘의 선택받음 사상을 받아들였다. 고대 이스라엘에서 선택받음은 산간 지역 부족들에 대한 하나님의 호의를 확인하는 방식이었다. 그러나 트라우마 이후 유다 포로민들에게 있어서 선택받음은 이스라엘의 생존을 가정하고 본래 그들에게 속한 것이 아닌 미래를 수용하기 위한 견고한 방식이었다. 어느 누구도, 도시를 불태울 수 있었던 것처럼, 선택받음을 정복하거나 불태울 수는 없었다. 어느 누구도, 왕에게 그랬던 것처럼, 그들의 선택받음을 탈취하거나 추방하거나 죽일 수 없었다. 하나님이 세계의 모든 나라들 중 특별히 이스라엘을 선택했다는 믿음은 수 세기에 걸친 디아스포라의 고통과 삶에 있어서 유대 민족성의 흔들리지 않는 기초로 남아 있었다.

이 선택받음 주제는 다양한 방식으로 토라의 여러 부분에 반영되어 있다. 이것은 아브라함, 이삭, 야곱에게 했던 하나님의 약속 주제의 무언의 초점이다. 이스라엘에 대한 하나님의 특별한 호의는 하나님이 그들을 이집트에서 구원한 것의 기저에 놓여 있었다. 그들이 시내에 도착했을 때 하나님이 백성들에게 말하라고 모세에게 명령한 첫 번째 사항은 이것이다.

> 너희가 내 말을 잘 듣고 내 언약을 지키면 너희는 모든 민족 중에서 내 소유가 되겠고 너희가 내게 대하여 제사장 나라가 되며 거룩한 백성이 되리라(출 19:5-6).

이 하나님의 언설에는 선택받음에 관한 더욱 전통적인 언어에 제의적인 언어가 추가됐다. 거룩함에 해당하는 히브리어 단어 '카다쉬'(*qadash*)는 "구별되다"(separate)를 의미하는데, 여기서는 하나님이 "땅의 모든 민족 중" 이스라엘을 선택한 것을 묘사하기 위해 사용된 단어다. 이스라엘은 "특별한 소유"일 뿐만 아니라, "제사장 나라"와 "거룩한 백성"이 될 것이다. 다른 말로 하면, 이 백성 전체는 이제 "구별된 존재"로 묘사된다. "거룩한"이라는 용어는 보통 제사장과 관련하여 사용된다. 이스라엘 국가는 특별한 "거룩성"으로 "땅의 민족들"과 구별된다. 그리고 이 언설은 하나님이 모세를 통해 우선적으로 제사장들과 관련있는 정결법—먹는 것, 시체 접촉, 피부병 등등—을 전체 백성에게 가르치게끔 하는 레위기 후반부의 여러 규정을 예견한다. 레위기에서 하나님은 제사장 규정을 백성에게로 이동시키는 전이(transfer) 배후에 있는 신학을 재진술한다.

> 너희는 나에게 거룩할지어다 이는 나 여호와가 거룩하고 내가 또 너
> 희를 나의 소유로 삼으려고 너희를 만민 중에서 구별하였음이니라
> (레 20:26).

정결에 관한 법으로 규제되는 일상의 삶으로 인해 하나님의 백성은 이제 거룩하다.

토라에 있는 백성의 "거룩함"에 관한 이러한 강조는 우연이 아니다. 이는 유다 포로민들이 이전에 인구가 감소한 중앙 바빌론의 여러 지역에서 구별된 공동체로 살았을 때 발전된 특별한 자아상을 반영한다: 텔 아비브(델 아빕: 현대 이스라엘의 텔 아비브 훨씬 이전에 있었던 바빌로니아의 텔 아비브), "유다의 도시"로 불린 바빌로니아 마을 등등. 백성의 이러한 정결 사상은 유다 포로민들의 구별된 존재를 미덕으로 상승시켰다.[9] 이에 따라 유다의 역사가 급진적으로 재형성됐다. 특히 유다의 토라는 하나님이 여러 민족과 구별하고 특별한 사명을 준, 정결하고 거룩한 이스라엘 백성을 창조한 것에 다시 초점을 맞추었다.

---

9. 탄자니아에 망명하여 살고 있는 후투족(Hutus) 안에 있는 구별됨과 정결함
    이라는 개념의 유사한 발전에 관한 논의를 위해서는, 구체적으로는 Malkki,
    Purity and Exile, 230을, 더욱 일반적으로는 197-230을 보라.

트라우마적 선택받음

선택받음에 관한 성서 이야기에는 우리가 종종 놓치는 또 다른 측면이 존재한다. 이스라엘이 "선택됐다"고 묘사되는 곳에서 성서는 이스라엘이 다른 나라들보다 어떻게든 더 나았다고 주장하지 않는다. 토라는 하나님이 이스라엘을 특별한 덕목 때문에 선택했다고 이야기하지 않는다. 그보다도 성서는 이스라엘의 비정상적으로 반항적이고 완강한 성격을 강조하는 것처럼 보인다. 성서가 묘사하는 민족은 결코 순종의 모델이 아니다. 오히려 이들은 끊임없이 불평한다.

> 애굽에 매장지가 없어서 당신이 우리를 이끌어 내어 이 광야에서 죽게 하느냐(출 14:11).
>
> 우리가 애굽 땅에서 … 여호와의 손에 죽었더라면 좋았을 것을(출 16:3).
>
> 당신이 어찌하여 우리를 애굽에서 인도해 내어서 우리와 우리 자녀와 우리 가축이 목말라 죽게 하느냐(출 17:3).

하나님과 모세는 모두 이 민족이 "목이 뻣뻣한 백성"이라고 강조한다(출 32:9; 33:3; 34:9).

시간이 흐르면서 이 백성의 불평으로 인해 하나님의 불쾌함은 살인적 분노가 된다. 초기에 하나님은 이스라엘인들이 홍해에서 불평하고 광야에서 물과 음식을 요구할 때 불쾌했다. 그럼에도 하나님은 그들을 구하고서 물과 만나를 제공했다(출 15-17장). 그러나 그들이 시내산에서 하나님과 언약을 맺은 이후의 이야기는 심각한 전환을 맞게 된다. 그들이 시내산에서 금송아지를 만들자 하나님은 그들 모두를 거의 죽이려고 했다(출 32장). 그들이 가나안을 침공하는 것을 주저할 때 하나님은 기꺼이 앞으로 나아가고자 했던 몇몇 사람들을 제외하고 그들 모두를 죽이겠다고 말했다(민 13-14장). 이렇게 민수기에 있는 일련의 이야기가 시작된다. 거기서 점점 더 많은 사람들이 모세의 지도력에 대한 의심, 광야에서 식량과 물의 부족, 외국인과의 관계에 대해 하나님과의 갈등 중에 죽는다(민 11-12장, 16장, 20장, 25장). 결국, 이집트를 탈출했던 사람들 중 거의 대부분이 가나안을 보지 못하고 죽었다. 심지어 모세조차도 자신의 죄(민 20:1-13) 또는 백성의 죄(신 1:37) 때문에 약속의 땅을 바로 앞에 두고 토라의 마지막 장에서 죽게 된다. 오경의 막이 닫힐 때, 살아남은 유일한 이스라엘인들은 여정 중에 신실함을 입증했던 두 인물(여호수아와 갈렙), 그리고 40년의 광야 방랑 기간에 이스라엘인들에게서 태어난 자녀들뿐이다.

국가 신화에서 매우 보편적인 승리주의에 이보다 더 확실히 대조되는 경우는 좀처럼 상상하기 어렵다. 고대 메소포타미아와 이집트에 보편적이었던 왕권 찬양과는 대조적으로, 목이 곧고 뻣뻣한 이스라엘에 관한 이야기는 예레미야애가와 에스겔서 같은 포로기의 책에서 이미 볼 수 있는 바 트라우마 희생자들에게는 너무나도 전형적인 자기-비난의 형태를 강력하게 반영하고 있다. 예레미야애가에서 딸 시온은 "나의 반역이 심히 큼이니이다"(애 1:20)라고 외쳤다. 에스겔은 사마리아와 예루살렘을 만성적으로 불결하고 뻔뻔한 창녀들로 그리면서 과잉성욕으로 멸망당하게 될 운명을 이야기했다(겔 16, 23장). 포로기라는 용광로에서 형성된, 이스라엘의 깊은 죄성에 관한 이러한 이야기는 전체 모세 이야기와 엮여 있다. 그 결과 성서의 모세 이야기는 어디에서나 이스라엘의 "목이 곧고 뻣뻣한" 본성을 강조한다.

* * *

마지막으로 오경에 있는 민수기와 신명기의 끝은 바빌로니아 포로기의 마지막을 반영한다. 오경에서 이집트를 떠났던 대부분의 사람들은 약속의 땅에 결코 이르지 못한다. 민수기는 그들 중 대부분이 광야에서 죽었다고 언급하고, 신명기의 가장 마지막에는 모세의 죽음이 묘사되어 있다. 본래 이집트를 떠났던 소수의 신실한 자와 더불어, 이집트를 떠났던 이스라엘인들의 자녀들만이 이스라엘 땅으로 들어갈 수 있었다. 이와 유사하게 바빌로니아인들에 의해 유다로부터 추방됐던 대부분의 사람들은 고향으로 돌아갈 수 있는 기회를 결코 얻지 못했다. 대부분의 사람들이 40세 이상 살지 못했던 세상에서, 50년 이상 지속된 강요된 포로기는 한 세대 이상이었다. 오직 소수의 장수한 유다인들만이 생존하여 고향으로 돌아갔다. 유다인 "귀환자들"의 대부분은 사실상 포로민으로 끌려간 디아스포라 유다인 부모에게 태어난 자녀였다.

그러나 유다 공동체 및 이에 관한 여러 이야기는 이러한 거의 죽을 뻔한 경험에 의해 확고히 형성됐다. 더 이른 시기, 즉 포로기 이전에 유다인들은 난공불락이라는 환상 속에 살았다. 그들은 스스로 "우리는 이스라엘의 운명과는 다르게 안전하다. 하나님은 시온 안에 살고 있다. 하나님은 결코 다윗의 왕들을 포기하지 않을 것이다. 이 땅에서 우리의 삶은 확실하다"라고 말했다. 예루살렘의 파괴, 다윗 왕정의 종말, 수십 년간의 포로기는 이 모든 것을 바꾸었다. 유다인들은 공동체 자체의 생존과 관련하여 불안정하고 설명 불가능한 사실에 직면해야 했다. 바빌로니아에 있는 포로 공동체는 이스라엘이 경험했던 파멸의 끝자락까지 갔다. 그리고 살아남았다.

포로 공동체가 이런 과정을 어떻게 겪었는지 상세한 내러티브를 가지고 있지 않더라도, 우리에게는 성서 오경이 있다. 바빌로니아에서의 삶의 역사가 어땠는지 알 수도 있겠지만, 대신에 우리는 아브라함과 모세 같이 땅 없는 이스라엘 선조들의 삶이 어떠했는지에 대한 이야기를 가지고 있다. 이 오경 이야기는 더 오래된 자료들 위에 세워졌다. 그러나 이 이야기는—그것의 옛 자료, 새 이야기 모두—자기 비난, 생존, 선택받음의 강조, 살아남은 백성의 정결함 요구라는 포로기의 주제들을 반향한다.

특별히, 포로기의 영향은 유다 포로민들이 스스로를 살아남은 이스라엘로 간주했던 선택에 드러난다. 유다 포로민들이 오경을 가장 중요한 경전, 토라로 삼았을 때 그들은 이스라엘의 선택받음을 자신의 것으로 취했다. 따라서 포로와 생존에 의해 재구성된 성서의 모세 이야기와 오경의 나머지 부분은 바빌로니아 포로민들, 적어도 이들 중 일부분으로 하여금 (바빌로니아에) 동화되는 것을 피하고 생존하여 이야기의 다음 장(chapter)으로 참여하도록 이끌었다.

제7장
귀환

바빌로니아를 패배시켰던 페르시아 제국의 왕 고레스의 말로 포로기를 둘러싼 침묵은 끝난다. 역대기의 끝과 에스라서의 시작에서 반복되는 한 선언에서, 고레스는 예루살렘에 성전이 재건되고, 포로민들이 돌아갈 수 있을 것이라고 선언한다.

> 하늘의 하나님 여호와께서 세상 모든 나라를 내게 주셨고 나에게 명령하사 유다 예루살렘에 성전을 건축하라 하셨나니 이스라엘의 하나님은 참 신이시라 너희 중에 그의 백성 된 자는 다 유다 예루살렘으로 올라가서 이스라엘의 하나님 여호와의 성전을 건축하라 그는 예루살렘에 계신 하나님이시라(스 1:2-3//대하 36:23).

우리는 고레스가 실제로 이러한 말을 했는지 확실히 알지 못한다(우리는 이러한 칙령에 대한 페르시아의 사본을 갖고 있지 않다). 그러나 그는 고레스 실린더(Cyrus Cylinder)라고 불리는 페르시아의 주요 비문에서 다른 성전들의 재건에 관해 상당히 유사한 무언가를 말했다.[1] 고레스가 유다에게 무엇을 말했든지 간에, 그러한 인용문은 성서가 성전 파괴 이후에 상실됐던 이야기의 실마리를 찾아내는 방식이다. 이를 통해 유다는 자신의 이야기를 다시 말하기 시작한다.

고레스 칙령 직후, 이야기는 계속해서 우리에게 바빌로니아 포로민들이 이에 즉시 반응하여 예루살렘으로 돌아갈 준비를 했다고 말한다.

> 이에 유다와 베냐민 족장들과 제사장들과 레위 사람들과 그 마음이 하나님께 감동을 받고 올라가서 예루살렘에 여호와의 성전을 건축하고자 하는 자가 다 일어나니(스 1:5).

이러한 귀환자들, 즉 유다 지도자들, 제사장들, 레위인들은 나머지 이야기의 주연배우다. 마치 북소리처럼 성서 본문은 우리에게 과거의 포로기를 상기시킨다. 그들은 "포로민(사로잡힌 자)", "사로잡힌 포로민", "포로민의 자녀(사로잡혔던 자의 자손)", 그리고 "포로민의 회중(사로잡혔던 자의 모임)"이다.[2]

---

1.   Amelie Kuhrt, "The Cyrus Cylinder and Achamenid Royal Ideology," *JSOT* 25 (1983): 83-97.

2.   "포로민"(사로잡힌 자들)은 에스라 1:11; 6:21; 9:4; 10:6에, "사로잡힌 포로민"은 에스라 2:1//느헤미야 7:6에, "포로민의 자녀"(사로잡혔던 자의 자손)는 에스라 4:1; 6:19-20; 8:35; 10:7, 16에, "포로민의 회중"(사로잡혔던 자의 모임)은 에스라 10:8에 각각 등장한다.

귀환 후 "외국인들"과의 갈등

에스라서와 느헤미야서는 바빌로니아 멸망 수십 년 후 유다로
돌아온 인물들에 대해 말하지만, 고레스 시대보다 한참 이후에 작성
됐을 것이다. 그러나 이야기의 중심인물들에게는 여전히 포로기 경
험이 남아 있다. 그들은 단순히 유다인이나 베냐민인이 아니라, 한때
포로민, 즉 한때 바빌로니아에 있었던 공동체의 사람들이다. 그 역사
를 통해 그들은 유배되지 않았던 사람들과는 달리 서로를 계속해서
동일시했다. 바빌로니아인이 유배 보내려 했던 사람들은 계급이라는
층으로 이미 동족과 구별됐다. 바빌로니아인은 미래에 반역을 조장
할 수 있는 예루살렘 거주민들 및 여타 주요 지배 계층을 집중적으로
추방했다. 그러면서 이미 언급했던 것처럼 바빌로니아는 오직 "그
땅의 비천한 자들"만이 유다에 남아있게 했다(왕하 25:12). 따라서 바빌
로니아 포로민은 비교적 엘리트 지위를 가지고 있던 자들로서 이미
그 땅에 남아있던 사람들과 구별됐다.[3]

이러한 이전의 엘리트들이 바빌로니아로 추방되자마자 그들은
누가 유다 공동체의 진정한 핵심 대표인지를 놓고 유다에 남아있던
사람들과 경쟁하기 시작했다. 포로기 예언자 에스겔은 그 땅에 남아
있는 일부 사람들이 아브라함의 후손이자 그 땅의 정당한 소유자들
이라는 주장을 반박한 바 있다(겔 33:24-29). 많은 포로민은 추방된 왕

---

3.   이는 트라우마가 종종 그 트라우마를 경험한 집단 내부에서 이전의 단층선
      을 강조하는 방식에 상응한다. Erikson, "Notes on Trauma and Community,"
      185-186.

여호야긴을 진정한 유다의 통치자로 간주하는 반면(시 89편; 왕하 25:27-30), 바빌로니아가 임명한 시드기야를 거짓 왕으로 여겨 거부했다. 나중에 바빌로니아가 성전을 파괴하고, 더욱 많은 유다인을 바빌로니아로 추방했을 때, 포로 생활을 하는 "부상당한 자들의 모임"은 커졌고, 3차 유배 때 그 규모는 더욱 커졌다. 이 바빌로니아 포로민은 이후 수십 년간 공동의 "포로민의 회중"을 형성하여, 자신을 진정한 "이스라엘"로 간주하면서, 조상, 출애굽, 광야, 정복에 관한 고대 이스라엘 전통에 더욱 집중했다.

이 포로민들은 바빌로니아 탈출을 제2의 출애굽으로, 그리고 그 땅으로의 재진입을 새로운 정복으로 간주했다. 디아스포라 생활 가운데 거의 죽을 뻔한 집단적 경험은 포로민들을 유다에 남아있던 "그 땅의 비천한 자들"과 더욱 분리시켰다. 그들은 포로기 이전에 높은 지위로, 혈연(genealogy)으로, 종종 학식(literacy)으로 특별하게 간주됐다. 이제 이 공식적인 엘리트 포로민들은 바빌로니아에 있는 외국인들 사이에서 살았던 수십 년간의 삶의 경험에 의해 여전히 그 땅에 머물러 있던 사람들로부터 구별됐다. 이제 그들은 출애굽기 19장이 제시하듯 "제사장 나라, 거룩한 백성"이 됐다(출 19:6). 이제 그들은 제사장의 정결 규정을 떠맡았고, 성전이 없는 바빌로니아의 상황에서 특히 중요했던 안식일 준수와 같은 여러 관습을 강조했다. 포로 생활 가운데 정결을 가치 있게 여기게 된 이 포로민들은 국가의 멸망과 수십 년간의 포로 생활의 원인이 과거 세대가 정결을 이루지 못한 데 있다고 생각했다. 예루살렘으로의 귀환은 이를 바로잡을 수 있는 귀중한 두 번째 기회였다.

이전의 포로민들이 돌아왔을 때 유다에 남아있던 사람들을 친족
으로 인정하지도 않았다. 대신에 그들은 그 땅에 머물렀던 사람들을
사실상 가나안인으로 간주했다. 한쪽 편에는, 귀환한 "포로민의 자
녀", "유다와 베냐민", "이스라엘"이 존재했다. 다른 편에는, "그 땅의
민족들", "가나안 사람들과 헷 사람들과 브리스 사람들과 여부스 사
람들과 암몬 사람들과 모압 사람들과 애굽 사람들과 아모리 사람들
의 가증한 일"(스 9:1)을 행하는 사람들이 존재했다.[4] 이러한 비-이스
라엘 민족 목록은 이스라엘이 가나안 땅을 점령할 때 쫓아내야 했었
던 신명기 7:1의 목록과 유사하다.[5] 그러나 이제 그 땅으로 돌아온 유
다 귀환자들은 이전의 동족을 동일한 종류의 "가증한 것"으로 특징
지어지는 가나안인들 및 그와 유사한 사람들과 사실상 동등하게 여
겼다. 이렇게 귀환한 포로민들은 가나안 정복을 되새겼고, 지금 그
땅에 남아있던 유다인들, 즉 앞서 말한 "그 땅의 비천한 자들"은 단
지 새로운 "가나안인들"이었다.

무엇이 바빌로니아에서 귀환한 사람들로 하여금 자신의 동포를
사실상 가나안인으로 간주하도록 만들었는가? 본문은 이러한 "그
땅의 백성들"의 "가증한 것"에 관해 구체적이지 않다. 표면상으로 볼
때 그들은 그저 추방되지 않은 죄를 범한 것처럼 보인다. 그러나 이
것은 중요했다. 고향에 남아있을 수 있었던 유다인들은 추방됐던 유

---

4. "그 땅의 백성들"이라는 표현은 스 9:1-2, 11; 10:2, 11; 느 9:24, 30; 10:29,
30, 31에 등장한다.
5. 정복된(정복되어야 할) 민족들의 유사한 목록에 대해서, 출 3:8, 17; 13:5; 신
20:17; 수 3:10을 보라.

다인들의 관점의 변화를 경험하지 못했다. 비-포로민들은 자신을 하나님의 순결한 제사장 민족으로 이해하지 못했다. 포로기 오경의 율법은 낯설었고, 그들에게 어떠한 권위도 발휘하지 못했다. 그 결과 포로민들이 생각하기에 유다를 결코 떠난 적이 없던 사람들은 애초에 포로기를 야기했던 그 "불결한"(impure) 삶을 살았다.[6]

귀환자들과 결코 본국을 떠난 적 없었던 유다인들 사이의 갈등은 에스라 귀환의 이야기에 가장 압축적으로 등장한다. 에스라는 "여호와의 율법을 연구하여 준행하며 율례와 규례를 이스라엘에게 가르치는 것"(스 7:10)에 헌신했던 제사장이자 서기관으로 묘사된다. 바빌로니아에 대한 고레스의 승리 수십 년 이후에—학자들은 그것이 80년 이후인지 또는 140년 이후인지 논쟁한다—페르시아의 왕 아닥사스다(Artaxerxes, '아르타크세르크세스')는 "네 손에 있는 네 하나님의 율법을 따라 유다와 예루살렘의 형편을 살피기 위하여" 포로지로부터 유다로 돌아가는 것을 이 제사장-서기관 에스라에게 위임했다.[7] 그는

---

6. Katherine Southwood, *Ethnicity and the Mixed Marriage Crisis in Ezra 9-10: An Anthropological Approach* (New York: Oxford University Press, 2012)를 보라. 특별히 역이주에 관한 인류학적 연구들이 현재 "외국인"으로 인식되고 있는 고향의 사람들과 포로민들의 갈등을 이해하는 데 어떻게 영향을 미칠 수 있는지 "역이주"(reverse migration) 현상에 관한 미묘한 논의를 위해서는 특별히 41-56, 203-208을 보라.

7. 에스라의 연대에 관한 문제는 특히 그가 (성서에 묘사된 것처럼) 느헤미야와 대략 동시대 인물이었는지, 아니면 느헤미야보다 한참 후대의 인물이었는지에 관한 문제와 연관되어 있다. 성서는 에스라의 유다 도착을 "아닥사스다"의 통치 7년에 위치시킨다(스 7:1, 8). 반면에 유다를 향한 느헤미야의 여행은 "아닥사스다"의 20번째 해와 연관된다(느 2:1). 에스라-느헤미야 편집자들은 느헤미야 경우에 아닥사스다가 에스라와 연관된 아닥사스다와 다른 왕이

바빌로니아 디아스포라에서 한 세기가 넘는 생활로 형성된 토라를 가져왔고, 그의 여정은 그 토라에 의해 기록됐다. 에스라는 광야에서 행진하던 이스라엘처럼(민 1-2장) 무리의 중심에 레위인들과 제사장들을 확실히 세우기 위해 출발을 미루었다. 그리고 출애굽 하는 무리가 이집트를 떠나기 직전에 최초의 유월절을 기념했던 것처럼(출 12:1-28) 여정의 시작에 유월절을 기념했다(스 8:15, 31). 에스라는 본래의 출애굽했던 무리처럼 열두 지파와 함께하지는 않았다. 그러나 그는 그 집단을 상징하는 열두 명의 레위인과 제사장들을 세웠고, 그들에게 성전 제사를 맡겼다(스 8:24-30). 이러한 행위는 이스라엘의 열 지파가 잊혀지지는 않았지만 그들의 유산이 유다 포로민으로 구성된 이 새로운 "이스라엘" 안에 흡수됐음을 보여준다. 과거 어느 때보다도 더욱 옛 이스라엘은 배경에 남아 있다. 이 이야기에서 "이스라엘"이란 포로지로부터 돌아온 유다인들과 베냐민인들을 가리킨다.[8] 에스라와

었을 수 있다는 점을 깨닫지 못했을 수 있다. 특히 에스라에 관한 사본 전통을 더욱 상세하게 연구해 보면 에스라가 조우했던 유다가 느헤미야의 작품보다 후대의 것이라는 여러 표지가 존재한다. 이것에 관해서는 특히, Dieter Böhler, *Die heilige Stadt in Esdras a und Esra-Nehemia: Zwei Konzeptionen der Wiederherstellung Israes* (Göttingen: Vandenhoeck and Ruprecht, 1997)을 보라. 이는 "On the Relationship Between Textual and Literary Criticism: The two Recensions of the Book of Ezra: Ezra-Neh (MT) and 1 Esdras (LXX)," in *The Earliest Text of the Hebrew Bible, ed. Adrian Schenker* (Atlanta: Society of Biblical Literature, 2003), 35-50에 영어로 요약되어 있다. 나는 *Formation of the Hebrew Bible*, 207-208에서 몇몇 추가적인 문헌을 간략하게 다루었다.

8. 에스라서 안에 있는 귀환에 관한 최초의 언급, 스 1:5은 귀환자들 중 제사장들과 레위인들과 더불어 오직 유다인과 베냐민만을 언급한다. 그럼에도 스 2:2과 3:1 같이 이어지는 언급에서는 이 귀환자 집단을 관례대로 "이스라

다른 귀환자들은 이제 자신을 이집트를 떠났던 이스라엘의 진정한 계승자로 간주했다. 바빌로니아로부터 유다까지의 여정은 이집트로부터 가나안까지 이르는 이스라엘 조상들의 여정을 반영했다.

에스라에 의해 인도된, 토라를 깊이 지향하고 있던 이 무리는 다른 많은 포로 귀환자들처럼 자신이 돌아갔던 고향을 보고 매우 실망했다. 비록 몇몇 포로민 집단이 더 이른 시기에 돌아갔고 성전이 이미 재건되어 있었다고 할지라도, 이제 막 도착한 에스라 집단은 다음과 같이 말했다.

> 이스라엘 백성과 제사장들과 레위 사람들이 이 땅 백성들에게서 떠나지 아니하고 가나안 사람들과 헷 사람들과 브리스 사람들과 여부스 사람들과 암몬 사람들과 모압 사람들과 애굽 사람들과 아모리 사람들의 가증한 일을 행하여 그들의 딸을 맞이하여 아내와 며느리로 삼아 거룩한 자손이 그 지방 사람들과 서로 섞이게 하는데 방백들과 고관들이 이 죄에 더욱 으뜸이 되었다(스 9:1-2).

에스라는 마치 사랑하는 사람의 죽음에 대한 보도를 들은 것처럼 반응했다. 그는 옷을 찢고 머리털을 뜯었다.

그날 오후, 저녁 제사 시간에 에스라는 고백의 기도를 드리며 백성을 위해 마음을 쏟아 부었다. 에스라는 백성의 죄에 관한 매우 긴 역사를 요약함으로 시작한다. 이는 일반적으로는 우리가 이미 살펴

엘의 자손들"로 부른다.

본 바, 트라우마에 있어서 매우 전형적인, 특별히 포로민들이 느꼈던 자기-비난을 반영한다.

> 나의 하나님이여 내가 부끄럽고 낯이 뜨거워서 감히 나의 하나님을 향하여 얼굴을 들지 못하오니 이는 우리 죄악이 많아 정수리에 넘치고 우리 허물이 커서 하늘에 미침이니이다 우리 조상들의 때로부터 오늘까지 우리의 죄가 심하매 우리의 죄악으로 말미암아 우리와 우리 왕들과 우리 제사장들을 여러 나라 왕들의 손에 넘기사 칼에 죽으며 사로잡히며 노략을 당하며 얼굴을 부끄럽게 하심이 오늘날과 같으니이다(스 9:6-7).

우리는, 에스라가 말을 이어갈 때, 위험을 뒤늦게야 인식하고서 죽음의 위협적인 사건으로부터의 생존을 확신하기 위한 트라우마 희생자의 투쟁에 관한 고전적 사례를 볼 수 있다. 에스라는 귀환 공동체가 날카로운 칼날 끝에 앉아 있는 것을 보았다. 이들의 큰 죄에도 불구하고, 하나님은 백성에게 귀중한 두 번째 기회를 주었다. 하나님은 "남은 자"가 포로기에 살아남는 것을 허용하고, 페르시아 왕이 그들을 자비롭게 바라보도록 만들었다. 그러나 에스라가 보기에 이 포로민들은 통혼하지 말라는 신명기의 명령에 불순종함으로써 사실상 이 두 번째 기회를 날려버렸다. 신명기 7장에서 그 명령은 다양한 가나안 민족들(헷 족속, 기르가스 족속, 그리고 다른 민족들)에 초점을 맞추고 있지만, 에스라는 여기서 그 명령을 바꾸어 포로로 잡혀간 "이스라엘"과 유다에 남아있던 "그 땅의 백성들"(스 9:10-12)의 결혼을 금

했다. 에스라의 관점에서 보면, "그 땅의 백성들"과 포로민들의 통혼
은 이미 힘겨웠던 생존에 문제를 야기한다. 에스라는 "정결"에 대한
포로민들의 실패가 이 시기에 멸망을 야기할 것이라는 두려움을 가
지고 하나님 앞에 선다(스 9:13-15). 트라우마를 이미 한번 겪었기에 에
스라는 이제 궁극적인 파괴를 두려워한다.

 이러한 두려움, 특히 이질성(foreignness)에 대한 두려움은 트라우마
로 고통을 겪었던 집단에게 있어 전형적인 반응이다.[9] 이 경우 에스
라는 여전히 이해하기 어려운 행동을 하도록 백성을 촉구한다. 곧,
비-포로민 여성들과 결혼했던 모든 포로민들에게 이혼하고 그 여성
들과 자녀들을 공동체로부터 영원히 추방하도록 요구했다. 그는 통
혼했던 포로민들 중 한 명이 이를 제안하게끔 했다. 에스라의 고백의
기도 이후에, 여히엘의 아들 스가냐—이후에 그의 아버지는 그들의
아내들과 이혼했던 사람들의 목록 안에 나열되어 있다(스 10:26)—는
"그 땅의 백성들" 중 한 명과 결혼했던 모든 사람이 "토라를 따라"
아내와 자녀들을 멀리 보내게 할 것을 제안한다(스 10:2-4). 그러자 에
스라는 거기에 있던 모든 사람들에게 그에 따라 행동할 것을 맹세하
라고 요구한다. 그리고 "포로민의 자손"이 3일 내에 예루살렘으로
모이도록 요구하고, 그렇지 않으면 모든 땅과 재산을 몰수하겠다는
선언이 포고된다. 12월의 비가 내리는 어느 날, 이 지도자들은 예루

---

9.   Levy and Lemma, *The Perversion of Loss*를 보라. 특별히 트라우마를 겪은 집
      단이 갖고 있는 고통을 외부로 투사하려는 특이한 경향에 관해서는, Michael
      Rustin, "Why Are We More Afraid Than Ever? The Politics of Anxiety After
      Nine Eleven," 21-36을 보라.

살렘의 광장에 모이고, 모든 포로민은 "외국인" 아내와 이혼할 것을 요구하는 처리 과정에 동의한다. 3개월 후, 아내들과 자녀들은 내보내졌다(스 10:9-17). 성서에 남아있는 것은 자신의 외국인 아내들과 이혼했던 남성들의 목록이다(스 10:18-44). 그들이 버렸던 아내들과 자녀들은 이름이 없는 채 남아있다. 우리는 어떠한 자료로부터도 그들에게 무엇이 발생했는지를 결코 듣지 못한다.

비-포로민 아내들과의 이러한 이혼은 성서 이야기 안에서 가장 이해하기 어려운 것 중 하나로 남아있다. 그것은 포로기에 표면화됐던 선택받음과 정결함에 관한 믿음의 부정적인 결과를 너무도 생생하게 묘사해준다. 그것은 배타적이고 율법적인 유대교에 대한 반-유대적 희화화로 기능한다. 그리고 이 전체 사건은 힘 있는 자들—에스라와 같은 엘리트, 포로민 지도자들—에 의해 희생되고 있는 힘없는 자들—여성들과 어린이들—에 대한 뚜렷한 사례처럼 보인다. "어떻게 에스라와 여러 포로민은 이 모든 아내들과 아이들을 추방시킬 수 있었는가?"라고 나의 학생들은 질문한다. "이것은 일종의 종교적 배타주의의 여러 위험성에 관한 사례가 아닌가?"

이에 대한 응답으로 나는 두 개의 충동 사이에서 갈등을 느낀다. 한편으로 나는 에스라 시대의 아내들과 어린이들처럼 종교적인 정결을 향한 충동으로 인해 고통을 겪는 사람들의 고통을 최소화하고 싶지 않다. 우리는 고대 유다인의 결혼과 가족이 어떠했는지에 관해 거의 아무것도 알지 못한다. 그러나 그러한 이혼은—만약 이것이 역사적이라면—아마도 심각한 곤경을 초래했을 것이다. 다른 한편으로, 나는 유대교를 비판하고 풍자해온, 나와 같은 기독교인들의 수 세기에 걸친 경향을 막기 원한다. 사실 기독교의 반-유대주의는 수많은 잔인한 행동—추방, 유대인 강제 수용, 집단 학살—을 초래했고, 상대적으로 에스라의 행위를 흐릿하게 만들었다. 이러한 기독교의 반-유대주의의 긴 역사를 고려해 볼 때, 나는 심지어 에스라의 행위를 배경에 맞추려고 할 때조차 주의해야 한다고 생각한다. 에스라의 행동이 많은 고통으로 이어질 수 있다는 것을 인정하더라도, 우리는 또한 그러한 행동이 포로기 이후 공동체의 생존에 얼마나 필요했을지 이해하기 위해 노력해야 한다.

이는 단지 과거의 죄와 하나님의 임박한 진노에 대한 에스라와 귀환한 포로민들의 인식만의 문제는 아니었다. 그것은 토라를 지향하는 포로민의 남은 소수를 수 세기 동안 생존할 수 있는 공동체로 바꾸는 문제였다. 결혼은 그러한 생존을 위해 중요했다. 가족은 아이들이 태어나는 곳일 뿐 아니라 가장 기본적인 방식으로 형성되는 곳이기도 하다. 포로 생활 및 포로기로부터 배운 교훈에 깊이 영향을 받은 사람들에게 있어서 외부 여성과의 결혼은 단지 개인적인 결정이 아니었다. 그러한 결혼은 이러한 포로민에게 매우 소중했던 다음 세대가 자신들의 가치와 신념에 대한 애착이 선천적으로 결여된 사람들에 의해 양육되고 교육을 받게 된다는 것을 의미했다.

에스라와 귀환한 포로민들은 보다 넓은 근동 세계에서 소수였다. 그리고 그들은 생존을 당연한 일로 여길 수 없었다는 것을 절실히 깨달았다. 포로 생활에서 간신히 살아남았던 소규모의 "남은 자"로 서 있던 에스라와 다른 포로민 지도자들은 "포로민의 자녀" 중 일부가 아니었던 여성들에게 다음 세대를 양육하게끔 하는 기회가 주어질 수 없다고 생각했다. 그래서 그들은 "이스라엘"의 다음 세대의 핵심적인 여성 교사들, 즉 어머니들이 귀환한 포로 공동체의 일부여야만 한다는 이유로 여러 조치들, 아마도 끔찍했을 조치들을 취했다.

토라를 준수하는 "유대교"의 설립

우리는 에스라의 또 하나의 행동에 관해 듣게 되는데, 이는 놀랍지 않다. 이 이야기는 느헤미야 8장에 등장하고, 예루살렘에 있는 또 다른 모임과 연관되어 있다. 유대교 달력에서 일곱 번째 달의 첫 번째 날, 즉 '로쉬 하샤나'(Rosh Hashanah, "새해의 첫날") 때였다. 백성들은 에스라에게 토라를 읽도록 요청했고, 그는 오전 내내 그렇게 했다. 그동안 제사장 계열 레위인들은 백성들 사이를 순회하며, 그들이 이해하는 것을 도왔다. 우리는 백성들이 토라를 들었을 때 울었다는 사실을 듣는다. 이는 그들이 자신도 모르게 토라의 율법을 불순종했다는 것에 대한 죄 의식을 느꼈기 때문일 것이다. 그러나 에스라와 레위인들은 그러한 울음이 그날의 거룩함에 적합하지 않다고 말한다. 그보다도 그들은 가서 가족과 만찬을 즐기고, 가난한 자들에게 십일조를 나눠주어야 했다. 그리고 그들이 그렇게 할 수 있었던 것은 "그들이 그 읽어 들려 준 말을 밝히 알게 됐기" 때문이었다(느 8:12).

이렇게 성서는 예루살렘에 있는 토라 중심적인 포로기 이후 공동체의 설립에 관해 말한다. 그리고 바로 이 시기에 많은 학자들은, "유다인"(Judean)과 베냐민인" 혹은 "이스라엘"과 대조되는, "초기 유대교"와 "유대인"(Jews)에 관해 말하기 시작한다. 우리가 이미 보았던 것처럼 이는 전적으로 "포로민의 자손"으로 구성된 공동체다. 그들은 집으로 왔다. 그러나 그들은 포로기의 정체성을 가지고 왔다. 에스라와 같은 인물들에 인도되어, 그들은 자신들이 믿기에 처음에 유배를 야기했던 여러 실수를 저지르지 않는 것을 목표로 했다. 그들은 포로기에 형성된 토라 문서에 전념했다. 그리고 자신을 족보와 제사장적 정결 규정으로 다른 나라와 구별된 "거룩한 씨"로 간주했다. 처음에 일부는 포로기를 겪지 않았던 사람들과 섞여 있었지만, 에스라의 지도력은 이 모든 것을 바꾸었다. 더 나아가 유대교는 무엇보다 하나님의 "제사장 나라, 거룩한 백성"이 되도록 부름 받은 "이스라엘"에 대해 이야기하는 토라에 기초한 종교가 될 것이다.

이는 물론 포로기 이후 유대인 공동체의 중심점으로 기능한 예루살렘 성전이라는 중요한 요인을 제쳐둔 것이다. 분명 이 두 번째 성전은 솔로몬에 의해 세워진 것과 전혀 달랐다. 그래서 첫 번째 성전을 기억할 수 있었던 몇몇 나이 든 포로민은 재건된 두 번째 성전을 그들이 이미 알고 있던 성전과 비교하면서 울었다(스 3:12). 그럼에도 특히 다윗 왕조가 결코 회복되지 않았기에 포로기 이후 예루살렘 성전과 제사장직은 거룩하고 제사장적인 유대 민족의 중심에 있었다. 이후 수 세기 동안 토라와 함께 이 두 번째 성전은 그렇지 않았다면 분화됐을 제2성전기 유대교를 하나로 통합시켰다.

그러나 더욱 장기적으로 볼 때 그 성전 역시 파괴될 것이었던 반면에 토라는 남을 것이었다. 에스라 및 다른 사람들에 의해 토라 중심적이고, 포로기에 형성된 유대교는 가장 오랫동안 영향을 미쳤다.

제2성전이 500년 동안 지속됐던 반면에, 포로기 이후 유대교는 2,000년 이상 지속됐다. 에스라 및 다른 이전의 포로민들은 회복탄력성이 매우 강한 공동체 구조를 형성하는 데 성공했다. 유대교는 약속의 땅을 몹시 지향하고 있었지만 이는 그 땅 밖에 사는 사람들에 의해서 실천될 수 있는 포로민의 종교였다. 대부분의 고대 민족 형태와는 달리 과거 포로기의 이스라엘은 생존을 위해 어떤 왕정이나 심지어 부족 정치 구조도 필요로 하지 않았다. 어떠한 제국도 그들의 신적인 왕을 추방시키거나 처형할 수 없었다. 그리고 이 거룩한 백성이 여러 박해와 난관을 경험했다 하더라도 토라는 광야에서 그들이 하나님에 의해 반복적으로 거의 완전히 파멸할 뻔 했던 것과 비교해 볼 때 그러한 고통을 단지 길에서의 사소한 충돌에 불과한 것으로 이해하게끔 도왔다.

에스라와 동료들은 알지 못했겠지만, 그들은 특별한 정치 구조 아래 특별한 장소에서의 삶에 불가분적으로 연결되어 있지 않았던, 고대 세계의 최초의 "종교" 중 하나를 만드는 데 일조했다. 유대교 이전에는 하나님에 관한 여러 개념이 땅의 특정 구획에 대한 일종의 자치(self-control)의 형태에 도움을 받아 보다 넓은 민족적-국가적 삶으로 얽혀 있었다. 땅을 기반으로 하는 문화와 분리된 종교는 존재하지 않았다. 포로민들이 고향 유다로 포로기를 가져왔을 때, 그들은 단지 성전을 재건하고, 일부 사람에게 아내와 이혼하도록 강요하거나, 모세의 토라에 초점을 두었던 것만은 아니다. 그들은 생존하기 위해 왕정이나 땅을 필요로 하지 않았던 디아스포라 형태의 공동체를 유다 안에 형성했다. 그들은 자신들이 믿었던 모든 것—그 땅에서의 삶, 왕정, 도시, 성전—이 박탈되는 것을 보았던 포로민으로서 그렇게 했다. 과거 포로민으로서 그들은 그러한 것을 벗어버리고도 살아남을 수 있는 공동체적 삶의 방식을 형성했다. 우리가 이미 살펴보았던 것처럼, 에스라는 이전 포로민의 "남은 소수"가 다음 세대에 생존하지 못하게 될 것을 깊이 걱정했다(스 9:10-14). 그러나 에스라의 도움으로 설립될 수 있었던 유대교는, 마치 트라우마 교훈에 의해 형성된 것처럼, 매우 강한 회복탄력성을 입증했다. 유대인의 미래 세대는 크게 고통을 겪겠지만 고대 근동의 다른 문화 기반 종교들이 분열로 파괴되는 동안에도 살아남았다. 유대교는 다른 종교들보다 더욱 오래 지속될 수 있도록 가다듬어졌다.

제8장
성서의 트라우마적 결정화

이제 우리는 앞으로 건너뛰어 에스라보다 200년 이후의 시기, 기원전 175년경의 한 시기로 간다. 유대인에게는 이전 세기들보다 상대적으로 여러 가지 상황이 좋았다. 간혹 소규모의 전쟁들, 기근과의 투쟁이 있었지만 유대 백성은 아시리아와 바빌로니아 치하에서 직면했던 것 같은 재앙 없이 수 세기의 삶을 구가했다. 심지어 그리스의 알렉산더 대왕이 페르시아 제국을 점령했을 때에도, 유다의 새로운 헬레니즘 통치자들은 토라의 율법과 정기적인 성전 제사 규정을 포함하여 "조상의 율법에 따라" 살 수 있도록 유대인의 권리를 인정해주었다.

그러나 헬라의 통치자가 이러한 관용의 실천을 끝내기로 결정한 시간이 다가왔다. 그는 유대인에게 고대의 히브리 전통을 고수하는 것과 관련하여 삶 또는 죽음의 선택을 강요했다. 이는 유대교의 미래 정체성을 영구히 형성한 위기였다. 더욱 구체적으로 말하자면 이 위기는 유대인이 느슨하게 갖고 있었던 토라와 예언서 모음집을 수천 년간 변동되지 않는 고정된 경전 모음집으로 변화시키도록 촉발했다.

헬레니즘적 위기

이러한 위기는 기원전 2세기 초기에 적어도 두 가지 발전 사항에 의해 촉진됐다. 첫째, 기원전 175년에 안티오쿠스 4세라는 새로운 통치자가 유다를 다스리는 헬레니즘 제국, 고대 안디옥(현대의 터키)을 기반으로 하는 셀류키드 왕조(Seleucid Kingdom, 셀레우코스 왕조)의 왕위에 올랐다. 안티오쿠스는 아버지가 지중해 동부 일대를 로마의 통치로부터 빼앗으려는 시도가 실패한 결과, 포로가 되어 로마에서 인질로 자랐다. 그는 로마의 조공 요구로 인해 빈곤하게 한 왕국을 상속받았고, 이후의 많은 행동은 할 수 있는 모든 방식을 동원하여 조공 자금을 확보하려는 시도로 설명될 수 있다.

두 번째 발전은 예루살렘 거주민을 이끌어 예루살렘을 그리스의 한 도시(polis, 폴리스)로 전환시키려는 계획이었다. 예루살렘을 그리스의 도시로 만들면 예루살렘 도시와 거주민은 다른 인근의 그리스 도시들이 누렸던 세금과 문화적 혜택을 누릴 수 있을 터였다. 이는 야손(Jason)이라는 그리스어 이름을 갖고 있던 유대인 제사장이 스스로 돈을 주고 예루살렘 성전의 대제사장 자리를 샀을 때 실행될 수 있었다. 야손은 새 왕 안티오쿠스에게 성전 창고로부터 막대한 양의 돈을 바쳤고, 앞으로 더 많은 조공을 바칠 것을 약속했다. 돈이 절박하게 필요했던 안티오쿠스는 이를 수용했다. 야손과 다른 헬레니즘주의자들은 예루살렘 성전이 보이는 곳에 그리스 김나지움—운동 경기와 그리스 학문을 위한 장소—을 건축했다. 그리고 예루살렘은 약 7년 동안 그리스 도시의 지위를 누렸다.

많은 유대 전통주의자들은 이러한 변화들이 달갑지 않았다. 그들은 예루살렘의 제사장 제도가 성전 제사를 유지하는 것보다 그리스의 경기와 명성에 점점 더 집착하고 있다고 생각했다. 그럼에도 그러한 희생제사는 지금의 예루살렘인 그리스 폴리스에서 여전히 지속됐고, 유대교는 아직 생사의 위기를 맞지 않았다. 그러던 것이 기원전 171년에 변했다. 이때 야손은 안티오쿠스에게 연례 조공을 보낼 때, 헬레니즘화된 무리의 또 다른 구성원, 메넬라오스(Menelaus)를 보내는 실수를 범했다. 메넬라오스는 안티오쿠스를 만날 기회를 사용하여, 만일 자신을 야손 대신에 대제사장으로 만들어 준다면 조공을 두 배로 바치겠다고 제안했다. 셀류키드는 제사장이 아니었던 메넬라오스를 예루살렘 성전의 대제사장으로 세웠고, 야손은 추방되어 요단 건너로 보내졌다. 곧이어 메넬라오스는 예루살렘 금고를 약탈하기 시작했고, 계획을 세워 오니아스(Onias, 야손 이전의 합법적 대제사장)를 암살했다. 무력으로 예루살렘을 되찾으려고 한 야손의 시도는 당시 로마로부터 이집트를 빼앗으려 했지만 성공하지 못했던 안티오쿠스 4세의 군대에 의해 좌초됐다. 야손의 공격으로부터 살아남은 메넬라오스는 안티오쿠스를 예루살렘 성전의 지성소로 인도하여, 6년치 조공에 해당하는 성전 보물을 탈취했다고 전해진다.

이 시기에 무언가가 근본적으로 변했는데, 아무도 그 이유를 확실히 알지 못한다. 메넬라오스의 부추김을 통해서든, 아니면 자신의 분노나 다른 동기에 의해서든 안티오쿠스는 유대교 자체를 파괴하기로 결정했다. 그는 이전에는 자신의 제국에 그리스의 문화적-종교적 프로그램을 강요하려는 특별한 성향을 보이지 않았으며, 그전에는 유대교의 종교 의식을 방해하려고도 하지 않았다. 그러나 이 시점에 무언가 분명히 변화됐다. 안티오쿠스 4세는 예루살렘 성전을 더럽히고, 유대교 의식을 금지시키는 여러 조치를 취했다. 기원전 167년에 예루살렘 성전 안에서 외국의 제사의식이 수행됐는데, 이는 아마도 안티오쿠스가 예루살렘 성전 안에 주둔시켰던 새로운 군대의 요구를 맞춰주기 위해서였을 것이다. 또한 그는 예루살렘과 주변 마을에서 유대교 율법 준수를 금지하는 칙령을 내렸다. 유대인들은 외국의 신들에게 제사를 드리도록 강요받았고, 토라 두루마리들은 불태워졌으며, 아이들에게 할례를 행한 어머니들은 자녀들과 함께 죽임을 당했다. 토라 두루마리의 사본을 가진 사람은 누구나 처형됐고, 지도층 시민들은 죽음의 고통으로 대중 앞에서 돼지고기를 먹어야 했으며, 이렇게 공개적으로 토라의 명령에 불순종하도록 강요받았다. 야손과 다른 예루살렘 거주민들이 그리스의 특권을 얻기 위한 가벼운 시도로 시작했던 것이 유대교 토라 준수의 지속을 위한 생사의 투쟁으로 변했다.

마카베오상하 안에 있는 기사 중 어느 부분이 역사적인지 정확하게 파악하는 것은 어렵다. 그러나 대부분의 학자들은 유대교가 종교적 관습에 대한 그렇게 거대한 위협에 직면한 적이 결코 없었다는 것에 동의한다. 아시리아 사람들은 마을을 파괴했다. 그리고 바빌로니아인들은 예루살렘을 빼앗고 주민들을 추방시켰다. 그러나 안티오쿠스 4세 이전의 어느 누구도 그렇게 심하게 유대교의 토라 준수와 유일신론을 근절시키고자 하지 않았다.

"돼지를 먹는 것 또는 죽는 것"의 선택에 직면하여 유대인들은 서로 다르게 반응했다. 일부는 나아가 돼지고기를 먹었고, 외국의 신들에게 요구된 여러 제사를 드렸다. 어떤 사람들은 박해를 피하여 척박한 광야로 달아났다고 전해진다. 또 다른 사람들은 그 법에 공개적으로 반항했고, 노골적으로 살해당했다. 예를 들어, 마카베오하 6-7장은 나이 많은 서기관 엘르아살의 죽음 및 일곱 형제와 그들의 어머니의 죽음에 관해 말한다. 마카베오하는 이러한 희생자들을 영웅적인 순교자들로 칭송하는데, 이는 본서 이후 장들에서 중요하게 다루어지는 유대교 내부의 새로운 개념이다.

그러나 또 다른 사람들은 싸우기로 선택했다. 특별히 한 지역 제사장 가족인 하스모니아(Hasmoneans) 가문은 안티오쿠스의 군대에 대항해 게릴라 작전을 시작했다. 그들은 제국의 다른 지역들에 있는 여러 문제에 의해 약화된 셀류키드의 군대에 대항하여 지속적으로 승리들을 거두었다. 3년이 지나지 않아, 기원전 164년에 하스모니아 가문은 셀류키드 왕조와 대등하게 싸웠다. 안티오쿠스 4세는 자신의 유대교 금지를 철회하는 칙령을 제정했다.

> 나 안티오쿠스 왕은 유다인의 원로원과 유다 백성들에게 인사드립니다. 나는 여러분의 건강을 바랍니다. 그리고 나도 건강합니다. 여러분이 고향에 돌아가 각자의 생업에 종사하기를 원한다는 말을 메

넬라오스에게서 들었습니다. 크산티쿠스월 삼십일 안으로 돌아가는 모든 사람에게는 내가 안전을 보장해 주겠고 유다인들은 전과 같이 그들 고유의 음식을 먹고 율법을 지킬 수 있도록 허락해 줄 것이며, 알지 못하고 저지른 잘못 때문에 괴롭힘을 당하는 유다인은 하나도 없게 하겠습니다(마카베오하 11:27-31 공동개정).

그해 하반기, 기원전 164년 겨울에, 당시 하스모니아 가문의 지도자, 유다 마카베오(Judas Maccabeus)는 예루살렘을 되찾았고, 그곳의 요새 안에 셀류키드의 군대를 가두었으며, 비-야웨 예식(non-Yahwistic cult)으로부터 성전을 정화했다. 하누카(Hanukkah) 축제는 이 사건을 기념한다.

비록 많은 전진과 후퇴가 있었다고 할지라도, 셀류키드 왕조는 점차 예루살렘과 그 나머지 땅에 대한 통제권을 상실했다. 궁극적으로 기원전 153년경에 유다의 형제 요나단(Jonathan)은 예루살렘 성전의 대제사장, 유대 민족의 공식 지도자가 됐다. 약 10년 후(기원전 142년) 그의 형제 시몬(Simon)이 요나단을 계승했고, 셀류키드 왕조로부터의 완전한 독립을 성취하게 됐다. 시몬의 계승자 요한 히르카누스(John Hyrcanus, 기원전 135-104년)는 남쪽으로는 에돔/이두메아로, 북쪽으로는 사마리아로 유다의 통제권을 확장했다. 이후에 하스모니아 통치자들은 "왕"이라는 칭호를 취했고, 추가적으로 페니키아 해안, 트랜스요르단, 갈릴리까지 확장했다. 수십 년의 기간 동안, 하스모니아의 제사장-왕들은 유다, 사마리아의 영역과 주변 지역을 아우르는 사실상 소형 제국을 세웠다.

이들의 왕정은 복잡한 문화 혼합체였다. 한편으로, 그들은 자신을 히브리 문화의 승리자로 내세웠다. 그 왕정은 고대 히브리어가 새겨진 동전을 발행했다. 그리고 서기관들은 마카베오상하 같은 여러 책들을 생산했는데, 여기서 그들을 토라의 수호자들로서, 그리고 사악한 그리스 왕 안티오쿠스로부터 백성을 해방시킨 자들로서 묘사했다. 다른 한편으로, 그 왕정은 여러 가지 면에서 바로 그리스 자체였다. 그들은 그리스 경기를 고수했고, 그리스의 스파르타를 자매국가로 간주했다. 그리고 이들의 주요 저술 중 하나인 마카베오하는 유대인 순교자를 영웅적 희생에 관한 그리스적 비유로 칭송하는, 그리스어로 작성된, 그리스식 역사다. 이러한 복합적 혼합체는 일종의 반-헬레니즘적인 헬레니즘 왕조(anti-Hellenistic Hellenistic monarchy)로 묘사될 수 있다. 하스모니아의 왕들은 스스로를 그리스인에 대항하는 수호자로 제시했다. 그러나 그 왕조는 헬레니즘의 문화에 깊이 영향을 받았다. 그들의 기치(brand)는 반-그리스였지만, 그리스의 방식을 사용하여 그 기치를 촉진시켰다.

히브리 경전에 대한 하스모니아의 규정

이 하스모니아 왕조는 히브리 경전이 표준화되기 시작한 곳이었다. 이전의 유대인들은 경전에 대한 보다 유동적인 개념을 가지고서 활동했다. 비록 포로기 이후의 유대인 대부분이 오경("토라")의 거룩성에 대해서는 동의했다고 하더라도, 다른 책들이 "예언적" 영감을

포함하는지, 만약 그렇다면 어느 책이 그러한지에 대해 훨씬 불분명
했다. 몇몇 사람은 오직 토라만을 경전으로 인정했다. 대부분은 이사
야서와 시편 같은 다른 히브리 경전들의 경전으로서의 지위를 인정
했다. 사해 두루마리의 쿰란 공동체와 같은 경우는 에녹서와 희년서
같은 책도 거룩한 경전으로 간주했다. 이 시기의 유대교가 고도로 분
화—다양한 집단(바리새인, 사두개인, 그리고 다른 집단)을 포함하여—되어
있었던 것만큼, 이 집단들이 인정한 여러 문서들도 다양했다.[1]

하스모니아 왕조는 이러한 다양성을 갑자기 끝낼 수 있는 위치
에 있지는 못했지만, 몇몇 자료는 한참 후 로마 시대에 완료될 경전
의 표준화라는 과정이 시작됐음을 보여준다. 우선 하스모니아 왕조
는—단지 수십 년 동안만 존재했다 하더라도—몇몇 성서의 책들을
권위 있는 것으로 수집하고, 이 책들의 여러 사본을 표준화할 수 있
는 권한을 가진 당시의 유일한 유대교 기관이었다. 그 이전이나 이후
에 이와 비교될 수 있을 만한 힘을 가진 유대교 기관은 존재하지 않
았다.

또한 히브리 성서의 표준화된 사본을 처음 볼 수 있었던 것은 하
스모니아 왕조 시기다. 이전에 유대교 집단들은 매우 다양한 히브리
어 성서 필사본을 생산했는데, 이들 중 어느 것도 우리가 지금 갖고

---

1.   나는 "Canonization in the Context of Community: An Outline of the
      Formation of the Tanakh and the Christian Bible," in *A Gift of God in Due
      Season: Essays on Scripture and Community in Honor of James A. Sanders*, ed.
      Richard D. Weis and David M. Carr (Sheffield: JSOT Press, 1996), 34-49에
      서 이러한 생각에 대한 주요 자료를 개관한다.

있는 히브리 성서의 본문과 일치하지 않는다. 그러나 우리는 하스모니아 시기에 현재 성서의 전통적인 히브리어 본문에 거의 일치하는 히브리어 필사본들이 나타나게 된 것을 확인할 수 있다. 게다가 유대인들은 이렇게 새롭게 등장한 표준화된 히브리 본문과 일치하는 히브리 경전의 그리스어 번역본을 생산하기 시작했다. 하스모니아 왕조는 본문 표준화에 가장 개연성 있는 맥락을 제공하여, 권위 있는 히브리어 본문 및 그렇게 새롭게 권위를 부여받은 본문에 초점을 둔 그리스어 번역본 모두를 생산했다.

마지막으로 하스모니아인들은 그러한 경전의 표준화를 지지하는 동기를 가지고 있었다. 첫째, 자신을 히브리 문화의 수호자들로 홍보하고, 둘째, 표준화된 히브리 교육 과정을 사용하여 이들이 점령했던 이전의 비-유대인 지역(예를 들어, 이두메아, 갈릴리, 트랜스요르단)에 대한 문화적 통제를 공고화하려고 했다.[2]

확실히 이 시기에 대해 우리가 가진 역사는 유대교와 유대교 문서의 수호자로서 하스모니아 왕들에 관해서만 일반적으로 말할 뿐이다. 거기서 하스모니아인이 어떤 책을 거룩한 것으로 결정하고서, 그 책들의 히브리어 필사본을 표준화했는지 말하지 않는다. 그러나 거룩한 성서라는 개념 자체가 자신의 기원에 관한 어떠한 기록도 남겨놓지 않을 것을 요구한다.[3] 이런저런 왕, 제사장, 또는 공의회가 어

---

2. 이 점에 관한 더욱 집중적인 논증을 위해, 나의 *Writing on the Tablet of the Heart*, 260-271과 *Formation of the Hebrew Bible*, 158-166을 보라.

3. 여기서 나는 Eric Hobsbawm. "Introduction: Inventing Traditions," in *Hobsbawm and Ranger, The Invention of Tradition*, 1-14에 있는 "발명된 전

떤 책들을 성서적이라고 선언한 것을 연대순으로 기록하는 것은 그러한 책들이 하나님에 의해 계시됐다는 생각을 약화시킬 것이다. 그렇긴 하지만 하스모니아 자신의 책(마카베오상하)은 스스로를 토라와 거룩한 히브리어의 수호자로 묘사하기를 피하지 않는다. 심지어 마카베오하는 하스모니아의 유다를 "전쟁 때문에 흩어졌던 책들을 모아서 전해 주었던" 사람으로 묘사한다(마카베오하 2:14). 이 구절은 우리가 지금 알고 있는 성서의 창조를 설명한다기보다 유다를 고대 두루마리의 보호자와 수집가로서 묘사하고 있다.

게다가 하스모니아의 문서인 마카베오상은 예언이 헬레니즘 시기에 종결됐다는 생각을 드러내는 아마도 최초의 언급이 포함돼 있다.

> 이렇게 하여 이스라엘은 예언자들이 자취를 감춘 후, 처음 맛보는 무서운 압박을 받게 됐다(마카베오상 9:27 공동개정).[4]

이것은 중요하다. 왜냐하면 당시 대부분의 유대인은 권위 있고, 경전적인 책에 대한 두 가지 주요 분류를 인정했기 때문이다: "토라"와 "예언서". 게다가 예언서라는 분류는 이사야서 또는 호세아서뿐만 아니라, 시편과 잠언 같은 영감을 받은 책들의 전 영역을 포함했다. 그러한 예언적인 책의 시기가 헬레니즘과 함께 종료됐다는 것이

통"(invented tradition)에 관한 논증으로부터 정보를 얻었다.

4. Benjamin Sommer, "Did Prophecy Cease? Evaluating a Reevaluation," *JBL* 115 (1996): 31-47.

내포하는 의미는 경전에 암묵적인 제한을 둔다는 뜻이다. 이는 (시편 또는 잠언과 같은 책을 포함하여) 페르시아 시기까지 작성된 "예언적" 책들 은 영감을 받았을 수 있었던 반면, 그 이후에 작성된 것들은 그렇지 않다는 것을 의미한다. 이렇게 경전은 토라 및 헬레니즘 이전의 히브 리 "예언" 두루마리로 한정된다.

이러한 "예언의 종결" 개념은 헬레니즘 이전의 고전 그리스 작품 의 헬레니즘적 "기본서"(canon)에 상응하는 하스모니아식 개념이었을 것이다. 그리스인들은 호메로스(Homer, 호머)와 같이 학교에서 배우는 권위 있는 그리스 저자들에 대한 정해진 목록을 가지고 있었다. 당시 하스모니아인들은 모세의 토라와 헬레니즘 이전의 예언서라는 히브 리 모음집을 가지고 있었다. 그들은 그리스인들에 대항하고 히브리 문화를 수호하는 입장에 서서 더 오래된 히브리어 작품들을 표준화 하고 이를 그리스 교육 과정에 병치시켰다. 다른 방식으로 표현하면, 하스모니아인들은 한정된 문서집이라는 헬레니즘적 개념을 취하여 이를 헤브라이즘화했다(Hebraized). 그리고 몇몇 헬레니즘 시대의 그리 스 저자들이 자신의 새로운 작품을 호메로스와 플라톤 같은 고대의 인물에 귀속시켰던 것과 마찬가지로, 하스모니아 시대에는 당대의 유대인 작품을 에녹, 창세기의 족장들, 모세, 에스라 같은 헬레니즘 이전의 인물에게로 귀속시키는 경우가 증가했다. 기본서(canon)는 그 리스어든 히브리어든 위명의 사용(pseudonymity)을 증대시킨다.[5]

사실상 일부는 하스모니아의 히브리 경전들에 대한 제한과 표준

---

5. Carr, *Writing on tire Tablet of the Heart*, 107.

화에 동의하지 않았던 것처럼 보인다. 그러한 비동의에 관한 하나의 잠재적인 표지는 지금 여러 교회들에서 사용하는 구약성서 안에 포함된 그리스어 작품, 시락서 안에 등장한다. 이 책은 하스모니아 이전의 현인, 벤 시라의 지혜 교훈으로, 하스모니아 시대에 벤 시라의 손자에 의해 히브리어에서 그리스어로 번역됐다. 시락서 서문에서 이 손자는 헬레니즘 이전의 "토라와 예언서들"에 대한 배타적인 초점에 저항하는 것처럼 보인다. 작품을 소개하면서 그는 "율법과 예언서들"뿐만 아니라 "그것들[예언서들]을 계승하고 있는 다른 저자들", "선조들의 다른 책들", 그리고 "여러 다른 책들"의 중요성을 반복적으로 주장한다. 예언 이후의 작품들에 대한 언급은 그 손자가 "예언적" 인물들(다윗과 솔로몬)에 귀속된 시편이나 잠언과 같은 책들을 소중하게 여겼을 뿐 아니라 분명히 헬레니즘 시대에 쓰인 할아버지의 교훈과 같은 책들의 가치를 홍보하기를 원했음을 나타낸다. 벤 시라의 손자는 하스모니아 왕조 시대에 서문을 쓰면서 이런 방식으로 할아버지의 작품의 중요성을 변호하고, 그러한 작품이 헬레니즘적이며 따라서 비예언적이고 비영감적인 것으로 묵살하려는 사람들에 반대한다. 그러한 생각에 거부하면서 그는 이제 그리스어로 번역된 벤 시라의 교훈이 또 다른 중요한 "선조들의 책"이라고 주장한다.

역설적으로 여기서 벤 시라의 손자는 호세아가 유일신론을 주장하면서 아시리아 조약 전통을 채택한 것만큼이나 문화적으로 복잡한 히브리 경전의 헬레니즘화된 형태를 반대한다. 이는 호메로스와 플라톤 같은 헬레니즘 이전 저자의 작품을 사례로 들어 헬레니즘 이전의 작품들로 한정된 모음집 사상을 발전시켰던 것이 바로 그리스인들이었기 때문이다. 게다가 후대 필경사들의 실수들로부터 필사본 전통을 정화하려 하면서, 그러한 그리스 작품들에 대한 그리스 필사본들을 표준화하고 공고화하는 것에 가장 유명했던 것은 바로 알렉산드리아의 그리스 학자들이었기 때문이다.

트라우마와 경전화

경전에 대한 집단적 트라우마의 영향에 관해 생각할 때 내가 얻었던 최초의 자극은 경전의 표준화를 트라우마 기억의 경직성(rigidity)과 유사하게 간주했던 것이었다. 우선 많은 연구들은 트라우마 기억이 얼마나 동결되어 있느냐(frozen)에 따라 정상 기억과 구별된다는 점을 강조한다. 정상 기억은 다른 도식과 이야기에 적합하도록 전환되고 조정된다. 대조적으로 트라우마 기억은 여러 회상, 트라우마 기억, 강박적 반복의 형태로 삶을 침해할 때 흔히 완강하게 고정된 채로 남는다. 마찬가지로 경전 역시 고정성, 특정 책들에 관한 불변의 초점, 그러한 책들의 사본이 변경되지 않도록 노력하는 데에서 다른 형태의 고대의 본문성(Textuality)과 구별된다.

그러나 이러한 유사점은 사실상 성서에 적합하지 않다. 첫째, 성서에 나오는 바닥을 치는 부분(low points)에도 불구하고 성서는 회상(flashback: 트라우마와 관련된 것을 경험했을 때 과거 기억에 몰입되어 당시의 심리적 상태 등등을 현재 경험하게 되는 증세—편주)이나 트라우마적 악몽에 해당하지 않는다. 성서는 위기와 생존, 압제와 구원에 대한 더욱 차별화된 이야기를 들려준다. 둘째, 트라우마 기억의 동결은 특히 개인적인 트라우마의 특징이다. 반면에 히브리 경전에 대한 하스모니아의 표준화는 대단히 집단적 과정이었다. 실제로 하스모니아인들은 훨씬 나중에 공동체의 다른 부분에 영향을 미치게 될 집단적 과정을 시작했을 뿐이다.

하스모니아 시대의 유대교는 이전에 직면하지 못했던 가장 심각한 도전에 맞섰다. 물론 명백한 도전은 토라를 준수하는 유대교를 말살하려는 안티오쿠스 4세에 의한 흉포한 시도였다. 그러한 경험은 충분히 트라우마적이어서 "헬레니즘화"는 수 세기 동안 "유대교"의 궁극적인 대적자로 제기될 만했다. 그러나 더욱 미묘한 것은 헬레니즘주의자에 대해서든지, 아니면 토라를 준수하는 반대자에 대해서든지, 헬레니즘 문화가 모든 유대교 관습 내부로 거침없이 유입됐다는 것이다. 좋든 싫든 간에, 그리스 문화의 매력과 힘에서 완전히 자유로울 수 있는 방식은 존재하지 않았다. 우리가 보았던 것처럼 (마카베오상 같은 책들에서) 하스모니아인들조차도 스스로를 그리스 문화의 위협에 대항하는 수호자들로 홍보하면서도 동시에 그것에 영향을 깊이 받았다.

정확히 그러한 변화 속에서 여러 사회는 고대의 전통—새로워진 소중한 "모국어", 성지 순례, 여러 기념 축제 등을 중심으로 하는—에 가장 집중하게 된다. 각 경우에 과거 전통은 과도기에 있는 더 후대의 사회에 의해 새로운 목적으로 조정된다. 특별한 옛 방언은 거룩한 "모국어"로 선택된다. 과거와 연관성이 있는 장소는 국가 신화에서 특별한 의미를 부여받는다. 이전에는 그다지 중요하지 않았던 축제가 주요 절기로 변형된다.[6] 이러한 축제, 장소, 언어는 방향성을 상실한 채 급격한 변화를 겪는 사회를 위해 안전한 고대의 고정점(anchor points)을 제공한다.

헬레니즘 위기 시기—장기, 단기 모두—는 유대교에 있어서 유사한 변화의 시기였다. 안티오쿠스의 공격은 결국 유대교에 대한 광범위한 헬레니즘 위협의 상징이 됐다. 이러한 위협은 실제적이었다. 만약 상황이 조금만 다르게 흘러갔더라면, 예루살렘은 그리스의 한 폴리스로 남아있게 되고, 히브리 교육은 점차로 사라지게 됐을 가능성이 컸다. 우리는 이와 같은 일들이 헬레니즘과 로마 시대에 고대 근동의 다른 곳에서 일어나는 것을 본다. 이 시기를 지나면서 이집트와 메소포타미아의 교육은 신전들(temples)에 국한됐고 점점 감소하고 있는 사제들에게만 한정됐다. 만약 하스모니아인들이 실패했더라면 히브리 교육에도 동일한 것이 발생했을 것이다.

그 대신 안티오쿠스의 유다 공격으로 인한 트라우마는 새로운 수준의 토라 헌신과 (시편, 잠언, 역대기와 같은 책들을 포함하여) "예언서" 필사본들에 대한 새로운 선택 및 표준화에 박차를 가했다. 이는 그러한 책들이 이전에는 존재하지 않았던 것이 아니다. 하스모니아 시대 수십 년 전에, 위에서 언급했던 현자 벤 시라는 지혜 교훈이 끝날 때까지 "선조들에 대한 찬양"의 찬송가 안에서 거의 모든 히브리 성서를 탐구한다(시락서 44-49장). 그리고 하스모니아인들은 그들이 표준화했

---

6.   또다시 나는 Eric Hobsbawm (*The Invention of Tradition*)의 영향을 받았다. 그러나 옛 전통들에 대한 재전유(reappropriation)에 있어서 "발명된 것"이라는 그의 용어를 채택하지는 않았다.

던 모음집의 내용을 변경할 수 있을 정도의 많은 권한은 없었던 것 같다. 예를 들어, 그들은 거기에 마카베오상 같이 자신의 왕정을 칭송하는 헬레니즘 시대의 책들을 포함할 수 없었다. 기껏해야 그들은 자신들이 표준화했던 토라와 예언서들의 필사본 안에서 자신들의 정치적 프로그램에 부합하도록 몇몇의 사소한 변화들을 소개할 수 있었다. 이러한 변화들은 오늘날 유대교와 (번역되어) 기독교에서 사용되는 히브리 성서의 마소라 본문 안에 등장한다.

　　그러나 나는 하스모니아인들이 우리가 지금 구약성서 또는 유대인의 타나흐(Tanach)로 알고 있는 것을 형성하기 위해 더욱 중요한 일을 했다고 제안하는 바다. 헬레니즘의 도전에 직면하여 그들은 진정으로 영감 받은 히브리 경전들이 오직 토라와 헬레니즘 이전의 예언적 작품들의 고정된 모음집이라는 생각을 소개했다. 이것은 (하나의 단일한 "책"이 아니라) 여러 두루마리들의 모음집으로서 우리가 지금 알고 있는 성서와는 여전히 거리가 멀었다. 그럼에도 이는 성서 전통을 굳게 하고 보존하는 중요한 단계였다. 직접적으로 언급한 적은 없었지만, 이 유대 왕들은 고유한 방식으로 이전에 유대교 유일신론을 창조한 것과 같은 방식으로 혁명적인 변화를 일으켰다. 표준화된 히브리 경전들에 대한 예비적인 발전 단계는 유대인의 타나흐, 기독교인의 성서, 심지어 무슬림의 꾸란의 선구자 역할을 했다.

제9장
기독교 설립의 트라우마

　　뉴욕의 환상적인 늦여름의 어느 아침이었다. 나는 9·11 테러 5일 후인, 2001년 9월 16일 브로드웨이 장로교(Broadway Presbyterian Church)의 주일 예배에 참석했다. 전 국가가 충격에 빠져 있었다. 우리는 뉴욕에서 단지 재앙의 모습만을 본 것이 아니라 냄새까지도 맡을 수 있었다. 세계무역센터의 잔해들은 며칠 동안 계속해서 연기를 내뿜었다. 모든 소방서에 꽃이 놓였다. 가로등의 기둥에는 잃어버린 사랑하는 사람의 안부를 묻는 포스터가 붙어 있었다. 월터 테니슨(Walter Tennyson) 목사는 예배당 뒤편에 있는 한 문구를 가리켰다. 거기에는 "우리는 그리스도와 그가 십자가에 못 박히신 것을 전파한다"라고 쓰여 있었다. 그는 "로마인들은 자신들이 지배했던 사람들을 공포에 떨게 할 수 있는 방식으로 십자가 처형을 사용했다"라고 말했다. "그들은 그리스도에게 그렇게 하고자 했지만 그는 부활했다. 그리스도를 처형한 십자가는 공포에 직면하면서도 이를 초월하여 사는 우리의 믿음의 상징이다."

　나는 수 년 동안 많은 십자가를 보았다: 교회, 목걸이, 정류장, 고속도로 위에 있는 십자가. 그러나 나는 뉴욕의 9월 11일 그 주간에 십자가에 대한 새로운 이해를 얻었다. 많은 사람들에게 있어서, 십자가는 일반적으로 기독교 신앙, 경건 또는 종교의 상징이다. 나에게 있어서 십자가는 트라우마의 표지가 됐다. 그러나 단지 그것만이 아니다. 그것은 우리뿐만 아니라 하나님이 직면한 트라우마의 표지였다. 초기 기독교 트라우마의 한가운데서 형성된 십자가 상징은 월터 테니슨이 9·11의 여파로 트라우마를 입은 뉴욕에 있는 한 장로교 공동체를 돕는 데 효과적으로 사용됐다. 그의 설교는 교회로 하여금 로마인들에 의해 십자가 처형된 예수 그리스도를 트라우마를 입은 하나님에 대한 상징으로, 즉 트라우마에 직면하고 이를 넘어서서 살아온 그들과 함께 바로 거기에 있었던 한 신에 대한 상징으로 바라보도록 초대했다.

* * *

　고대의 십자가가 어떤 것이었는지에 관해 분명하게 밝히는 것이 중요하다. "십자가 처형"(crucifixion)이라는 단어는 라틴어 단어 '크루키아레'(*cruciare*, "고문하다")에서 유래한다. 로마의 키케로(Cicero)는 그것을 '수마 수플리쿰'(*suma supplicum*), "가장 극단적인 심판의 형태"라고 묘사한다. 그리고 계속해서 다음과 같이 말한다.

로마 시민을 결박하는 것은 범죄다. 그를 매로 때리는 것은 혐오스러운 것이다. 그를 죽이는 것은 살인 행위다. 그를 십자가에 못 박는 것은 무엇인가? 그러한 끔찍한 행동을 설명할 수 있는 적절한 단어는 존재하지 않는다.[1]

유대인 역사가 요세푸스(Josephus)는 그것을 "가장 측은한 죽음"이라고 묘사한다.[2] 희생자는 우선 잔인하게 채찍질당하거나, 그렇지 않으면 고문을 당했다. 그런 다음 팔들은 보통 못으로, 어떤 경우에는 끈으로 나무의 가로대에 고정됐다. 마지막으로 희생자는 가로대 형태(라틴어, *crux*)로 장대 위에 들어 올려졌다. 가로대가 장대에 부착되어 있기 때문에 발은 땅에 닿지 않았다. 거기서 희생자는 죽을 때까지 대중 앞에 전시된 채 걸려 있었다. 때때로 질식 또는 목마름으로 인해 죽음이 일찍 찾아왔다. 그러나 때때로 희생자에게 마실 것을 제공함으로써 죽음이 연기되기도 했다. 희생자가 죽은 이후에도 로마인들은 공개적으로 전시되어 있는 십자가 위의 시체가 썩고 새들에게 먹히도록 내버려두었다.[3] 십자가 처형의 핵심은 단지 한 사람을

---

1. Cicero, *Verrine Orations*, 2.5.66 (§170 in Greenwood, LCL).

2. Josephus, *Jewish Wars*, 7.6.4 (§203 in Thackeray, LCL).

3. 증거에 대한 신중한 조사를 위해서 *Martin Hengel, Crucifixion in the Ancient World and the Message of the Cross*, trans. John Bowden (1976; Philadelphia: Fortress, 1977), 22-32 [= 『십자가 처형』, 감은사, 2019]를 보라. Gunnar Samuelsson은 십자가형의 여러 언급들에 관한 더욱 포괄적인 연구를 제공한다(*Crucifixion in Antiquity* [Tübingen, Mohr Siebeck, 2011]). 그는 십자가형이 무엇을 함의했는지에 관한 공통적인 고대의 이해가 사실상 존재하지 않았다고 주장한다. 이러한 공헌은 여러 책과 논문(Samuelsson은 이들 중 몇

상하게 하고 죽이는 데 있었던 것이 아니라 반역자나 건방진 노예를 극도로 수치스럽게 함으로써 사람들을 공포에 떨게 하는 데 있었다. 십자가 처형은 로마에 반역하려는 모든 사람, 모든 운동을 분쇄하려는 의도로 제국이 가한 트라우마였다.

예수의 십자가 처형에 관한 가장 초기의 이야기

십자가 처형의 영향은 신약성서에 등장하는 예수의 십자가 처형에 관한 가장 오래된 내러티브 안에서 뚜렷하게 감지될 수 있다. 이 내러티브는 특별히 신약성서에서 가장 이른 시기에 작성된 복음서인 마가복음 14-16장에 보존되어 있다.[4] 이러한 초기의 십자가 처형

가지를 언급한다)에서 자주 반복된 십자가 처형 과정에 대한 단계별 묘사를 상술하는 데 좋은 균형을 이루고 있지만, 내가 보기에, 그의 연구는 신약성서의 증거를 제대로 다 읽지 않은 것(underreading)으로 인해, 그리고 십자가 처형 과정에 대한 완전하고 동일한 설명을 제공하기 위해 처형에 관한 그런 성서 외적 언급들을 필요로 하는 불균형한 시도로 인해 문제가 된다. Samuelsson의 논증에 대한 더욱 포괄적인 대답을 위해서는 그 책에 대한 브라이언 파운드(Brian Pound)의 비평, "Review of Samuelsson, Crucifixion in Antiquity," *JSNT* 33 (2011): 398-405을 보라.

4. 예수의 십자가 처형에 관한 더 이른 시기의 성서 외적 기독교 문서들을 확인하려는 시도는 성공적이지 못했음이 드러났다. 가장 두드러진 시도는 비정경적인 베드로 복음서가 성서의 복음서들보다 예수의 십자가 처형에 관한 이야기의 더 초기 형태를 보존하고 있다는 John Dominic Crossan의 논증이었다. 그의 *The Cross That Spoke: The Origin of the Passion Narratives* (San Francisco: Harper and Row, 1988)을 보라. 이 이론은 후속 논쟁에서 성공적이지 못했다. 그에 반대되는 여러 고려 사항에 관한 요약에 대해서는,

내러티브의 정확한 내용들은 알려져 있지 않지만 마가복음과 요한
복음 저자는 예수의 죽음에 관한 이야기 양상을 알고 있었던 것 같
다. 이 두 복음서는 예수의 죽음에 대한 진술에 있어서 중첩되지만
다른 경우는 거의 그렇지 않다.[5] 게다가 마가복음의 이 마지막 장들
은 문체와 예수 묘사에 있어서 마가복음 나머지 부분과 구분된다.[6]

Raymond Brown, "The Gospel of Peter and Canonical Gospel Priority," *NTS*
33 (1987): 321-343, 그리고 Raymond Brown, *The Death of the Messiah: From
Gethsemane to the Grave: A Commentary on the Passion Narratives in the Four
Gospels* (New York: Doubleday, 1994), 1318-1336을 보라.

5.   이러한 평행들을 연구한 유용한 표를 위해서, Clifton Black, *Mark, Abingdon
New Testament Commentaries* (Nashville: Abingdon, 2011), 277-281을 보라. 특
히 수난 내러티브 외에 마가복음과 요한복음이 일치하는 곳은 일반적으로
예루살렘 안에서의 예수 전통이다: 예, 예수의 "성전 정화 사건" 또는 예루
살렘 입성. 다른 말로 하면 이 전통들은 충분히 초기의 십자가 처형 내러티
브의 일부였을 수 있다. 두 복음서들 모두가 어떤 초기의 십자가 처형 내러
티브를 반영하는 것처럼 보인다고 하더라도, 대부분의 학자들은 그것이 요
한복음에서보다 마가복음에서 더욱 충실하게 보존되어 있다고 상정한다. 마
가복음과 요한복음에 있는 중첩되는 예수 죽음 전통에 관한 훌륭한 논의는
Wolfgang Reinbold, *Der älteste Bericht über den Tod Jesus* (Berlin: De Gruyter,
1994), 227-282이다.
　　어떤 사람들은 마태복음과 누가복음에 있는 십자가 처형 내러티브에 관
해 궁금해할 수 있다. 이 복음서들은 요한복음의 수난 기사보다 마가복음의
수난 기사와 훨씬 많이 중첩된다. 그러나 대부분의 학자들은 그러한 중첩을
전체로서의 마가복음(의 어떤 형태)에 대한 마태복음과 누가복음의 광범위
한 의존으로 설명한다. 요한복음과는 다르게, 그것들은 마가복음에 있는 예
수에 관한 더 이른 시기의 이야기들의 많은 부분들과도 중첩된다.

6.   마가복음의 나머지 부분이 시간과 장소에 있어서 모호하게 배치된 예수에
관한 간략한 이야기들을 중심으로 세워진 반면에, 막 14-16장에 있는 십자가
처형 내러티브는 각 삽화의 장소와 시간을 정확하게 연대순으로 기록한다
(Adela Yarbro Collins, *The Beginning of the Gospel: Probings of Mark in Context*

그 결과 많은 학자들은 마가복음 14-16장의 여러 부분이 마가복음 저자에 의해 사용된 초기의 십자가 처형 내러티브라는 데 동의한다. 정확한 내용을 결정할 수 있는지에 대해서는 불일치하지만 말이다.[7]

이 마가복음의 마지막 장들은 예수의 마지막 날에 대한 암울한 그림을 제시한다.[8] 이야기는 마가복음 14장에서 백성 사이에 폭동이 시작될 것을 두려워하여 유월절 이전에 예수를 비밀리에 체포하여 죽이고자 하는 "대제사장들과 서기관들"의 결정으로 시작한다. 그 이후에 곧이어 예수는 제자들과 최후의 만찬을 가지는데, 거기서 자

[Minneapolis: Fortress, 1992], 92-93). 막 1-13장에서 예수는 자신의 십자가 처형을 예견하고, 그것을 거의 환영하는 강하고 결단력 있는 선생으로 등장하는 반면에(막 8:27-33; 9:30-32; 10:32-34), 막 14-16장에 있는 그림은 상당히 다르다. 그는 겟세마네에서 처형을 면하게 해 달라고 기도하고, 유대인들과 로마 당국자들에 의해 심문을 받을 때 대부분 침묵한다(Eugene M. Boring, *Mark: A Commentary* [Louisville: Westminster John Knox, 2006], 378-379). 게다가 유다는, 심지어 이전의 두 복음서 본문(막 3:19; 14:10)에서 열두 사도들 중 일부로 이미 소개됐음에도, 이 초기의 십자가 처형 내러티브에서 "열둘 중의 하나"로 다시 소개된다(막 14:43). 이는 Brown, *Death of the Messiah*, 1522의 부록 9에 있는 Marion Soard의 초기 논의에서 강조된다.

7. 유용한 연구를 위해, Brown, *Death of the Messiah*, 1492-1524에 있는 1990년대 초까지의 연구에서 이러한 십자가 처형 내러티브가 식별됐던 다양한 방식들에 관한 Marion Soard의 개요를 보라.

8. 마가 이전의 십자가 처형 내러티브로서 가능한 부분에 대해 이어지는 자세한 설명은 특히 그 내러티브의 가능한 부분을 식별하기 위한 외부 통제요인으로 마가복음과 요한복음의 중첩을 사용하는 Reinbold, *Älteste Bericht*를 따른다. 그러나 나는 이 중첩이라는 방법—그의 분석에서도 중요한—을 사용함에 있어서 초기 십자가 처형 내러티브의 개연성 있는 부분으로서 막 16:1-8//요 20:1-18을 포함시킨다는 점에서 Reinbold(특히 97-106)와는 의견을 달리 한다.

신이 그들 중 한 명에게 배신당하고, 그들 모두가 자신을 저버리며, 수제자 베드로는 다른 이들에게 자기와 예수 사이의 모든 연관성을 반복해서 부인할 것을 예견한다. 예수는 겟세마네 동산으로 가서 죽음을 피할 수 있게 해 달라고 기도하고, 핵심 제자들은 기다리면서 잠든다. 이후 예수를 체포하기 위해 무장한 파견대가 도착하고, 예수는 잡혀가서 예루살렘 성전 제사장들에 의해 심문을 받는다. 그들이 성전 내부에서 예수를 심문하는 동안 사도 베드로는 예수가 예견했던 대로 그와의 연관성을 세 번 부인한다. 마가복음 15장 시작부에, 유대 당국자들은 심문과 처형을 위해 예수를 로마인 통치자 빌라도에게 넘긴다. 빌라도는 예수에게 "네가 유대인의 왕이냐"라고 질문한다. 그리고 예수는 그에게 "네 말이 옳도다"라고 대답한다. 이 외에 예수는 성전 제사장들 앞에서 침묵했듯 빌라도의 다른 질문에 응답하지 않는다. 빌라도는 유대 대중에게 예수를 풀어주기를 제안한다. (내러티브에 따르면) 로마인 통치자가 유월절에 유대인 죄수를 풀어주는 관습이 있었기 때문이다. 그러나 대중들은 예수 대신에 반-로마 반란군 바라바가 석방되어야 한다고 크게 소리치며 요구한다.

여기서부터 십자가 처형 내러티브는 예수에 대한 고문, 조롱, 처형을 단계별로 묘사한다. 예수는 채찍질 당한다. 로마 군인들은 그를 "유대인의 왕"으로서 옷 입히고, 발가벗기고, 조롱하고, 또한 그의 옷을 나눈다. 마지막으로 그들은 예수를 "해골의 곳"이라는 골고다로 데리고 가서 그를 조롱하는 두 범죄자 사이에서 십자가에 못박는다. 정오 즈음 군인들은 죽어가고 있는 예수로 하여금 신 포도주를 마시게 하고, 그는 자기의 언어인 아람어로 "나의 하나님, 나의 하나님,

어찌하여 나를 버리셨나이까"라고 외치고 곧 죽는다. 십자가에 매달려 있는 예수는 멀리서 바라보고 있는 세 명의 여성을 제외하고 그를 아는 모든 사람에게 버림받았다. 그 여성 중에는 막달라 마리아와 또 다른 마리아가 있는데, 후자는 마가복음의 여기에서 "작은 야고보와 요세의" 어머니로 확인된다. 예수는 안식일 직전에 신속히 매장된다. 그러고 나서 초기 십자가 처형 내러티브의 일부였을 수도 있고, 아닐 수도 있는 한 단락에서, 세 명의 여성은 안식일이 지나고 나서 예수의 시신에 기름을 바르기 위해 나아왔다. 그러나 무덤은 비어있었다. 그리고 한 청년이, 예수가 죽은 자들로부터 살아났다는 것을 제자들에게 전하라고 명한다. 내러티브는 (그리고 마가복음은) "몹시 놀라 떨며 나와 무덤에서 도망하고 무서워하여 아무에게 아무 말도 하지 못하는"(막 16:8) 여성들로 끝난다.

이 십자가 처형 내러티브는 예수의 죽음에 대한 초기 반응의 본래성(rawness)을 보여준다. 여기서 기억되고 있는 예수는 유창하게 연설하면서 고문과 죽음을 환영하는 영웅이 아니다. 그보다도 예수는 죽음을 피하게 해달라고 하나님에게 기도하고, 심문을 받을 때는 침묵하거나 얼버무린다.[9] 이 내러티브는 다른 무엇보다도 예수의 죽음에 대해 유대인 지도층을 비난한다. 반면에 로마인 통치자 빌라도는

---

9. 몇몇 사람들은 여기서 예수의 침묵이 고난받는 종이 학대받을 때 응답하지 않는다는 종 모델에 의해 촉진된다고 주장했다. 그러나 이 초기 십자가 처형 내러티브는 어디에서도 명시적으로 사 53장의 표현들과 연결되어 있지 않다. 만약 어떤 것이 있다면 가장 먼저 연결될 만한 것은 시 22편이다: 예수가 죽을 때 시편 22편의 시작부를 인용했고 더 앞부분에서는 자신의 옷을 나누는 군인들에 대해 언급했다(참조. 시 22:18).

그 과정에서 우유부단하고 마지못해 행하는 참여자처럼 등장한다. 그러나 예수의 가장 가까운 제자들 역시 예수가 죽을 때 배신하고, 부인하고, 버림으로써 부족한 모습으로 떨어져 나간다. 심지어 예수의 마지막 길을 지켜본 예수의 여성 추종자들도 멀리서 그렇게 했다. 예수 추종자들의 첫 세대(들)에 의해 형성된, 예수를 버린 것에 관한 이러한 십자가 처형 이야기에는 아마도 자기-비난의 여러 조짐이 보존돼 있는 것 같다. 이야기가 진행되는 바와 같이 예수는 수치스럽고 고독한 죽음의 고통을 겪은 반면, 이 추종자들은 예수를 부인하고 버림으로써 살아남았다. 그럼에도 이 이야기는 예수의 첫 제자들을 훨씬 넘어서서 퍼졌고, 예수의 죽음에 관한 신약의 네 복음서 이야기의 토대가 됐다.

우리는 이러한 십자가 처형 내러티브가 언제 쓰였는지 모른다. 그러나 내가 생각하기에 우리는 예수의 죽음이 추종자들에게 미쳤던 초기의 영향을 볼 수 있을 만큼 가까이에 있다. 그것은 단순히 예수가 자신에 대한 메시아적 기대에 미치지 못했다는 것은 아니었다. 예수의 십자가 처형에 있어서 로마인들은 위험하다고 간주되는 운동/움직임을 제거하기 위해 오랜 세월에 걸쳐 검증된 전략으로 예수의 추종자들을 파괴했다.

그로부터 수천 년 후, 기독교라는 전 세계적인 운동으로 인해, 지금은 예수 운동을 제거하기 위한 이러한 로마의 시도가 거의 성공적이었다는 사실을 간과하기 쉽다. 바울의 초기 서신 중 하나인 고린도전서는 수십 년 이후 "십자가의 도가 멸망하는 자들에게는 미련한 것이요"(고전 1:18), "유대인에게는 거리끼는 것이요 이방인에게는 미

련한 것"(고전 1:23)이라는 사실을 인정한다. 심지어 2세기 이후에도,
우리는 교회에 대한 저명한 비판가 켈수스(Celsus)가 "완전히 불명예
스러운 처벌을 받았던" 예수라는 인물을 따르는 것으로 기독교인들
을 조롱하는 것을 발견할 수 있다.[10] 그리스-로마 세상의 많은 사람에
게 있어서 지도자를 십자가에 못 박게 했던—명백한 실패였던—운동
에 관해 더 이상 말할 수 있는 것이 많지 않다. 이 이야기는 이렇게
끝난다.

초기 예수 추종자 사이에서 나타난
로마 제국의 공포 정치에 대한 저항

그러나 이것이 이야기의 끝은 아니었다. 예수를 중심으로 한 메
시아 공동체는 로마인들이 예상하지 못했던 방식으로 십자가 처형
을 재해석했다. 예수의 십자가 처형은 그 운동의 끝이 아니라 설립
사건이 됐다. 이 운동은 매우 급진적이었다. 많은 기독교인은 이제
그 운동의 구성원이라는 표시로 십자가 상징을 착용한다. 십자가는
기독교인에게 있어서 수치스러운 패배의 표지가 아니라 운동 구성
원의 자랑스러운 상징이었다. 예수의 추종자들은 십자가 처형이라는
현실에서 도망치는 것이 아니라 자신들의 "십자가를 짊어지는 것"으

---

10. Origen, *Contra Celsum*, 6.10 (translation Henry Chadwick, *Origen: Contra Celsum* [Cambridge: Cambridge University Press, 1953], 324).

로 끝났다. 로마인들은 이러한 일을 이해하지 못했을 것이다. 이는 특히 제국의 지배와 같은 경우에 상징의 적응성을 보여주는 탁월한 사례다. 거기서 지배받는 집단은 압제자에 의해 부과된 상징적 행동에 맞서게 된다.[11] 궁극적인 패배에 관한 로마의 상징이 궁극적인 성공에 관한 기독교의 상징이 됐다.

예수 추종자들의 첫 세대는 어떻게 십자가 처형에 관한 이러한 재해석을 성취했는가?

이 질문에 대답하는 것은 쉽지 않은 과제다. 위에서 논의한 "십자가 처형 내러티브"조차도 예수가 죽은 후 수십 년 이후에 작성됐기 때문이다. 그러나 우리는 예수의 십자가 처형에 대한 초기의 반응을 밝히는 데 이용 가능한 또 다른 자원을 갖고 있다. 곧, 신약성서의 서신들 안에 보존된 예수 추종자들의 전통 말이다. 이 편지들, 특히 가장 명백하게 바울이 쓴 편지들(로마서, 고린도전후서, 갈라디아서, 빌립보서, 데살로니가전서, 빌레몬서)은 비교적 이른 시기로 연대 산정이 가능하다.[12]

---

11. 여기서 나는 불법적인 행동으로 고발된 아랍인들에게 수치스러운 매질들을 가함으로써 팔레스타인의 저항을 억누르려 시도한 (기록된) 이스라엘의 정책에 대해 팔레스타인 편에서 재해석한 논문으로부터 정보를 얻었다. Julie Peteet, "Male Gender and Rituals of Resistance," *Am. Ethnol.* 21 (1994): 31-49. 비록 Peteet의 논문이 이스라엘-팔레스타인 관계에 대한 다른 논의들처럼 편견을 갖고 있다 하더라도, 이는 여러 상징이 서로 다른 집단들에 의해, 특히 그 집단들이 매우 다양한 정도의 힘을 갖고 있고 갈등 상황 속에 놓여 있을 때, 어떻게 서로 다르게 해석될 수 있는지를 환기적으로 생각하게 한다.
12. 이것들 대부분은 학자들이 바울에 의해 쓰였다고 인정하는 편지다. 이에 관한 최근의 훌륭하고 간결한 논의는 Bart D. Ehrman, *The New Testament: A Historical Introduction to the Early Christian Writings,* 4th ed. (New York: Oxford University Press, 2008), 380-401이다.

바울 및 다른 예수 추종자들에 의해 알려진 초기 전통을 발견함으로써 우리는 어떻게 초기의 교회가 처음에 예수의 죽음에 반응하고 이를 재해석했는지에 관한 단서들을 얻을 수 있다. 십자가 처형에 관한 이러한 전통들은 예수가 죽은 지 단지 몇 년 또는 심지어 몇 개월 이후의 것으로 연대 산정될 수 있다.

히브리 성서의 고난받는 종, 예수

나는 바울이 세웠던 고린도 교회에 보내는 첫 번째 편지에 등장하는 예수에 관한 초기 전통에 대한 인용으로 시작하고자 한다. 예수의 죽음 이후 약 20년이 지난, 기원후 53년 또는 54년에 쓰인 이 편지의 15장에서 바울은 다음과 같이 말한다.

> 내가 받은 것을 먼저 너희에게 전했노니 이는 성경대로 그리스도께서 우리 죄를 위하여 죽으시고 장사 지낸 바 되셨다가 성경대로 사흘 만에 다시 살아나사(고전 15:3-4).

"내가 받은 것"이라는 바울의 언급은 자신이 교회를 세웠던 해(years)에 들은 바, 더 이른 시기의 가르침을 여기서 다시 반복하고 있음을 보여준다. 그리고 이 간략한 교훈은 적어도 두 개의 중요한 사실을 미리 알려준다. 곧, "그리스도께서 우리 죄를 위하여 죽으시고", "장사 지낸 바 되셨다가 사흘 만에 다시 살아나사"라는 언급들은 (히브리) 경전에 따른 것이다.

이는 예수의 초기 추종자들에게 있어서 경전의 렌즈를 통하여 예수의 죽음과 부활을 해석하는 것의 중요성을 나타낸다. 예수의 초기 추종자들은 예수와 마찬가지로 유대인이었다. 그들은 유대인으로서 자기 삶을 이해하기 위해 히브리 성서에 의존했다. 그들은 자신들 또는 예수와 같은 인물을 성서의 주요 인물과 쉽게 동일시했고, 주어진 본문에 등장하는 단지 몇 개의 핵심 구절 또는 매우 드문 단어를 언급함으로써 토라와 예언서에 있는 본문을 불러낼 수 있었다.

더욱이 첫 세대 예수 공동체는 어떤 히브리 경전을 선택하여 예수의 십자가 처형을 이해했던 것이 아니다. 오히려 초기 예수 추종자들은 예수의 십자가 처형의 여파로 초기 유대인 트라우마 속에서 형성됐던 히브리 경전들에 초점을 맞추게 됐다. "성경대로 사흘 만에 다시 살아나사"라는 단언에 가장 잘 상응하는 경전은 아시리아에 의한 트라우마로 형성된 호세아서에서 유래한다. 거기서 백성은 하나의 공동체로서 부활하게 될 것을 학수고대한다.

> 여호와께서 이틀 후에 우리를 살리시며
> 셋째 날에 우리를 일으키시리니(호 6:2).

예수의 추종자들은 분명 이 본문 안에서 위로를 얻었고, 거기서 예수의 죽음 이후에 공동체의 소생에 관한 약속을 발견했다. 예수의 죽음 이후의 공동체적 생존이라는 이러한 생각은 곧 중요하게 언급될 것이다.

그러나 우선 "성경대로 그리스도께서 우리 죄를 위하여 죽으시고"라는 바울의 다른 진술로 돌아가자. 이 인용문은 바빌로니아 트라우마 속에서 형성된 이사야 53장의 고난받는 종의 노래를 상기시킨다. 공동체의 죄를 담당하고 있는 종에 관해 반복되는 초점을 기억해보라.

> 그는 실로 우리의 질고를 지고
>
> 우리의 슬픔을 당했거늘.
>
> 그가 찔림은 우리의 허물 때문이요
>
> 그가 상함은 우리의 죄악 때문이라.
>
> 여호와께서는 우리 모두의 죄악을 그에게 담당시키셨도다(사 53:4-6).

바울이 인용한 전통은 "우리의 죄"를 위한 예수의 십자가상 죽음이 공동체의 죄를 위해 포로가 된 종의 고통과 유사하다는 것을 주장한다. 이러한 의미에서 예수는 "성경대로 우리 죄를 위하여 죽었고", "고난받는 종"이 됐다.[13]

---

13. 과거에, 사 53장과 신약성서에 있는 "~를 위하여 죽는"이라는 표현의 연결은 신약성서가 유대교 내부 모델에 배타적으로 의존하고 있다는 논증 및 예수의 죽음이 백성을 위한 대속 제사였다는 더 후대의 기독교적 생각의 이른 시기의 기원을 수립하고자 하는 시도와 서로 결합되어 있었다. 나는 이러한 제안을 공유하지 않는다. 제2성전기의 유대교는 모든 형태에 있어서 헬레니즘적이었다. 그러므로 이런저런 신약성서 사상에 대해 전적으로 유대교 내부의 기원을 세우고자 하는 시도는 실패하게 되어 있다. 게다가 나는 기독교의 속죄 신학에 대한 초기의 기원을 주장하는 것이 아니다. 다른 사람들을 위해 대리로 "죽는다"는 사상과 그 용어에 대한 그리스적, 비-유대적 평행들과

다른 몇몇 초기 기독교 경구들은 예수를 고난받는 종으로 간주하는 데 더욱 명시적이다. 예를 들어, 1세기 후반부의 베드로전서 저자는 "그리스도가 너를 위해 고통을 당했다"고 말하고, 이사야서에 있는 고난받는 종의 노래를 반복적으로 반향하면서 예수의 죽음을 묘사하고 있는 초기의 찬송을 인용한다.

베드로전서 2장	이사야 53장
(22) 그는 죄를 범하지 아니하시고 그 입에 거짓도 없으시며	(9) 그의 입에 거짓이 없었으나
(23) 욕을 당하시되 맞대어 욕하지 아니하시고 고난을 당하시되 위협하지 아니하시고 오직 공의로 심판하시는 이에게 부탁하시며	(7) 그가 곤욕을 당하여 괴로울 때에도 그의 입을 열지 아니하였음이여 도수장으로 끌려가는 어린 양과 … 그의 입을 열지 아니하였도다
(24) 친히 나무에 달려 그 몸으로 우리 죄를 담당하셨으니 이는 우리로 죄에 대하여 죽고 의에 대하여 살게 하심이라 그가 채찍에 맞음으로 너희는 나음을 얻었나니	(4) 그는 실로 우리의 질고를 지고 (12) 그가 많은 사람의 죄를 담당하며 (11) 나의 … 종이 많은 사람을 의롭게 하며 (5) 그가 채찍에 맞으므로 우리는 나음을 받았도다

[벧전 2장과 사 53장 사이의 평행점]

많은 기독교인들은 이와 같은 본문들에서 이사야 53장에 있는 고난받는 종의 노래가 정확히 예수의 죽음을 예언한다고 상정한다. 그러나 베드로전서에 있는 것과 같은 고대의 찬송은 예수에 관한 이야기를 이사야 53장에 상응하여 해석될 수 있도록 재진술하고자 한

관련된 철저한 논증을 (그리고 더 이른 시기 문헌의 인용을) 위해서는, 특히 Henk S. Versnel, "Making Sense of Jesus's Death: The Pagan Contribution," in *Deutungen des Todes Jesus im Neuen Testmnent*, ed. Jörg Frey and Jens Schröter (Tübingen: Mohr Siebeck, 2005), 213-294를 보라.

예수의 추종자들의 시도를 나타내는 것일 가능성이 훨씬 크다. 그 자체로 볼 때 로마인들에 의한 예수의 처형은 이사야 53장에서 보이는 고난받는 종과 평행점이 거의 없다. 그는 부당하게 죽었다. 그러나 여기서 논의되는 베드로전서의 찬송과 같은 초기 전통은 예수의 잔인하고 외견상 무의미한 죽음을 이사야 53장에 있는 시와 연관시켜, 예수의 죽음이—고난받는 종의 죽음처럼—그보다 더 오래 살아남은 공동체에 긍정적인 변화를 만들어 냈다고 주장한다. 예수는 베드로전서가 말하는 것처럼 백성이 "나음을 얻고" "의에 대하여 살게" 하기 위해 죽었다.

초기에 예수를 따르던 유대인들은 이러한 찬송을 노래하면서 자신을 이사야 53장에 있는 "우리", 예수가 대신 죄를 담당한 "우리", 그의 고통으로 의롭게 된 "많은 사람"으로 만들었다. 예수의 죽음에 대한 이러한 재표현과 재해석 덕분에 그들은 로마의 수치뿐만 아니라 예수의 고통의 정당성을 보게 됐다. 그들은 예수의 십자가 고통이 그들에게 어떤 유익을 주었는지 보았다.

이렇게 고난받는 종의 노래와 당시의 인물인 예수의 죽음을 연결시킨 것은 전례에 없던 일이다. 더 이른 시기의 유대교 문서들은 헬레니즘 위기에 안티오쿠스 4세에 저항하다가 죽었던 유대 영웅들을 고난받는 종으로 묘사하지 않는다. 그리고 예수 이전의 유대인들은 이사야 53장을 고난받는 메시아에 대한 예언으로 읽지 않았다.[14]

---

14. 최근에 몇몇 사람들은 쿰란의 사해 지역 근처에서 발견된 두루마리들이 사 53장을 모델로 하는 고난받는 종에 대한 언급들을 포함하고 있다고 주장했다. 이러한 논증들에 대한 개관과 반증을 위해서, 특별히 John 1. Collins, "A

오히려 "그리스도가 우리의 죄를 위하여 죽었다"는 생각과 가장 밀접한 당대 유비는 그리스-로마 문화 안에 널리 퍼져 있던 영웅적 인물들이 다른 사람들—가족, 친구들, 공동체—을 "위하여" 죽는다는 생각이었다. 아마도 이러한 그리스-로마 사상 역시도 예수의 추종자들이 그의 죽음의 의미를 이해하는 데 도움이 됐을 것이다.[15]

그럼에도, "그리스도께서 성경대로 우리 죄를 위하여 죽으셨다"는 바울 이전의 간결한 가르침과 베드로전서 1장의 긴 찬송은 예수의 고귀한 죽음 이야기에 공동체적 죄의 요소를 추가했다. 만약 그러한 요소에 대한 전거를 찾는다면 우리는 이를 그리스-로마의 평행 문헌이 아닌 이사야서 53장에서 반복적으로 발견할 수 있다("우리의 죄", "우리의 고통", "우리의 범죄", "우리의 피 흘린 죄[죄악]"). 분명 예수의 초기 추종자들은 아마도 예수를 다른 사람을 "위하여 죽은" 또 다른 영웅으로 간주했을 것이다. 그러나 그들은 더 나아가 예수를 그러한 영웅들의 특별한 형태로, 이사야 53장의 고난받는 종의 모델로 본 것 같다.

모세의 죽음과 비교되는 바 백성을 위한 예수의 죽음

그러나 나는 예수의 초기 추종자들이 어떻게 예수가 "우리의 죄

Messiah Before Jesus?," in *Christian Beginnings and the Dead Sea Scrolls*, ed. *John 1. Collins and Craig Evans* (Grand Rapids, Mich.: Baker, 2006), 15-35를 보라.

15.   Versnel, "Making Sense of Jesus's Death."

를 위하여 죽었다"고 믿게 됐는지에 관해 아직 설명하지 않았다. 후
대의 기독교인들은 예수가 다른 사람들의 죄를 위해 희생제물로 죽
었다고 믿었다. 하나님은 세상의 죄를 대속할 수 있는 희생물이 필요
했고, 예수는—죄가 없기 때문에—죄를 지은 인간 대신 대체 제물로
서 기능했다.

그러나 엘렌 아이트켄(Ellen Aitken)의 최근 연구는 초기 예수의 추
종자들이 그의 죽음을 이해했던 다른 방식을 발견했다. 이러한 대안
적 이해에 따르면 예수는 분노한 하나님을 위한 희생제물로서 다른
사람들을 위해 죽은 것이 아니라, 모세처럼 추종자들이 앞으로 나아
갈 수 있도록 구원의 문턱에서 죽었다.

무엇보다도 모세는 구약성서에서 가장 중요한 인물로서 백성이
약속의 땅으로 들어가기 직전에 죽는다.[16] 이에 대한 성서의 다양한
설명이 존재하지만, 그중 유명한 한 가지는 모세가 백성의 죄 때문에
죽었다는 것이다. 신명기에서 모세는 백성에게 "여호와께서 너희 때
문에 내게도 진노하사 이르시되 너도 그리로 들어가지 못하리라"라
고 선언한다(신 1:37). 시편은 므리바를 언급하는데, 거기서 하나님은
모세가 그 땅에 들어가지 못할 것이라고 선포하며, "그들이 또 므리
바 물에서 여호와를 노하시게 했으므로 그들 때문에 재난이 모세에

---

16. 마태복음과 요한복음에서 예수의 모델로서 모세의 중심성에 관해서는,
    Michael P. Theophilos, *Jesus as the New Moses in Matthew 8-9: Jewish Typology
    in First Century Greek Literature* (Piscataway, N. J.: Gorgias, 2011), 1-19;
    Norman R. Petersen, *The Gospel of John and the Sociology of Light: Language
    and Characterization in the Fourth Gospel* (Valley Forge, Pa.: Trinity Press
    International, 1993), 80-109을 보라.

게 이르렀나니"라고 말한다(시 106:32). 모세가 백성 때문에 그 땅 밖에서 고통을 겪고 죽는 이러한 성서의 그림으로 인해 심지어 몇몇 사람은 이사야 53장의 고난받는 종 노래가 본래 모세를 염두에 두고 작성됐다고 제안하기까지 했다.[17]

그러나 아이트켄의 제안은 이사야 53장이 본래 무엇을 의미했는지가 아니라 최초의 추종자들이 이 노래를 예수와 관련하여 어떻게 해석했는지에 달려 있다. 그녀는 베드로전서의 찬송에 있는 예수의 죽음 회상에 특이하고 드문 그리스어 단어가 사용됐음을 언급한다: "[예수는] 모욕을 당하시되[그리스어, *loidoreo*] 맞서서 모욕하지 아니하시고."[18] 구약성서의 고대 그리스어 번역에는 이와 동일한 드문 단어 '로이도레오'(*loidoreo*)가 므리바에서 모세의 "모욕당함"(개역개정에는 "다투다"로 번역됨―역주)을 묘사하기 위해 여러 차례 사용된다(민 20:3, 13). 베드로전서의 찬송에 이 드문 단어가 사용된다는 것은 그 저자가 모세를 고통을 겪는 종, 예수의 예표로 보았음을 의미할 수도 있다. 곧, 모세가 자기 백성에게 "모욕을 당하고"(*eloidoreito*) 그들 때문에 그 땅에 들어가지 못했던 것처럼 그렇게 예수도 비슷한 "모욕당함"(*loidoroumenos*)을 겪었다는 것이다. 베드로전서의 찬송을 부르는 사람들은 예수가 모세와 같은 고난받는 종이라고 믿었다.

이러한 방식으로 예수의 초기 추종자들은 포로기의 트라우마 가운데서 형성된 구약성서 본문(이사야 53장과 모세 이야기)을 사용하여 로

17. Klaus Baltzer, *Deutero-Isaiah: A Commentary on Isaiah 40-55* (Minneapolis: Fortress, 2001), 특히 125 이하.

18. Aitken, *Jesus' Death in Early Christian Memory*, 69-71.

마에 의한 예수의 십자가 처형 트라우마를 다루었다. 모세와 고난받는 종에 관한 본문을 새롭게 읽으면서 예수의 죽음이 그들에게 능력을 주는 것으로 볼 수 있었다. 모세처럼, 포로기의 고난받는 종처럼, 예수는 백성이 살 수 있도록 죄를 짊어지고 죽었다.

* * *

아이트켄은 초기의 예수 추종자들이 예수의 죽음을 어떻게 해석했는지에 대한 새로운 관점을 제공할 수 있는 추가적인 요점을 만든다. 그녀는 베드로전서의 찬송에 있는 예수에 관한 부활 언어의 중요한 공백에 주목한다. 이러한 측면에서 이 찬송에 있는 공백은 마가복음 끝부분에 등장하는 공백과 평행을 이룬다. 다른 복음서들에서는 제자들이 부활한 예수를 확인하고 그와 대화하는 장면으로 끝나는 반면, 마가복음의 십자가 처형 내러티브는 예수의 시신이 사라진 빈 무덤으로 끝난다.

예수의 첫 추종자들은 자신들의 영웅, 예수를 확인할 수 있는 무덤이 없다는 사실에 도전을 받았을 수 있다. 당시 스스로를 구세주라 말하는 많은 인물들은 그들의 매장지에서 기념됐다. 그들의 무덤은 추종자들에게 있어서 일종의 구심점이었다. 반면 예수는 아무것도 가지고 있지 않았다.

그러나 여기서 모세 전통이 이 위기에서 구출해냈다. 예수의 빈 무덤은 묻힌 장소가 알려지지 않았던 모세와 연결됐다.[19] 오경은 모세가 묻힌 장소를 아는 자가 없다고 언급하면서 끝난다.

> 여호와의 종 모세가 여호와의 말씀대로 모압 땅에서 죽어 벳브올 맞은편 모압 땅에 있는 골짜기에 장사됐고 오늘까지 그의 묻힌 곳을 아는 자가 없느니라(신 34:5-6).

　　마찬가지로 마가복음의 초기 십자가 처형 내러티브에 등장하는 예수에게도 확인 가능한 매장 장소가 없다. 그리고 부활에 관한 정보는 두려워 달아나고 있는 겁에 질린 여성들의 입술 위에서 사라진다.

　　그러나 누군가 이렇게 질문할 수도 있다. "신원(vindication)은 어디에 있는가? 해피엔딩은 어디에 있는가?"

　　여기서 또다시 모세 이야기는 예수 공동체를 위한 지침이 됐다. 하나님의 "종" 모세의 정당성은 자신의 부활에 놓여 있지 않았다. 모세의 삶과 죽음은 가나안으로 들어가서 이스라엘로 살았던 공동체의 지속적인 삶을 통해 정당성을 얻게 됐다. 마찬가지로 베드로전서의 찬송과 마가복음도 예수의 부활을 강조하지 않는다. 거기서 묘사되고 있는 고난받는 예수는 그 이후에 살아남은 구원받은 공동체를 통해 정당성을 얻게 된다. 교회의 생존, 지속적인 삶과 번영은 예수의 죽음이 성취했던 치유와 의롭게 함에 대한 증거가 된다. 예수뿐 아니라 공동체 전체, 예수 운동 전체가 로마 제국의 공포 정치(terror-

---

19.　Aitken, *Jesus' Death in Early Christian Memory*, 170.

ism)가 실패했다는 증거다.

따라서 예수 공동체의 번영은 로마가 예수를 처형한 것에 대한 변혁적 반응이 됐다. 이러한 십자가 이해에 따르면, 예수 공동체는 예수의 죽음에도 불구하고 살아남은 것이 아니라 예수의 죽음 때문에 살아남은 것이다. 로마인들이 십자가를 통해 수치스럽고, 공동체를 해체하며, 트라우마적 기억을 남기도록 의도했던 것이 기독교 공동체의 공동체 설립 기억이 됐다.

예수 운동의 구성원들은 다음과 같이 말할 수 있었을 것이다.

> 너희는 우리의 설립자, 우리의 구세주, 우리의 예수를 죽임으로써 우리를 중단시킬 수 있다고 생각했다. 하지만 우리는 여전히 여기에 있다. 그리고 공동체로서 우리의 삶은 그의 죽음이 헛되지 않았다는 것을 증명한다. 예수의 죽음은 우리를 자유롭게 했다. 죄로부터, 그리고 죽음에 대한 두려움으로부터 말이다. 하나님의 종 모세처럼, 우리의 예수는 우리가 살 수 있도록 우리의 죄를 짊어졌다. 그의 죽음은 우리를 뒤로 물러나게 한 것이 아니라, 우리로 하여금 광야의 이스라엘인들처럼 약속의 땅에 있는 새로운 삶을 향해 앞으로 나아가게 했다.

십자가에 처형된 예수와 형언할 수 없는 미래의 고통

그러나 이것을 고통에서 구원으로, 광야에서 약속의 땅으로 가는 단순한 이야기로 바라보는 것은 큰 실수다. 오히려 예수의 추종자들은 가깝게는 동료 유대인들과 로마 당국자들의 손에 의해 더더욱 큰 고난에 직면하게 됐고, 멀게는 다른 어려움과 위기를 마주하게 됐다. 그러한 고통이 압도적으로 다가와 심지어 트라우마가 됐을 때, 십자가에 처형된 예수라는 인물—이제 고난받는 종이라는 전통적 렌즈를 통해 보이는—은 고통받는 사람들을 위한 중심점으로 기능했다. 포로기를 돌아볼 때 고난받는 종과 다른 인물들(딸 시온, 예언자들)은 유다인들로 하여금 직접적으로 입 밖으로 꺼내지 못했던 고통을 상징화하는 데 도움을 주었다. 이와 유사하게 예수라는 인물, 십자가에 처형된 구세주는 여러 종류의 말로 표현할 수 없는 고통에 직면한 예수의 추종자들을 위로하는 신적 연대(divine solidarity)의 그림이 됐다.

우리는 이미 빌립보서에서 바울이 인용했던 한 초기의 찬가에서 이것을 볼 수 있다. 바로 여기서 예수 그리스도 안에서 인간이 된 하나님을 묘사한다.

> 그는 근본 하나님의 본체시나
>
> 하나님과 동등됨을 취할 것으로
>
> 여기지 아니하시고
>
> 오히려 자기를 비워
>
> 종의 형체를 가지사
>
> 사람들과 같이 되셨고
>
> 사람의 모양으로 나타나사
>
> 자기를 낮추시고
>
> 죽기까지 복종하셨으니

곧 십자가에 죽으심이라(빌 2:6-8).

수 세기 후 미국 남부에 살았던 아프리카인 노예들은 그들을 위해 십자가에서 처형됐던 이 예수 안에서 위로를 찾았다. 한 흑인영가는 이렇게 말한다.

어느 누구도 알지 못한다. 내가 보았던 고난을
어느 누구도 알지 못한다. 오직 예수 외에는
어느 누구도 알지 못한다. 내가 보았던 고난을
영광 할렐루야!

이 노래를 불렀던 노예들과 그 후손들은 그들처럼 깊은 고통을 겪었던 한 구세주 안에서 희망을 발견했고, 어떻게든 살아남았다. 나의 유니언신학교(Union Seminary) 동료인, 제임스 콘(James Cone)은 『십자가와 사형 나무』(*The Cross and the Lynching Tree*)에서 고립된 남부에 살았던 아프리카계 미국인들이 십자가에 처형된 예수에 초점을 두고서 "희망을 잃지 않게 됐다"고 말한다. 가난하고, 땅도 없고, 집단적 폭력이 가해지는 두려움에 직면한 그들은 "십자가 안에서 자주 고통당했던 폭력에 저항할 수 있는 영적인 힘을 발견했다. 흑인 역사가 르론 버네트(Lerone Bennett)가 썼던 것처럼 그들은 '이것이 가장 깊은 차원에서 … 마치 십자가에서 처형된 것과 같다'는 사실을 깨닫게 됐다."[20]

---

20. James Cone, *The Cross and the Lynching Tree* (Maryknoll, N. Y.: Orbis, 2011), 22.

몇몇 교회 전통은 그리스도의 가르침들 또는 부활에 초점을 맞출지 모른다. 그러나 아프리카인 노예들과 그 후손들에게 있어서 십자가에 처형된 예수는 하나님이 그들의 고통을 알고 있다는 것을 그밖의 어느 누구도 하지 못했던 방식으로 보여주었던 최초의 형제였다.

이는 또한 예수 이미지가 다른 사람들을 위해 어떻게 기능하게 됐는지 보여주는 특별히 강력한 사례다. 수백 만의 기독교인들에게 십자가에 처형된 예수는 바로 고난받는 종 및 다른 포로기의 인물들이 포로민들에게 의미했던 것, 형언할 수 없는 고통의 상징이 됐다. 로마인들이 절망을 심으려고 의도했던 십자가는 오히려 희망의 봉화가 됐다.

제10장
트라우마를 입은 사도

사도 바울은 기독교의 갈림길에 서 있다. 예수의 삶 가운데 있었던 제자는 아니었지만 바울은 예수의 죽음 이후에 가장 영향력 있는 사도 중 하나, 아마도 가장 중요한 사도가 됐다. 바울은 유대교 안에 있는 예수 운동의 가장 큰 경쟁 상대인 바리새인들의 정식 구성원 중 하나였다. 개인적으로 그는 예수 운동에 대한 가장 초기 반대자들 중 하나였다. 그러나 그는 곧 그 운동의 가장 위대한 전파자들 중 하나가 됐다. 더욱 중요한 것은 그가 유대교를 넘어 이방인들(비유대인들)을 향한 기독교 세계 선교의 근거를 제공했다는 점이다.

이러한 바울의 중요성에도 불구하고 바울이 전하는 기본 메시지는 해결하기 어려운 것으로 악명 높다. 아우구스티누스(Augustine)와 루터(Luther) 같은 신학자들은 바울을 기독교 신학의 창시자로 바르게 보았다. 최근의 학문에서는 바울이 유대인으로 남아있었다고 결론지을 수 있는 좋은 토대들을 발견했다. 그리고 수 세기 동안 특별히 바울이 유대교 율법의 지속적 의미를 어떻게 간주했는지에 관한 학문은 나뉘어졌다. 요약하자면, 어떠한 논의도 바울 사상의 복잡성을 완벽하게 제대로 다룰 수 없다. 그리고 이는 단지 바울의 신학에 관해 우리가 갖고 있는 유일한 직접적인 기록이 신약성서의 바울 서신 안에서만 발견되기 때문은 아니다. 그보다도 부분적으로는 바울의 메시지가 다양한 위기에 영향 받았던 방식 때문에, 바울은 여전히 매우 매력적이지만 환원될 수 없을 정도로 복잡하다.

바울은 과거 유대인의 열성과 현재 이방인을 향한 선교의 트라우마적 영향 가운데서 이를 완전히 해결하지 못한 채 서신들을 저술하고 있다. 그는 율법을 사랑했다. 그러나 그는 특히 이방인이 율법에 과도하게 집중하는 것을 싫어했다. 그는 변함없이 유대인으로 남아있었고, 이스라엘과 맺은 하나님의 지속적인 언약을 믿었다. 동시에 그는 이방인들이 교회 안에서 이방인으로서 구성원 자격이 있음을 단호히 확언했다. 그리고 이는 단지 바울의 신학이 자기 존재의 균열에서부터 성장한 방식을 다룰 뿐이다. 이런저런 투쟁의 결과로 바울에 관한 논쟁은 그의 정체성 안에 있는 해결 불가능한 괴리를 반영한다. 바울의 트라우마적 과거를 고려해 볼 때 그를 정확히 이해할 만한 길은 존재하지 않는다.

그러나 바울의 트라우마는 단지 그의 복잡한 신학적 배경을 제공하기 때문만이 아니라 기독교 전체에 영향을 미쳤던 방식 때문에 중요하다. 바울은 그저 개인적인 고통을 겪었던 것이 아니다. 복합적인 과거와 이후의 고난으로 깊이 형성된 바울의 저작들은 그를 따랐던 수천 년간의 기독교인에게 기독교적 고통의 모델을 물려주었다.

기독교 박해자에서 복음 전파자로

우선 바울은 매우 종교적인 유대인이었다. 빌립보에 있는 교회 공동체에 자신을 소개하면서 바울은 유대교를 강조한다.

> 나는 팔일 만에 할례를 받고 이스라엘 족속이요 베냐민 지파요 히브리인 중의 히브리인이요 율법으로는 바리새인이요 … 율법의 의로는 흠이 없는 자라(빌 3:5-6).

갈라디아(현재의 터키에 위치함) 교회에 보내는 편지에서 바울은 사람들이 "유대교 안에 있었던" 그의 이전의 삶에 대해 들었다는 보도에 응답하면서 다음과 같이 확언한다.

> 내가 내 동족 중 여러 연갑자보다 유대교를 지나치게 믿어 내 조상의 전통에 대하여 더욱 열심이 있었으나(갈 1:14).

바울은 자신이 유대인이었고, 지금도 유대인이라는 사실, 그리고 실제로 대부분의 사람들보다 율법을 더욱 준수하는 유대인이라는 사실을 고수한다. 그리고 바울서신에서는 구약성서 본문들을 지속적으로 언급하고 당대의 유대교 해석 렌즈를 통해 해석하면서, 유대교적 유산과 자신 사이의 밀접한 결속 관계를 제시한다.

그러나 또한 바울은 유대교 때문이 아니라, 자신이 예수의 추종자들을 핍박했던, 그리고 그렇게 함으로써 암시적으로 예수 자신을 핍박했던 것 때문에 과거에 시달렸다. 빌립보인들과 관련해 더욱 앞에 제시된 진술에서 바울은 자신이 "교회의 박해자"라는 것을 인정하고, 갈라디아인들에게는 "내가 … 하나님의 교회를 심히 박해하여 멸하고"라고 고백한다(갈 1:13). 성서 사도행전 또한 예수의 추종자들에 대한 바울의 박해 이야기를 말한다. 바울이 스데반을 돌로 쳐 죽였던 사람들의 옷을 지켰고 그를 죽이는 일을 승인했다고 기록돼 있다. 이어지는 박해 과정에서 바울은 예수 추종자들의 집을 찾아 다니면서 그들을 감옥으로 보냈다.

　이것이 과거의 바울이었다. 그리고 정체가 알려지지 않은 한 인물에 대한 변혁적인 경험을 하게 된다. 바울은 이를 부활한 예수에 관한 환상으로 보도한다. 그럼에도 이 경험은, 매우 긍정적이고 실제적이었다고 할지라도, 트라우마와도 유사했다.

　사도행전은 바울의 환상이 쓰러짐, 오랜 시간 시각을 상실함, 3일 동안 식음을 전폐함과 관련된 것으로 묘사한다. 예수 운동의 한 구성원(아나니아)이 그를 방문한 후에야 비로소 그는 먹고 마실 수 있는 힘을 다시 얻게 됐고, 결국 유대인의 회당들에서 예수를 "하나님의 아들"로 전파하기 시작한다(행 9:3-22).

　바울 자신의 편지는 그러한 경험에 관한 세부 사항을 더욱 적게 제공한다. 고린도 교회에 보내는 첫 번째 편지에서 바울은 다음과 같이 말하면서 예수 부활 출현 관련 증인 목록을 마무리한다.

　　맨 나중에 만삭되지 못하여 난 자 같은 내게도 보이셨느니라 나는 사도 중에 가장 작은 자라 나는 하나님의 교회를 박해하였으므로 사도라 칭함 받기를 감당하지 못할 자니라(고전 15:8-9).

갈라디아서의 앞부분에서는 예수의 추종자들에 대한 박해를 묘사하면서, 이후 자신의 변화가 사람의 복음 전파에 의해서가 아니라, 예수 그리스도가 자신 앞에 직접 나타남을 통해 일어났다고 주장한다.

그러나 내 어머니의 태로부터 나를 택정하시고 그의 은혜로 나를 부르신 이가 그의 아들을 이방에 전하기 위하여 그를 내 속에 나타내시기를 기뻐하셨을 때에(갈 1:15-16).

마지막으로, 고린도 교회에 보내는 두 번째 편지에서는 아마도 고린도전서와 갈라디아서의 그리스도에 대한 환상 언급에서 절정이 될 만한 하늘로의 상승 경험에 관해 수수께끼 같이 말한다.

내가 그리스도 안에 있는 한 사람을 아노니 그는 십사 년 전에 셋째 하늘에 이끌려 간 자라 (그가 몸 안에 있었는지 몸 밖에 있었는지 나는 모르거니와 하나님은 아시느니라) 내가 이런 사람을 아노니 (그가 몸 안에 있었는지 몸 밖에 있었는지 나는 모르거니와 하나님은 아시느니라) 그가 낙원으로 이끌려 가서 말로 표현할 수 없는 말을 들었으니 사람이 가히 이르지 못할 말이로다(고후 12:2-4).

바울의 이런 보도의 몇 가지 특징은 트라우마의 희생자들이 자기 경험에 관해 말하는 방식과 유사하다—마치 다른 사람에게 발생한 일이라는 식의 바울의 첫 번째 표현("그리스도 안에 있는 한 사람"), 경험이 자기 몸 밖에서 일어났을지도 모른다는 생각에 관한 반복적인 강조("그가 몸 안에 있었는지 몸 밖에 있었는지 나는 모르거니와"), 환상의 내용을 상세하게 말할 수 없다는 진술("말로 표현할 수 없는 말을 들었으니 사람이 가히 이르지 못할 말이로다"). 많은 학자들은 이 환상과 바울의 소명을 연관 짓는 것에 반대한다. 이 환상의 연대("십사 년 전에")가 바울의 활동에 관한 연대적 도식과 일치하지 않기 때문이다. 그러나 그러한 도식은 성서 사도행전을 기반으로 하는데 이는 역사적인 연대 산정의 세부 사항에 대해서는 신뢰할 만한 자료가 아니다.[1] 게다가 고린도후서에 있는 이 환상이 소명 경험과 분리된다고 하더라도 그것은 바울이 트라우마 같은, 그가 나중에 신비적 환상이라고 부르는 경험을 겪었을 가능성에 대한 증거가 된다.[2]

이 모든 것을 제시하면서 나는 바울에게 무엇이 발생했는지 우리가 결코 확실히 알지 못할 것이라는 사실을 강조해야겠다. 바울 연구사에서 바울을 심리학적으로 고찰하려는 수많은 시도가 있었지만

---

1. 대부분의 학자들로 하여금 이러한 사건들을 서로 분리하게 만드는 자료들을 요약한 것으로는, James B. Wallace, *Snatched into Paradise (2 Cor 12:1-10): Paul's Heavenly Journey in the Context of Early Christianity* (Berlin: De Gruyter, 2011), 251-252, 각주 57을 보라. 바울에 관한 역사적인 세부 사항들을 전적으로 사도행전에만 의존하는 것에 연관된 여러 문제에 대한 간략한 검토를 위해서는 다음을 보라. Dennis C. Duling, *The New Testament: History, Literature, and Social Context* (Belmont, Calif.: Wadsworth, 2003), 365-367.

2. Alan Segal, *Paul the Convert: The Apostolate and Apostasy of Saul the Pharisee* (New Haven: Yale Univ. Press, 1990), 36-37.

오늘날에 바울의 내부 사고 과정에 대해 과감히 추측하는 사람들은 거의 없다.[3] 무엇보다도 바울의 정신 상태에 대해 우리가 갖고 있는 증거는 자신의 양식화된 편지와 사도행전에 있는 후대 전설뿐이다. 이는 성서의 그 어떤 인물의 내적 역학을 알아내기 위해 갖고 있는 것보다는 많은 편이지만, 그럼에도 한정적이다.

이러한 단서들을 염두에 두고서 바울에 관한 나의 첫 번째 요점을 말하자면 이렇다. 곧, 그를 예수의 추종자로 전환시킨 중추적 경험은 트라우마와 유사점이 있다는 것이다. 이 경험은 트라우마적 사건이 하는 일과 매우 유사하게 바울의 이전 세계관을 폭발시켰고 그의 삶을 반으로 나누었다. 많은 다른 트라우마 생존자들처럼 바울은 이후에 자기 삶의 이야기를 두 부분—다메섹 도상의 사건까지 이어지는 과거와 그 사건의 여파로 인한 현재—으로 나누었다.[4] 물론 우

---

3. 바울에 대한 심리학적 연구의 여러 가지 이전 사례들에는 Arthur A. Holmes, *The Mind of St. Paul: A Psychological Study* (New York, Macmillan, 1929), Carl T. Healer, *Freud and St. Paul* (philadelphia: Dorrance, 1970), Gerd Theissen, *Psychological Aspects of Pauline Theology* (1983; Philadelphia: Fortress, 1987) 이 포함되어 있다. 최근의 여러 논문에는, Anthony Bash, "A Psychodynamic Approach to 2 Corinthians 10-13," in *Psychology and the Bible: A New Way to Read the Scriptures*, vol. 3, ed. J. Harold Ellens and Wayne G. Rollins (Westport, Conn.: Praeger, 2004), 149-163; Terrance Callan, "Psychological Perspectives on the Life of Paul," in *Psychological Insight into the Bible: Texts and Readings*, ed. Wayne G. Rollins and Andrew Kille (Grand Rapids, Mich.: Eerdmans, 2007), 127-137; (트라우마에 관한 초점으로) Sandra Hack Polaski, "2 Corinthians 12:1-10: Paul's Trauma," *Review and Expositor* 105 (2008): 279-284를 포함한다.

4. 다메섹과의 연결이 오직 사도행전에만 등장한다고 할지라도, 나는 바울의 경험에 관해 언급하면서, 그의 경험의 특징을 "개종", "소명", "예수 현현" 등

리는 삶을 변화시키는 모든 경험을 "트라우마"라는 계속해서 확장되는 우산으로 덮지 않도록 주의해야 한다. 그럼에도 바울이 부활한 예수를 만난 사례는 우리로 하여금 심지어 긍정적으로 삶을 변화시키는 사건조차도, 처음에 예상한 것보다, 트라우마적 사건들과 더 많은 유사점들을 지닐 수 있다는 점을 인식하는 데 도움이 될 수 있다.

바울의 과거 바리새인으로부터의 전향

이 경험에서 바울에게 발생했던 것이 무엇이든 간에, 소명 이전에 삶의 중심이었던 율법과의 관계가 복잡해졌다. 바리새인으로서 바울은 유대교의 토라 준수가 하나님을 기쁘게 하는 삶을 살 수 있는 주요 방식이라고 생각했으며, 예수가 하나님의 메시아였다는 예수 추종자들의 주장을 거부했다. 이후에 예수를 부활한 메시아로서 만나고서 바울의 두 가정은 사라졌다. 예수는 하나님의 신적인 아들이었고, 예수가 바울을 돌본 것은 바울의 과거 행동을 기반으로 하지 않았다. 무엇보다 사람들이 생각하기에 박해자 바울에게는 예수가 나타날 이유가 없었다. 그러나 자기 경험에 대한 바울의 이해에 따르면, 그럼에도 예수는 나타나서 그를 모든 사람들 중에서 이방인의 사도로 불렀다. 이러한 무조건적 소명 경험으로 바울은 토라 준수가 아니

으로 예단하는 것을 회피하기 위하여 축약된 방식으로 여기에서 "다메섹 사건"이라는 용어를 사용한다.

라 하나님에 대한 믿음이 가장 중요한 것이라는 사실을 배웠다. 모든 것은 "믿음", 곧 십자가에 처형된 예수가 모범을 보였던 하나님에 대한 전적인 신뢰에 중심을 두고 있다. 예수는 십자가에 이르기까지 하나님에게 순종함으로써 절대적이고 완전한 믿음, 즉 바울이 하나님과의 관계를 위한 열쇠라고 생각한 "그리스도의 믿음"(faith of Christ)의 모범이 됐다.[5] 이러한 믿음은 바울 자신이 박해했던 그리스도를 통해 받은 선물이자, 이후에 이방인들에게 전파했던 복음의 중심이었다.

또한 이것은 바울에게 자신의 유대인 정체성에 대한 새로운 이해를 주었다. 이후에 그는 갈라디아인들에게 다음과 같은 방식으로 유대인적 자기 이해를 설명했다.

> 우리는 본래 유대인이요 이방 죄인이 아니로되 사람이 의롭게 되는 것은 율법의 행위로 말미암음이 아니요 오직 예수 그리스도를 믿음으로 말미암는 줄 알므로 우리도 그리스도 예수를 믿나니 이는 우리가 율법의 행위로써가 아니고 그리스도를 믿음으로써 의롭다 함을 얻으려 함이라 율법의 행위로써는 의롭다 함을 얻을 육체가 없느니라(갈 2:15-16).

---

5. 여기서 나는 '피스티스 크리스투'(*pistis Christou*)를 흔히 "그리스도에 대한 믿음"(faith in Christ)으로 번역하는 것이 틀렸고, 대신에 "그리스도의 믿음"(faith of Christ)을 가리킨다고 주장하는 사람들에 동의한다. 이러한 번역의 논증에 관해서, 특히 Richard Hays, *The Faith of Jesus Christ: The Narrative Substructure of Galatians 3:1-4:1* (1983; Grand Rapids, Mich.: Eerdmans, 2002), 119-162 [= 『예수 그리스도의 믿음』, 에클레시아북스, 2013]를 보라.

이러한 진술은 다시금 바울이 유대인이었다는 것을 우리에게 상기시켜 준다. 그러나 그것이 무엇을 수반했든 간에 예수와의 만남은 너무나도 결정적이어서 그는 이제 그리스도에 의해 가능하게 된 이런 식의 믿음 기반적 관계가 모든 것이라고 믿게 됐다. 갈라디아서 이후 본문에서 또 이렇게 말한다.

> 이같이 율법이 우리를 그리스도께로 인도하는 초등교사가 되어 우리로 하여금 믿음으로 말미암아 의롭다 함을 얻게 하려 함이라 믿음이 온 후로는 우리가 초등교사 아래에 있지 아니하도다 너희가 다 믿음으로 말미암아 그리스도 예수 안에서 하나님의 아들이 되었으니 … 너희는 유대인이나 헬라인이나 종이나 자유인이나 남자나 여자나 다 그리스도 예수 안에서 하나이니라(갈 3:24-26, 28).

따라서 예수의 도래와 함께 어떠한 삶의 방식도―유대인이든, 이방인이든―예수에 의해 가능하게 된 하나님에 대한 믿음이라는 이러한 보다 근본적인 관계에 비하면 단지 진열장의 장식에 불과했다. 유대인들은 비록 유대인으로 남아 율법에 순종하는 바로 그 순간에도 이 놀라운 믿음에 기반을 둔 관계를 발견할 수 있었다. 그러나 이방인들도 이 놀라운 믿음에 기반을 둔 관계를 발견할 수 있었고 그러한 비-유대인들은 이스라엘의 하나님과의 이러한 관계를 얻기 위하여 유대인의 율법을 따를 필요가 없었다. 그들은 오직 믿음만을 필요로 했다.

실제로―이는 바울의 후대 독자들을 혼란스럽게 한다―바울은 일부 사람들, 특히 이방인들, 특정한 공동체(예, 갈라디아 교회) 안에 있는 이방인들에 대한 위험성을 보았다. 곧, 할례를 받고 다른 유대교 율법을 준수하는 것은 지극히 중요했던 하나님과의 믿음 관계와 관련해 공동체를 혼란스럽게 할 수 있었다. 갈라디아서 끝에서 바울은 두 가지 극명히 반대되는 길—할례를 받든지, 그리스도를 구하든지—을 제시했다.

> 보라 나 바울은 너희에게 말하노니 너희가 만일 할례를 받으면 그리스도께서 너희에게 아무 유익이 없으리라 … 율법 안에서 의롭다 함을 얻으려 하는 너희는 그리스도에게서 끊어지고 은혜에서 떨어진 자로다 우리가 성령으로 믿음을 따라 의의 소망을 기다리노니 그리스도 예수 안에서는 할례나 무할례나 효력이 없으되 사랑으로써 역사하는 믿음뿐이니라(갈 5:2, 4-6).

이런 방식으로 바울은 자신이 할례의 필요성에 관한 옛 관점으로 간주했던 것을 장려했던 갈라디아 사람들을 공격했다. 그렇게 함으로써 자신의 과거를 공격하는 결과를 낳았다.

바울이 비판했던 반대자들은 그가 포기한 것과 유사한 관점을 가지고 있었다. 그들은 과거의 바울처럼 유대교 율법 준수의 중요성에 초점을 맞추었다. 예수 운동이 유대인들에 의한 것이었기 때문에 그들은 거기에 동참한 이방인들이 할례를 받고 유대인들의 율법을 준수해야 한다고 믿었다. 그것은 바울에게 율법에 대한 과거 열성을 상기시켰다. 지금 그는 그러한 열성이 예수에 의해 초래된 메시아 시

대에 부적절하다고 생각했다. 그는 예수의 죽음과 부활이 세상의 종
말의 시작에 대한 표지라고 믿었다. 세계 종말의 시계가 충격적인 자
정에 점점 가까워짐에 따라 하나님은 이방인들에게—예수 그리스도
를 통해—구원받을 수 있는 귀중한 기회를 제공했다. 그들은 할례를
받을 필요도, 또는 어떠한 구체적인 "유대교" 관습들에 참여할 필요
도 없었다. 궁극적인 종말에 대한 더 긴박한 분위기 속에서 바울은
이방인에게 토라의 요구 사항을 부과하는 것은 이방인이 구원을 받
기 위해 필요한 하나님에 대한 "믿음"으로부터 주의를 다른 데로 잘
못 돌리는 것이라고 믿었다.[6]

　이는 종종 바울로 하여금 한편으로는 믿음에 기반을 둔 그리스
도와의 관계 및 다른 한편으로는 (할례와 같은) "율법의 행위들" 사이의
거리를 강조하도록 이끌었다. 마치 바울이 자기 과거에서 충분히 멀
리 떨어질 수 없었던 것과 같이 말이다.[7] 사람들이 다른 사람들에게

6.　이런저런 측면에서 나는 특히 Stanley Stowers, *A Rereading of Romans: Justice,
　　Jews, and Gentiles (New Haven: Yale University Press, 1994), 213-236에 있는
　　입장의 영향을 받았다.

7.　바울과 이전 과거와의 복잡한 관계, 그리고 복잡한 자의식을 이렇게 강
　　조하면서, 여기에 있는 나의 바울 설명이 부분적으로는 Krister Stendahl,
　　"The Apostle Paul and the Introspective Conscience of the West," *Harvard
　　Theological Review* 56 (1963): 199-215[= 『유대인과 이방인 사이에 있는 바
　　울』, 감은사, 2021]의 고전적 논문의 결과로 인한 것이라는 점과 지난 50년
　　이상 수많은 학자들에 의해 발전된 바울에 관한 "대안적 관점"(alternative
　　perspective)이라고 불린 것의 일부 측면에 역행한다는 점을 언급해야겠다.
　　나는 바울의 지속적인 유대인 정체성을 확인하는 Stendahl과 다른 이들에 동
　　의하지만, 바울의 복합적인 인격에 관해 새로운 단순성에 도달하려는 몇몇
　　사람들 가운데 있는 경향에 반대한다. 나는 Segal, *Paul the Convert*, 특히 5-7

행했던 것에 시달리는 것처럼 바울은 예수 운동을 과거에 박해한 일에 대해 해결되지 않은 문제를 안고 살았다.[8] 바울도, 그 주변에 있는 사람들도 그런 역사를 잊을 수 없었다. 어떤 면에서 바울은 자기 과거에 관해 말할 수 있는 방법을 찾은 것처럼 보인다. 실제로 그는 그것에 대해 말하기를 멈출 수 없었고 자신의 전향(conversion)에 대해 말하기 전에 과거의 박해에 관해 말하기를 계속했다. 그러나 다른 면에서 볼 때 바울은 이 과거에 여전히 붙잡혀 있었던 것처럼 보였다. 이는 단지 그가 자신의 폭력적인 과거 이야기와 함께 자신의 전향 이야기를 시작했다는 점에서만 그런 것은 아니다. 바울은 자신이 말했던 삶의 이야기를 멈출 수 없었다. 바울은 그를 결코 놔주지 않을 "추격"의 역사에 사로잡힌 사람이었다.

선교적 유일신론 형성

우리는 바울이 한때 옹호했던 것과 유사하게 율법 순종을 옹호

에서 바울 안에 있는 여러 불연속성을 강조하는 것을 기대하는 바다.

8. 트라우마 연구에는, 오직 가해자들에 의한 트라우마를 입은 사람들과 자신에 대한 폭력뿐 아니라 그들이 타인에게 가했던 끔찍한 폭력에 시달리는 사람들 사이의 구별에 관한 논의가 존재한다. 트라우마의 후자 형태, 즉 가해자로서의 트라우마는 전쟁 베테랑들에 의해 매우 자주 경험된다. 어떻게 현대의 트라우마 연구가 많은 부분에서 전쟁 베테랑들, 특별히 베트남 전쟁 베테랑들의 트라우마에 대한 응답으로 발전했는지에 관한 더 많은 논의를 위해서 이 책의 부록을 보라.

하는 예수 운동 구성원을 공격하는 그의 분노 안에서 전향 이후의 열심을 볼 수 있다. 바울은 하나님과의 올바른 관계를 창출하는 열쇠로서 율법보다 믿음의 중요성을 강조하는 신학을 발전시켰다. 그 과정에서 그는 유대교 안에 전례가 없었던 일을 일구어냈다. 곧, 비-유대인들에게 이례적으로 개방된 유일신론적 믿음 형성 말이다. 이는 포로기 이후 유대교 유일신론에 내재된 문제에 대한 응답이었다. 이스라엘의 하나님이 온 세상에서 유일한 하나님이라면, 비-유대인 외국인들은 그 하나님과 어떻게 관계를 맺을 수 있는가?

바울 시대까지의 유대교는 새로운 전향자들에게 최소한으로만 개방되어 있었다. 헬레니즘 시대 유대인 하스모니아 지도자들이 정복 인구를 대규모로 강제 전향시킨 것 외에, 초기 유대교 공동체는 일종의 대규모 전향을 추구하지 않았다. 게다가 유대교로의 전향은 성인 남성의 할례라는 고통스럽고도 사회적으로 낙인 찍히는 과정과 같은 몇몇 심각한 장애물을 극복하는 것을 필요로 했다. 그 결과 비록 그리스-로마 시대의 많은 이방인들이 유대교와 그 관습의 고대성에 매력을 느꼈다고 할지라도 유대 민족의 구성원이 되고자 최종적으로 결정하는 일은 매우 드물었다.

따라서 유대인에 의한 초기 예수 운동은 비-유대인 구성원을 받아들이는 조건에 관한 주요 질문에 직면했다. 바로 이런 상황에서 바울은 바리새인이자 교회를 핍박하던 과거에 반응하여 새로운 길을 제시했다. 그는 자신이 한때 의(righteousness)에 필수적인 요소로 간주했던 율법에 대한 강조 없이도 비-유대인들이 이스라엘의 하나님을 전적으로 받아들일 수 있다고 주장했다. 바울이 제안하는 바, 그들은 할례나 유대교 율법 준수의 다른 측면을 받아들이기 전에 그들이 가진 민음으로 인해 "하나님에 의해 의롭다고 여겨질" 수 있었다. 이러한 측면에서 이방인들은 할례를 받기 전에 이미 "민음을 가지고 하나님에 의해 의롭다고 여겨졌던" 최초의 유대인 아브라함을 자신들의 유대교 전향에 대한 모범으로 삼을 수 있었다(롬 4:1-12).[9]

　이런 관점에서 바울은 이방인들의 율법 준수를 잘못된 것으로 생각하고서 강하게 비판했다. 사실 갈라디아 교회 같은 몇몇 공동체는 할례의 가치를 지나치게 강조하는 경향이 있었기에 바울은 할례가 더욱 근본적인 믿음의 관계를 혼동하지 않고 사용될 수 있는 생산적인 방식을 상상할 수 없었다. 그는 "성령으로 시작했다가" "육체로 끝내게" 하는 방식이라고 할례를 비판했다(갈 3:3). 그 외에 고린도전서에서 바울은 이방인 신자들에게 "각 사람은 부르심을 받은 그 부르심 그대로 지내라"라고 촉구한다. 왜냐하면 "할례받는 것도 아무 것도 아니요 할례 받지 아니하는 것도 아무 것도 아니로되 오직 하나님의 계명을 지키는 것"이 전부이기 때문이다(고전 7:19-20).

　초기에 할례에 관한 이런 생각은 다른 유대인들뿐 아니라 예수 운동 자체에서도 논란이 됐다. 사도행전은 바울이 안디옥 교회에서 활동하고 있는 동안 "너희가 모세의 법대로 할례를 받지 아니하면 능히 구원을 받지 못하리라"라고 주장했던 "유대로부터 온" 다른 기독교인들에 어떻게 맞섰는지에 대해 말한다(행 15:1). 안디옥 교회는

9.　나는 최근에 완성된 박사논문, Asha Moorthy, "A Seal of Faith"로부터 이러한 논의에 대한 정보를 얻었다.

바울과 동료 바나바를 지명하여 유다와 예루살렘의 교회로 가게 했고, 이방인들이 예수 운동으로 전향할 경우에 무엇이 요구되어야 하는지에 대해 거기 지도자들에게 판단을 구했다. 그들이 도착하자 그곳 교회 지도자들은 사도 공의회를 열었고, 이방인들을 향한 바울의 사명을 확인했다. 사도행전 15:19-20에서 예루살렘 교회의 지도자 야고보는 할례를 받지 않은 이방인들이 예수 운동에 참여할 수 있으나 "우상에게 바쳐진 더러운" 음식을 먹는 것을 피해야 한다고 확언한다. 즉, 그들은 다른 신들에게 바치는 그리스-로마의 연회에 참석하기를 멈추어야 했다. 갈라디아서 2장에서 이 회의에 관한 바울 자신의 이야기는 이러한 조항에 관해 아무것도 말하지 않지만, 같은 편지 뒷부분에서 우상 숭배를 모든 신자들이 피해야 하는 "육체의 일"이라고 맹렬히 비난한다(갈 5:20). 그리고 고린도전서는 "우상들에게 바쳐진 음식"을 먹는 문제에 관해 길게 다룬다(고전 8-10장).

따라서 바울은, 아마도 부분적으로는 예루살렘 지도자들에게 영향을 받아 고대 세계에서 전례가 없던 무언가, 곧 할례의 필요성을 폐지하는 맹렬한 선교적 유일신론을 발전시켰던 것처럼 보인다. 이는 유일신론적 본질—이스라엘의 하나님에 대한 믿음, 그리고 다른 신들("우상들") 및 이와 연관된 관습에 대한 거부—로 요약되는 예수-유대교의 형태였다.

이런 불필요한 것을 모두 뺀 메시아적 유대교의 형태는 바울의 목표 청중이었던 이방인들 사이에서 놀랍도록 인기 있고 효과적이라는 것이 입증됐다. 바울의 급진적인 생각은 선교 여행과 교회를 향한 편지 회람을 통해 급속도로 확산됐다. 특별히 유다 밖에서 예수

운동은 대부분 토라를 준수하지 않은 이방인 신자로 구성된 공동체
에 의해 주도됐다. 남성들은 할례를 받지 않았다. 신자들은 안식일이
나 기본적인 음식법을 지키지 않았다. 심지어 1세기 유대교의 다양
한 세계에서도 그런 이방인들은 다른 유대인들에게 "유대적"으로 보
이지 않았을 것이다. 확실히 바울 자신은 그런 이방인들이 어떻게든
역사적 이스라엘에 결합될 것이라고 믿었지만, 그조차도 이러한 이
방인 예수 추종자들과 민족적 유대인들 사이에 차이점이 있다고 보
았다. 바울에게 있어서 "야생의 감람나무 가지"가 경작된 감람나무
에 접붙임될 수 있는 것처럼, 이방인들은 이스라엘 백성 안으로 "접
붙임"될 수 있었다(롬 11:17-24). 그들은 그 나무의 일부였지만 여전히
"야생의" 가지였다. 이런 식으로 바울은 말하자면 예수 운동의 기원
인 유대교와 구별된 종교가 될 운동의 씨앗을 뿌렸다.

* * *

이방인의 예수-유대교에 관한 바울의 기본적 사상은 그가 상상
할 수 있었던 것보다 훨씬 성공적이었다. 오늘날 기독교에 몸담고 있
는 수백만의 대다수 사람들은 유대교 율법을 지키는 데 전혀 관심이
없다. 바울이 예수 추종자들의 현재 진행 중인 삶에서 율법의 역할에
대해 갈등했던 반면에, 후대의 교회는 이것을 사소한 일로 간주하게
됐다. 유대인으로서 바울이 하나님과의 관계에 있어서 이스라엘이
가진 우선권을 계속해서 확인했던 반면, 후대의 기독교 신학자들은
유대교를 "한때 있었던" 것이자 지금은 새로운 이스라엘, 즉 기독교

교회에 의해 대체된 종교로 묘사했다. 이런 의미에서, 후대의 이방 교회는 이방인, 유대교 관습, "이스라엘"의 지위에 관한 바울의 복합적 사상을 잊었다.

바울과 유대교의 복합적인 결속 관계를 제쳐놓고서 교회는 바울과 과거 바리새인 바울 사이의 괴로운 관계를 후대 형태(version)로 발전시켰다. 바울이 교회의 박해자로서 과거의 삶과 완전한 평화를 누리지 못했던 곳에서 그가 설립을 도왔던 이방인 교회 운동은 시대마다 유대교를 "추격"하고 박해하면서 과거 유대교와 투쟁하기를 계속했다. 이는 마치 바울의 신학적 유산을 상속한 이방 기독교가 자신의 비-유대인적 지위에 관해 여전히 불안해하고 있는 것과 같다. 기독교의 많은 부분은 여전히 교회와 이스라엘 유산과의 미약한 관계로 인해 도전을 받고 있으며, 역사적 이스라엘과의 연속성이라는 유대교의 더욱 분명한 주장에 위협을 받는다. 이러한 요인들은 수 세기 동안 유대인들을 박해하려는 기독교 교회의 경향에 공헌했다.

* * *

게다가 기독교가 바울의 투쟁에서 벗어나지 못하고 있는 더욱 미묘한 방식이 존재한다. 기독교의 대부분, 특히 개신교 기독교는 "은혜"와 "율법", "믿음"과 "행위", 기독교의 "사랑"과 유대교의 "율법주의" 사이의 대조에 몰두해 왔다. 바울의 편지들은, 특히 바울 자신이 자기 과거와 유대교 율법의 중요성에 관해 양면적이었기 때문에, 이러한 대조에 공헌했다. 그러나 바울 자신과의 투쟁으로 시작했던 것은—특별히 마르틴 루터(Martin Luther)의 해석과 같은 바울에 관한 영향력 있는 해석으로 시작해서—"은혜"에 초점을 맞춘 기독교와 오직 "행위"에 초점을 맞추었다고 추정되는 율법주의적 유대교 사이를 절대적으로 대조시키는 기독교 신앙이 됐다. 그러나 유대교는 은혜와 행위 사이의 그러한 대조에 의해 시달리지 않는다.[10] 그 대신 고전적 유대교는 유대교의 토라 준수가 용서, 구원, 지지하는 하나님의 사랑이라는 맥락 안에서 어떻게 등장하는지 강조했다. 순종과 하나님의 은혜에 대한 믿음은 유대인들에게 있어서 본질적으로 양립가능하다. 요약하자면 유대교는 의, 행위, 율법을 둘러싼 바울의 깊은 모순에 시달리지 않는다.

그러나 바울이 자신의 과거 자아로부터 전향한 것에 토대를 둔 기독교는 더욱 복잡하다. 기독교, 특히 개신교는 토라 준수 위에 세워져 있지 않고 믿음에 기반한 하나님과의 관계라는 바울의 비전에 의해 형성됐다. 이는 자신이 한때 품었던 율법에 대한 열성을 부인하려는 바울의 투쟁에—바울계 서신들을 따라—여전히 사로잡혀 있다.

---

10. 물론 유대교는 외적 실천에 대해 극도의 집중을 요구하는 여러 경향—기독교와 다른 종교들 안에서도 관찰되는—에서 자유롭지 않다. 사실상 유대교의 가장 위대한 인물들 중 몇몇(예, 힐렐[Hillel], 아키바[Akiba])은 이런 경향과 싸웠고, 그렇게 한 것에 대해 유대교 전통 안에서 칭송받는다.

바울의 고난과 순교를 향한 동력

바울은 단지 트라우마적 과거와 싸우기만 했던 것은 아니다. 또한 그는 전향 이후 여러 도전에 직면했다. 육체에서 분리되어 하늘로 올라갔다는 묘사 직후에 바울은 "내 능력이 약한 데서 온전하여짐이라"라고 결론을 내리도록 이끌었던 수수께끼 같은 "육체의 가시"로부터 고통받고 있음을 설명한다(고후 12:7-10). 그리고 갈라디아서에서는 갈라디아 지역에 대한 전체 선교를 고통의 맥락에서 설명하는 구절이 존재한다.

> 내가 처음에 육체의 약함으로 말미암아 너희에게 복음을 전한 것을 너희가 아는 바라(갈 4:13).

이런 구절들은 바울의 질병(들)과 관련해 더욱 구체적인 정보를 충분히 제공하지 않는다. 그럼에도 이는 바울이 교회 안의 반대자에 의해 쇠약하게 하는 "약함"으로 인식되는 일종의 질병(들)을 겪고 있었음을 보여준다.

게다가 복음을 전파하기 위해 힘쓰면서 바울은 회당 당국자들 및 그의 메시지에 반대하는 이교도 대적자들의 손에 반복적으로 고난을 당했다. 사도행전은 바울과 동료들을 내쫓고(행 14:2; 17:5-10, 13-14), 돌로 치고(행 14:19), 벌거벗기고, 막대기와 채찍들로 때리고, 감옥에 가두고, 죽이기로 맹세하는 유대인 지도자들과 이교도 대적자들을 묘사한다(행 16:22-23; 21:31-32; 22:24-29; 23:2). 그러나 우리는 사도행전에 있는 때때로 신뢰할 수 없는 이야기에만 의지해서는 안 된다. 바울 자신은 고린도후서에서 유사한 고통들을 나열한다.

> 유대인들에게 사십에서 하나 감한 매를 다섯 번 맞았으며 세 번 태장으로 맞고 한 번 돌로 맞고 세 번 파선하고 일 주야를 깊은 바다에서 지냈으며 여러 번 여행하면서 강의 위험과 강도의 위험과 동족의 위험과 이방인의 위험과 시내의 위험과 광야의 위험과 바다의 위험과 거짓 형제 중의 위험을 당하고 또 수고하며 애쓰고 여러 번 자지 못하고 주리며 목마르고 여러 번 굶고 춥고 헐벗었노라 이 외의 일은 고사하고 아직도 날마다 내 속에 눌리는 일이 있으니 곧 모든 교회를 위하여 염려하는 것이라 누가 약하면 내가 약하지 아니하며 누가 실족하게 되면 내가 애타지 아니하더냐(고후 11:24-29).

감옥에 갇히고, 채찍질 당하고, 매 맞고, 돌로 맞고, 파선하고, 항상 위험과 걱정에 있는 바울은 이 단락에서 자신을 고통받는 개인의 본보기로 제시한다.

로마 환경 안에 있는 많은 사람, 심지어 교회 안에 있는 몇몇 사람은 바울의 건강 문제와 매맞음을 지도자의 자격을 박탈시키는 약함으로 간주하는 경향이 있었다. 그러나 바울은 이런 약함을 강함으로 전환시키는 그리스도의 십자가에 초점을 맞춘 신학을 발전시켰다. 반복적으로 바울은 그리스도의 십자가 처형을 자신의 고통에 대한 모범으로 취한다. 빌립보서에서는 다음과 같이 말했다.

내가 그리스도와 그 부활의 권능과 그 고난에 참여함을 알고자 하여
그의 죽으심을 본받아(빌 3:10).

고린도후서에서는 훨씬 더욱 명시적으로 이야기했다.

우리가 사방으로 욱여쌈을 당하여도 싸이지 아니하며 답답한 일을
당하여도 낙심하지 아니하며 박해를 받아도 버린 바 되지 아니하며
거꾸러뜨림을 당하여도 망하지 아니하고 우리가 항상 예수의 죽음
을 몸에 짊어짐은 예수의 생명이 또한 우리 몸에 나타나게 하려 함이
라 우리 살아 있는 자가 항상 예수를 위하여 죽음에 넘겨짐은 예수의
생명이 또한 우리 죽을 육체에 나타나게 하려 함이라(고후 4:8-11).

바울의 동시대인들 중 일부는 질병 때문에 바울을 멸시했을지도
모른다. 하지만 그는 고통받는 육체가 십자가에서 처형된 그리스도
에 대한 상징이라고 주장했다. 약함 때문에 바울을 비판했던 사람은
그리스도를 비판하고 있는 것이었다.

따라서 바울은 고통에 관한 자신의 경험을 해석하면서 한 가지
주요 사실, 곧 십자가 위에서의 수치로부터 궁극적인 영광에까지 예
수의 기적적인 변화 안에서 예수 그리스도의 본질을 보게 됐다. 빌립
보서 앞부분에서 바울은 이전 장에서 인용했던, "[예수 그리스도는] 오
히려 자기를 비워 종의 형체를 가지사 … 자기를 낮추시고 죽기까지
복종하셨으니 곧 십자가에 죽으심이라 이러므로 하나님이 그를 지
극히 높였다"라는 오래된 기독교의 찬가를 인용한다(빌 2:7-9). 바울은

이 기본적인 원리를 통해 자신의 삶을 읽었다. 영광은 수치스러운 고통을 통해 성취될 수 있다. 그리스도는 궁극적인 약함을 통하여 궁극적인 힘을 얻는 궁극적인 모델이었다.

그러나 바울이 이러한 교훈을 오직 자신에게만 적용했다고 믿는 것은 오산일 것이다. 바울은 예수의 십자가 처형을 단지 자신의 결점을 재해석하는 방식으로 보지 않았기 때문이다. 그는 예수의 고난을 받아들이는 것이 다른 사람들을 위한 본보기라고 생각했다. 이에 관한 가장 뚜렷한 진술은 빌립보서의 끝에 등장한다. 거기서는 "형제들아 너희는 함께 나를 본받으라 그리고 너희가 우리를 본받은 것처럼 그와 같이 행하는 자들을 눈여겨 보라"라고 말한다(빌 3:17). 데살로니가전서에도 또한 공동체가 "우리[바울과 동료]와 주[예수]를 본받은 자가 되어야" 하는 필요성에 관한 많은 진술이 존재한다(살전 1:6).[11]

이러한 방식으로 십자가의 트라우마와 바울 자신의 트라우마는 전반적으로 기독교인의 삶을 위한 하나의 패러다임이 됐다. 십자가 처형은 기독교인의 길의 일부가 됐다. 그리고 이는 바울에게 있어서 누가 안에 있고, 누가 밖에 있는지를 결정했다. 우리는 이것을 빌립보서 끝부분에서 본다. 한쪽에는 바울의 고통과 그리스도의 고통을 본받는 사람들이 있었다. 다른 한쪽에는 "십자가의 원수들"이 있었다(빌 3:18). 교회의 트라우마 신호인 십자가는 바울에게 있어 그리스도의 진정한 추종자 집단과 다른 모든 사람들 사이를 구분했다.

---

11.   또한 살전 2:14과 고후 13:4을 보라. "그리스도께서 약하심으로 십자가에 못 박히셨으나 하나님의 능력으로 살아 계시니 우리도 그 안에서 약하나 너희에게 대하여 하나님의 능력으로 그와 함께 살리라."

바울의 모순과 기독교의 모순

십자가에 초점을 맞춘 예수 추종자 운동은 바울의 시대까지 인종적 유대교에 한정되어 있던 유일신론의 새로운 단계를 표명했다. 바울은 그런 유일신론의 발전의 더욱 넓은 범위 안에서 특별한 위치를 차지하고 있었다. 그는 이방인 종교 운동을 완전히 세운 유대인 출신 설립자였다. 유대교는 "이스라엘"이라는 정체성을 수용함에 있어 고유하고 복잡한 기원을 가지고 있었음을 기억하라. 바울 시대 유대교는 자신과 "타인"을 거의 동일시하지 않는 데 세워졌다. "유대인"은 이스라엘인들이었고, 그들의 가장 중요한 문서, 즉 바울 역시 사랑했던 토라는 이스라엘 문서였다. 이뿐 아니라 아시리아와 바빌로니아 트라우마들의 여파에 따른 이런 "이스라엘" 유대교는 비-이스라엘적, 이교도적 과거와 근본적인 균열이 있었다.

그러한 과거는 자신의 것이었다. 그러나 그 과거는 근본적으로 타자, "외국"으로 확인되어야 했다. 포로기 이후 동안 이러한 단절이 더욱 공고해질수록, 이 균열은 히브리 성서의 시작부터 끝까지 외국인들에 대한 집착에 더욱 많이 반영됐다. 이것은 포로기 이후의 핵심 주제인 외국인 아내와의 이혼이라는 전형적인 "추방"(expulsion)에 반영되어 있다.

따라서 유대교는 정체성의 도약 위에 세워진 종교였다. 즉, 대체 자녀(replacement child)의 추방된 정체성을 받아들이고 부모의 기원을 거부하는 것 말이다. 유대교의 동생인 교회에 역시 정체성 문제가 없다고 한다면 놀라울 것이다. 예수의 교회에 "대외성"(foreignness)과의 격렬한 투쟁이 없다면 놀라울 것이다. 자기 혈통과의 투쟁 말이다.

이러한 측면에서 바울의 중요성은 그를 또 다른 가교적 인물, 호세아와 비교함으로써 이해될 수 있다. 호세아는 히브리 성서에서 특별히 독특한 이스라엘 예언자로서 신-인간의 관계에 대한 주요 은유로 하나님에 대한 배타적인 충성 사상을 소개했던 예언자다. 더 상세히 살펴보면 호세아는 많은 방식에 있어서 바울을 내다보고 있다. 호세아가 유다 정체성과 더불어 이스라엘 정체성을 받아들인 사람들 가운데 있었던 "이스라엘인"이었던 것과 마찬가지로, 바울은 이교도적 정체성 위에 반(semi)-유대 정체성을 받아들인 사람들 사이에서 바리새파 유대인으로 인식됐다. 호세아는 바울이 해결하고자 했던 문제의 아버지다. 호세아는 (이스라엘이) 오직 야웨만을 숭배하는 것의 중요성을 강조하면서 유일신론을 예견했고, 바울은 야웨와 이방인들의 관계에 대한 유일신론 문제의 해답을 제공한다. 바울이 전하는 하나님은 예수 그리스도를 통해 비-이스라엘인들과의 새로운 관계를 제공한다.

결국 호세아와 바울은 모두 특정 감정을 특징으로 하는 신-인간의 관계의 포괄적 중요성을 강조한다. 호세아는 부모에 대한 자녀의 사랑, 남편에 대한 아내의 사랑을 강조하고, 바울은 그리스도의 죽음과 부활 위에 세워진 신-인간의 믿음의 관계를 강조한다. 호세아와 바울 모두 열정적으로 무언가에 대해 반대하지만, 각각은 분명히 정의하기 복잡한 인물이고, 이들의 정확한 목표는 극심히 논쟁적이다. 그럼에도 우리는 이들 각각이 반대했던 것에 관해 이렇게 말할 수 있다. 곧, 호세아는 외국의 것인 비-야웨적인 신들을 거부했고, 바울은 토라 준수에 관한 예수 추종자들의 강조와 싸웠다. 호세아 이후의 유대교는 다른 신들에 대한 숭배를 우상 숭배로 간주하게 됐고, 바울 이후의 기독교는 토라 준수—그리고 더욱 일반적으로는 "율법의 행위들"—를 "유대교적"인 것으로 간주하게 됐다.

이스라엘인 호세아가 외국의 유산을 근본적으로 거부하는 유대교를 설립했다면, 유대인 바울은 유대인 형제를 이따금 추격하는 기독교를 설립했다. 각각은 부분적으로 과거의 애착에 대한 거부 위에 설립된 종교적 형태다. 이처럼 두 가지 형태의 종교적 헌신 모두 종교적 자아의 슬픔을 중심으로 형성된다. 두 가지 모두는 자아와 공동체가 거부된 과거에 대한 재애착을 위협하는 내부 요소와 싸우고 이를 억누를 것을 요구한다.

제11장
유대교와 기독교의 트라우마적 기원

이 책을 끝내기 전에 설명해야 할 공동체적 트라우마가 한 가지 더 있다. 이는 우리가 현재 유대교와 기독교라고 부르는 종교의 기원에 있어서 근본적인 역할을 했던 것이다. 그 트라우마는 로마에 의한 예루살렘과 성전의 파괴였는데, 모든 형태의 유대교는 이 둘 중 하나에 초점을 맞추었다. 예전 바빌로니아에 의한 예루살렘과 성전 파괴의 경우와 마찬가지로, 로마에 의한 제2성전기 유대교의 황폐화는 폭발적이었고 잊혀질 수 없는 일이었기에, 이는 단순히 극도로 고통스러운 것이라기보다는 "트라우마적"인 것으로 규정할 수 있다. 이이전에는 믿을 수 없을 정도로 다양한 형태의 유대교와 유대인 집단이 존재했다. 예컨대, 사두개인, 바리새인, 에세네파, 영지주의자, 다양한 형태의 혁명가, 바울과 같은 그리스도 추종자 등등이 있었다. 이들은 서로에게 결코 동의하지 않았지만, 예루살렘과 성전에 대한 다양한 관계에 있어서 서로 느슨하게 묶여 있었다. 그 이후에는 이 종교적 행렬 중 오직 두 가지 주요 흐름만이 살아남았다. 하나는 랍비 유대교이고, 다른 하나는 기독교였다. 이 장에서 나는 각각이 그런 트라우마에 의해 어떻게 형성됐는지 이야기하려 한다.

로마에 의한 제2성전기 유대교의 파괴

바빌로니아에 의한 파괴와 마찬가지로 로마에 의한 초기 유대교의 말살은 긴 과정이었고, 이후 기원후 70년, 예루살렘과 성전의 파괴라는 단일 사건에 집중된다.

로마인들이 하스모니아로부터 권력을 빼앗았던 이래로 팔레스타인이라고 불린 땅에 대한 로마의 통치는 복잡했다. 첫 번째 통치자인 헤롯이라는 이름의 에돔계 유대인은 많은 사람들이 두려워하고 종종 상상하던 음모에 맞서 자신의 통치를 지키려고 잔인하게 통치한 것으로 유명했다. 로마인들은 헤롯 이후에 일련의 통치자들을 임명했는데, 그런 대부분의 임명은 후원에 토대를 두고 있었다. 결과적으로 팔레스타인의 로마 통치자들의 평범함과 심지어 무능함은 놀라울 정도였다. 주목할 만한 것은 팔레스타인에서의 직무에서 떠난 이후에 어느 누구도 더 높은 직위를 얻은 것으로 보도되지 않는다는 점이다. 대부분은 종교적으로 격앙된 대중과의 관계를 다루는 데 실패한 것으로 유명하다.

문제는 이미 40년대 초반에 시작했다. 당시의 로마 황제 칼리굴라(Caligula)는 자신의 동상을 예루살렘에 세우도록 명령했다. 이후에 유대인들은 로마 군인들이 토라를 불태웠다고 알려진 사건과 성전에서의 외설적인 노출로 인해 폭동을 일으켰다. 마지막으로 기원후 64년, 로마의 통치자 게시우스 플로루스(Gessius Florus)는 로마의 수도 가이사랴에 있는 유대인들과 그리스인들 사이의 갈등을 잘못 관리했다. 이 위기가 곧 통제 불가능하게 소용돌이쳤고, 게시우스 플로루스는 예루살렘 성전의 보물을 강탈하도록 명령했다. 이 지방은 폭동으로 너무 강하게 폭발했기 때문에 로마의 군대는 처음에 거기에서 물러났다. 황제 네로는 반란을 진압하기 위해 세 개의 로마 군단을 파견하면서 성공적으로 그 지방의 많은 것을 되찾았다. 그러나 네로가 죽자, 총사령관 베스파시안(Vespasian)은 대반란 진압 계획을 멈추고 로마로 돌아가서 스스로 황제의 권력을 움켜쥘 수 있었다. 일단 베스파시안이 황제가 되자 기원후 70년 3월에 아들 티투스(Titus)에게 팔레스타인으로 돌아가서 반란을 진압하는 일을 마치라고 명령했다.

예루살렘을 하나의 본보기로 만들기 위해서 티투스는 단순히 성을 포위하여 폭도들을 아사시키기보다 로마 군단의 전력을 전면 공습에 집중시켰고, 많은 로마 군인들의 목숨을 잃는 대가로서 성을 빠르게 점령했다.[1] 일단 성벽을 뚫자 로마의 군대는 예루살렘을 약탈하고 성전을 불태우고 대중들을 학살했다. 많은 사람들이 살해당했고, 살아남은 수천 명의 생존자들은 노예로 팔려갔다. 로마인들은 전체

---

1.   Martin Goodman, "Diaspora Reactions to the Destruction of the Temple," in *Jews and Christians, The Parting of the Ways, A.D. 70 to 135*, ed. James D. G. Dunn (Tübingen: Mohr, 1992), 27.

팔레스타인 지역에 대한 소유권을 주장했다. 그들은 유대인 거주민들로부터 가장 좋은 땅을 빼앗은 후 로마 군인들에게 봉직에 대한 대가로 수여했다. 유대인 자치의 주요 기관들—예루살렘 성전의 대제사장 제도, 제사장과 시민 지도자로 이루어진 산헤드린 공의회—은 해산되어 더 이상 대중을 관할하지 못했다.[2]

우리는 이것이 단지 하나의 지역적 사건이 아니었다는 것을 분명히 해야 한다. 초기의 성공적이었던 유대인 반란은 이미 무적이라는 로마의 분위기에 대한 위협적인 도전이었다. 이는 부분적으로 예루살렘에 대한 직접적인 공습과 이후에 그 사건에 대한 로마의 기념을 설명해준다. 베스파시안 통치 초기에 예루살렘이 파괴될 때는 전체 플라비안 왕조(Flavian dynasty)가 설립되는 때였다. 이는 로마의 막강한 군사적 능력과 제국에 반항하는 모든 사람에게 닥치게 될 끔찍한 운명을 보여주었다. 따라서 예루살렘 파괴는 단순한 하나의 재앙적 사건이 아니었다. 그것은 로마 이데올로기에서 사실상 로마에 대적하는 모든 사람에 대한 전형적인 파괴를 보여주는 신화적 사건이 됐다.

예루살렘을 점령한 후 로마인들은 유대 폭동의 진압을 기념하기 위해 로마에 지금도 여전히 "티투스 개선문"으로 서 있는 아치형 구

---

2. Josephus, *Jewish Wars*, 6.414-20; 7.118, 216 (Thackeray, LCL). 로마 공습의 영향을 잘 요약한 것으로는 다음을 보라. Stephen G. Wilson, *Related Strangers: Jews and Christians 70-170 CE* (Minneapolis: Fortress, 1995), 3-4, 그리고 Ekkahard Stegemann and Wolfgang Stegemann, *The Jesus Movement: A Social History of Its First Century*, trans. O. C. Dean (Minneapolis: Fortress, 1994), 221.

조물을 세웠다. 여기에는 로마인들이 활활 타오르는 성전에서 유명한 금 촛대(Menorah, '메노라'), 진설병 상, 나팔들을 포함하여 여러 보물들을 탈취한 것에 대한 묘사가 나타난다. 그리고 멀리 있는 외국인들에게 로마의 점령을 선전하기 위해 한쪽 면에는 승리한 황제 베스파시안, 다른 한쪽에는 종려나무 아래에서 울고 있는 예루살렘이 그려진 동전을 찍어내어 제국 전역에 유통시켰다. 핵심을 말하고 있듯 한 유대인은 두 손이 등 뒤로 묶인 채 종려나무의 왼쪽에 서 있다. 동전에 새겨져 있는 이미지는 대부분이 문맹인 대중들에게 여러 마디의 말보다 더욱 크게 울렸다. 이 동전은 그 사건 이후 25년 동안, 티투스의 통치기 및 형제 도미티안(Domitian)의 통치기까지 발행됐다.

그러면서 로마 제국 전역에 흩어진 유대인들은 점점 더 전형적인 반역자/범죄자로 간주됐다. 그들은 예루살렘이 파괴된 지 몇 달 지나지 않아 제국의 가장 큰 도시들 중 하나인 안디옥에 불을 질렀다는 비난을 받았다. 이후 안디옥의 유대인 공동체와 로마의 다른 주요 도시들의 공동체는 비-유대인 이웃들로부터 지속적으로 공격을 받았다. 더욱이 제국 전역에 퍼져 있는 유대인들은 특별한 세금, 유대인 인두세 부과를 통해 처벌을 받았다. 그 이전에 이스라엘과 해외에 사는 20-50세의 모든 유대인 남성들은 예루살렘 성전 운영을 지원하기 위해 매년 1세겔의 세금을 내야 했다. 이 세금은 성전에 대한 공동의 지원으로서 여기저기 흩어져 있는 유대인들을 하나로 연합시켰다. 그런데 이제 로마인들이 성전을 파괴했기에 유대 성전세를 3-60세의 남성, 여성, 어린이 등 모든 유대인들에게 부과되는 2데나리온의 로마 세금으로 대체시켰다. 이 확장된 세금인 피스쿠스 유다

이쿠스(Fiscus Judaicus)는 로마에 있는 거대한 주피터(Jupiter) 신전을 재건하기 위해 사용됐다. 이것은 유대인에 대한 이중적인 모욕이었다. 그들은 상당한 세금을 내야했을 뿐 아니라, 그 세금은 이교도 신전을 위한 기금이 됐다.[3]

　누구나 예상할 수 있겠지만 유대인 공동체는 간혹 이러한 지역적, 제국적인 시행들에 대항하여 싸웠다. 기원후 115-117년의 키푸로스(Cyprus), 북아프리카, 키레네(Cyrene)에서 일어난 반란은 키푸로스에서의 유대인 추방, 지중해 동부에 있는 유대인 공동체들의 상실, 한때 거대했던 알렉산드리아의 유대인 공동체의 황폐화로 이어졌다. 마지막으로 기원후 132-135년경 팔레스타인 지역에서 메시아라고 주장했던 바르 코흐바(Bar Kochba)라는 인물이 주도했던 더욱 큰 유대인 반란이 있었다. 다시 한번 유대 군대는 예루살렘에서 로마 군대를 성공적으로 몰아냈다. 그러나 또다시 이러한 추방은 그저 일시적인 현상이었다. 하드리안(Hadrian) 황제는 군단을 보내어 바르 코흐바의 군대를 쓸어버렸고, 예루살렘 내부에, 이전에 유대 성전이 있던 자리에는 이교도 신전을 세웠다. 유대인들은 예루살렘에 발을 들여놓는 것조차 금지되는 죽음의 고통을 겪었다. 할례, 안식일, 토라 낭독은 수년 동안 금지됐다. 그리고 또다시 이러한 반역적인 유대인들에 대한 추가적인 파괴를 기념하기 위한 동전들이 주조됐다.[4]

3.　Heemstra, *Fiscus Judaicus*, 9-23.

4.　Wilson, *Related Strangers*, 3-8.

랍비 유대교의 형성

이러한 전체 과정이 유대인과 유대교에게 얼마나 파괴적이었는
지 완전히 이해하는 것은 어렵다. 팔레스타인 내외부의 유대인 대중
대다수가 죽었다. 게다가 다양한 디아스포라 유대인 공동체들을 하
나로 연결시키는 핵심 중추로 기능했던 예루살렘과 성전은 사라졌
다. 한때 예루살렘에 대한 공동의 결속 관계와 성전에 대한 공동의
세금 납부로 서로 연합됐던 유대 밖에 살고 있던 유대인들은 이제 표
류하게 됐다. 성전 이후의 시대에, 공동의 민족적 유산인 토라와 억
압적인 피스쿠스 유다이쿠스를 지불해야 하는 공동의 의무에 의해
서만 서로 연합됐다.

이제 디아스포라 유대인들은 유대인 정체성에 대한 이웃들의 강
렬한 적대감을 견뎌야 했고, 또한 로마에 대한 실패한 반란의 상징으
로 간주됐다. 그들은 방화범들이었다. 유대인들은 제국과 다른 신들
을 거부한 무신론자들이었으며, 신을 부정하는 "무신론적" 방식들로
다른 사람들을 전향시키려고 한다는 지속적인 의혹을 받았다. 이 모
든 것들에도 불구하고 이 대규모 유대인 디아스포라 공동체는 즉시
사라지지 않았다. 수 세기 동안 여전히 비문과 기타 유적에 있는 유
대인 이름을 통해 이 공동체의 흔적을 볼 수 있다. 그리고 몇몇 거대
한 디아스포라 회당은 로마에 대항한 두 번의 유대인 전쟁이 끝난 이
후에 세워졌다.[5]

5.　Tessa Rajak, "The Jewish Community and Its Boundaries," in *The Jews Among*

그러나 유대인 디아스포라의 많은 유대교는 동화로 인해서인지, 아니면 지역적 박해를 인해서인지 결국 사라지게 된다. 첫 번째 유대인 반역 직후에, 이미 로마인들은 이집트의 레온토폴리스(Leontopolis)에 있는 수백 년 된 성전을 폐쇄했다. 이 성전은 예루살렘 대제사장 오니아스가 안티오쿠스 4세와 예루살렘의 유대인 헬라주의자들의 분노를 피해 달아났을 때 세웠던 것이다. 기원후 115-117년, 폭동들로 인해 키프로스, 키레네, 아마도 알렉산드리아에 있는 유대인 공동체들은 상실됐다. 이로 인해 몇몇 디아스포라 유대인 공동체는 시리아 북부(특히 안디옥), 소아시아(오늘날 터키), 그리스와 로마의 몇몇 도시, 로마 제국의 통제를 받지 않는 지역들에서 지속됐다. 이러한 공동체의 유대인들은 기본적인 유대교 관습—남자 아이의 할례, 안식일, 의례적 침수(ritual immersion), 성서에 있는 음식법 준수(아직 랍비적인 코셔[kosher: 유대 음식법에 부합하는 음식—편주] 규정은 아님), 테필린(tefillin, 성구상) 착용—을 지속했다. 그러나 그들은 주변에 있는 공동체들의 종교적·문화적인 영향에 열려 있었다.[6]

반면에 팔레스타인에는 재앙으로부터 살아남을 수 있는 유대인 정체성을 세우기 시작했던 핵심 유대인들이 있었다. 역설적이게도, 그들은 유다 해안가의 마을, 야브네(Jabneh)를 중심으로 존재했던 것처럼 보인다. 로마인들은 로마에 대항한 첫 번째 주요 유다 폭동 기

Pagans and Christians in the Roman Empire, ed. Judith Lieu, John North, and Tessa Rajak (London: Routledge, 1992), 9-11.

6.   Tessa Rajak, "The Jewish Community and Its Boundaries," 11-14.

간 중 자신들의 군대에 항복했던 유대인들을 거기에 정착시켰다.[7] 야
브네에 거주하게 된 사람들 중에는 예루살렘 방어에서 이탈했던 요
하난 벤 자카이(Johanan ben Zakkai)라는 이름을 가진 랍비가 있었다. 그
의 배경은 불분명하지만 그는 로마에 대항한 전쟁에 반대함으로 몇
몇 동료 유대인과 멀어졌던 것 같다. 그러나 로마인들은 요나단 벤
자카이를 상당히 좋아했기에, 그가 야브네에 랍비 학교를 세워 유대
교 율법의 다양한 문제에 관한 여러 규정을 논의하고 만드는 것을 허
용했다.

시간이 흐르면서 이 랍비 학교는 예루살렘 파괴 이전에 존재했
던 제사장, 바리새인, 다른 지도자들의 회의체였던 산헤드린의 계승
기관이 됐다. 여러 당으로 구성된 이 의회(multiparty council)는 유대인
들이 자신의 일을 규정했던 주요 기관으로서 오랫동안 기능했다. 그
러나 야브네의 랍비 학교는 로마에 의한 유대인들의 패배에 공헌했
던 과거 분열에 대한 거부를 표명했다. 확실히 이 학교는 한때 대중
바리새파 운동의 일부를 차지했던 랍비들에 의해 지배됐다. 이런 차
원에서 랍비 유대교는 예루살렘 파괴 이후 유대교의 바리새파적 형
태였다. 그럼에도 여기에는 또한 사두개인들과 유대교의 다른 영역
지도자들도 포함됐다. 가장 중요한 것은 야브네 학교의 구성원들이
다양한 유대인 하위 그룹에 대한 이전 소속을 강조하지 않았다는 것
이다. 적어도 그들이 이후에 생산했던 글에 있어서는 그렇다. 그들의
이전 소속이 어디든 간에 그들은 스스로를 "지혜자"라고 불렀고, 이

---

7.   Josephus, *Jewish Wars*, 4.3.2 (§ 130 in Thackeray, LCL), 4.8.1 (§ 444).

현자들은 유대교 율법의 문제에 관한 집단 판결을 획득하기 위해 논의했다.[8]

야브네에서 시작한 이 랍비 학교는 반(anti)-로마 전쟁과 유대교 내부의 다양한 분열이 파괴적인 것으로 드러난 세상에서 유대인의 일치를 추구하는 새로운 방식을 대표했다. 한때 유대인들이 성전과 산헤드린을 지시 거점(orientation points)으로 갖고 있었다면, 이제는 유대교 관습의 주요 문제에 대해 숙고하는 이 현자 학교가 존재한다. 랍비들, 즉 "지혜로운 자들"은 원칙적으로 어떤 유대인도 배제시키지 않았다. 그들이 심판을 선언한 유일한 대상은 이 회의에 참여하기를 거부하거나 유대교 율법과 관습의 윤곽에 대한 집단의 의견에 따르기를 거절했던 유대인 집단—랍비는 이들을 '미님'(minim)이라고 불렀다—뿐이었다. 그리하여 비록 작게 시작했으나 2세기 이내 거룩한 땅에 있는 많은 유대교를 포용했고, 그 후 수 세기 동안 디아스포라 유대인 공동체에서 살아남은 랍비 가르침의 전통이 설립됐다.

이런 신흥 랍비 학교는 성전을 상실하고 예루살렘에서 추방된 이후에도 살아남을 수 있는 성전 이후의 유대교 형태를 발전시켰다. 여기서 랍비들은 바빌로니아 포로기에 조상들에 의해 시작됐던 종교적 혁명을 계속해서 확장했다. 앞서 유대인들은 바빌로니아로 추방되면서 국가 상태를 지향하지 않는 공동체적 삶의 형태를 발전시켜야 했다. 그 대신에 바빌로니아에 있는 유대 포로민들은 한때 오직

---

8.   Shaye Cohen, "The Significance of Yavneh: Pharisees, Rabbis, and the End of Jewish Sectarianism," *Hebrew Union College Annual* 55 (1984): 27-53,

제사장들에게만 적용됐던 정결 규정으로 연결된, 거룩하고 정결한 백성, 여러 나라 중의 제사장으로 자신을 이해하게 됐다. 오경에 나오는 이러한 비(非)-왕정 "이스라엘"은 바빌로니아에 있는 유대인들을 위한 모델이었고, 포로기와 그 이후 다양한 통치자들의 수 세기간의 통치 아래에서 살아남을 수 있는 모델이라는 것을 입증했다.

로마의 박해 아래서 이 모델은 중요한 시험에 직면했다. 특히 초기 바리새인들의 가르침을 기반으로 하는, 이러한 멸망 이후의 랍비들은 성전 시대 이후의 유대인들이 하나님의 정결하고 거룩한 백성으로 살 수 있게 해 주는 일종의 구전 율법을 발전시켰다. 그들이 말했듯, 그들은 안식일, 정결, 음식, 의복 및 다른 문제들에 관한 율법들을 상세하게 설명함으로써, "토라 주변에 울타리"를 쳤다. 이런 규정들은 성전 없는 유대인의 삶이 토라에 대한 헌신으로 구조화됐음을 공고히 해준다. 물론 토라 중심 삶의 핵심은 율법의 큰 짐을 만들어 내지 않는 데 있었다. 그러나 어떤 기독교인들은 여전히 유대교를 이런 방식으로 바라본다. 하지만 이 삶의 목적은 오히려 토라라는 하나님의 선물로 구조화된 삶을 세우는 것이었다.

이 모든 것은 로마가 제2성전기 유대교를 말살한 것과 깊이 연관되어 있었다. 스테픈 윌슨(Stephen Wilson)은 이를 다음과 같이 잘 설명했다.

폐허가 된 성전, 거룩한 땅으로부터의 추방, 혼란스러운 일상에 직면한 랍비들은 의지와 상상의 힘으로 변화하는 세계 안에 고정점을 창조한 것처럼 보인다. 일상의 삶에서든 또는 성전 제사에서든 성스러

움에 관한 강박적인 관심사를 가지고서, 그리고 경계를 표시하고 규
정하고자 하는 지칠 줄 모르는 욕구를 가지고서 그들은 고정되고 안
정되고 이상적인 우주를 창조하고자 노력한다. 그것은 하나의 이상
향, 즉 전적으로 완벽하고, 그래서 전적으로 고요한 세계다. 예측 불
가능한 혼란의 상황 속에서 그것은 예측 가능한 질서를 내다본다.[9]

이러한 새로운 비전과 더불어 경전에 대한 새로운 의미가 등장
했다. 첫째, 랍비들이 로마에 의해 가해진 혼란의 여파로 "고정점"을
세운 하나의 방식은 하스모니아인들이 시작했으나 결코 완벽하게
시행할 수 없었던, 확정된 히브리 성서 정경을 수립하는 것이었다.
전쟁 이후의 랍비 유대교는 (일부를 어떻게 셈하느냐에 따라) 22권 또는 24
권으로 서로 달리 계수되고 지금은 히브리 성서로 알려진 일련의 경
전적 책들에 초점을 맞추었다. 확실히 우리는 이러한 확정된 히브리
경전 모음의 지배력에 대한 어떠한 저항을 볼 수 있다. 첫 번째 반란
수십 년 후에 작성된 종말론적 작품인 에스라4서(에스라4서 14:38-47)는
유대교 전체에 알려진 24권의 히브리 경전이, 하나님이 에스라에게
계시했으나 비밀로 유지됐던 더욱 넓고 중요한 책들의 일부일 뿐이
라는 점을 암시한다. 이런 주장을 펼치면서 에스라4서는 아직 많은
유대인에 의해 경전으로 간주되지 않는 자신과 같은 묵시적 작품들
을 위한 특권적 위치를 지속적으로 보장하려고 시도하고 있다. 따라
서 이 본문은 성전 이후 유대교의 지속적인 다양성에 관해 증언한다.

---

9.   Wilson, *Related Strangers*, 23.

그러나 동시에 24권의 경전이라는 정경에 대한 저항은 분명하게 규정된 히브리 경전, 즉 "토라와 예언자" 모음의 새로운 지배력을 증거한다.[10]

히브리 경전들에 대한 이전의 하스모니아 정경을 확인하는 것 외에 랍비들은 새로운 이차적인 경전을 수집하기 시작했다. 이 경전들은 글로 된 문서가 아니라, 야브네에서 활동하고 있는 랍비들에 의한 구전법(oral legal) 규정으로 시작했다. 그들은 자신들이 상속받았던 창세기-신명기의 기록 토라(written Torah)와 대비하여 이 법 규정의 본체를 구전 토라(Oral Torah)로 불렀다. 그렇게 기원후 200년경부터 시작하여, 이 구전 율법의 특정 판본들이 랍비 논의에 관하여 양식화되어 글로 된 "판례집"(reports)으로 변형됐고, 이 랍비 문헌들은 고유의 준정경적 특성을 갖게 됐다. 이 성전기 이후 랍비 작품에는 수많은 미드라쉬들(Midrashim, 성서의 책들에 대한 주석 모음) 및 다른 중요한 문서들과 더불어 미쉬나(Mishnah), 토세프타(Tosefta), 유대교의 고전적인 두 개의 주요 탈무드(Talmud)가 포함되어 있다.

이러한 멸망 이후의 랍비 유대교가 전 세계적으로 유대교의 지배적 형태가 되는 데는 수 세기가 걸렸다. 돌이켜보자면 랍비 유대교의 설립자들은 거인들처럼 보인다. 이들이 시작한 전통은 여러 개의 도서관을 아우르고, 그 유대인 후손은 수백만에 달한다. 그러나 이

10. David M. Carr, "Canonization in Community: An Outline of the Formation of the Tanakh and the Christian Bible," in *A Gift of God in Due Season: Essays on Scripture and Community in Honor of James A. Sanders*, ed. Richard D. Weis and David M. Carr (Sheffield: JSOT Press, 1996), 49–58.

인상적인 전통은 유다의 야브네, 갈릴리의 우샤(Usha), 그리고 이후에 여전히 바빌론과 다른 지역에서 활동하고 있는 소수의 학자들과 동료들 안에 뿌리들을 갖고 있다. 이 학자들은 수 세기에 걸친 트라우마의 도가니 안에서 형성된 유대인 성경과 다른 전통들을 숙달하는 것 외에는 할 수 있는 것이 거의 없었다. 결국 그들이 설립했던 랍비 유대교는 수천, 수백만의 사람들을 포용했고, 수천 년의 잔인한 박해에서도 살아남았다.

여기서 다음이 강조되어야 한다. 랍비 유대교를 포함하여 성전기 이후 유대교는 생존하기 쉽지 않았다. 로마인들과 제국의 다른 주민들은 유대교에 대해 엇갈린 감정을 가지고 있었다. 그들은 유대교의 고대성을 존중했다. 하지만 유대인의 특수주의와 다른 민족 신들에 대한 거부를 깊이 의심했다. 예를 들어, 로마의 역사가 타키투스(Tacitus)는 유대인들을 "자신들의 고대 종교를 포기하고 오직 한 신만을 생각하는, 여러 민족들 중 최악의 악당들"이라고 조롱했다. 계속해서 그는 유대인 개종자들이 받는 가장 최초의 교훈은 "여러 신들을 멸시하고 그들의 나라를 부인하며 그들의 부모, 자녀, 형제를 하찮게 여기는 것"이라고 단언한다.[11] 비-유대인의 관점에서 보면 여러 신들에 대한 포기는 "무신론"을 구성했고, 일반적으로 유대인들은 "인간에 대한 혐오"의 죄를 지은 것으로 간주됐다. 그러나 타키투스와 같은 로마인들 역시 유대인 종교의 고대성을 어느 정도 존중했다. 이는 타협으로 이어졌다. 유대인들은 유일신론적 종교 관습을 지속하는

---

11.   Tacitus, *Historiae*, 5.5 (Moore, LCL).

것이 허용됐고, 유대교는 로마인의 관점에서 볼 때 "합법화된 무신론"의 형태가 됐다. 유대인들은 (그들에게 불법이었을) 규범적으로 요구되는 황제에 대한 제사를 드리지 않아도 됐다. 하지만 대신에 황제의 안녕을 위해 기도를 드리는 것이 허용됐다. 이러한 여러 특권에 대한 단 하나의 조건은 이것이었다. 곧, 유대인들은 그러한 "무신론"을 다른 사람들에게 강요하는 선교적 노력을 기울여서는 안 됐다.[12]

그러나 유대인들은 계속해서, 특히 팔레스타인에서 로마에 대항한 전쟁과 그 사이의 다양한 폭동들 이후에, 의혹의 대상이 됐다.[13] 요세푸스는 유대인 디아스포라 공동체가 그들 안에 있었던 반-로마 급진주의자들의 행동에 의해 피해를 당한 두 가지 사례를 보도한다. 알렉산드리아 유대인 공동체의 지도자들이 공동체 안에서 반란을 일으키려 했던 열심당원들(Zealots)을 처형했지만, 로마 정부는 이미 그 사건에 관해 들었고, "끝없이 계속되는 유대인들의 반란 경향에 의혹을 품고" 레온토폴리스(Leontopolis) 근처에 있는, 2세기 이상이나 지속된 유대인 성전을 폐쇄하기로 결정했다.[14] 이와 유사하게 키레네에 있는 유대인들도 로마인들에게 요나단(Jonathan)이라는 사람의 행동을 보도했다. 그는 수많은 가난한 유대인들에게 기적을 보여주겠다

12. Josephus, *Antiquities*, 19.287-91; 알렉산드리아에 대해 기록된 칙령은 Antiquities, 19.280-85에, 그리고 클라우디우스 칙령(Claudius edict)에 관한 역-참조(back-reference)는 19.303-11에 있다. 이러한 기록들에 관하여, Miriam Pucci BenZeev, *Jewish Rights in the Roman World* (Tübingen: Mohr Siebeck, 1998), 328-342, 344-356을 보라.

13. Josephus, *Jewish Wars*, 2.462-65 (Thackeray, LCL).

14. Josephus, *Jewish Wars*, 7.420-35 (Thackeray, LCL).

고 약속하면서 그들을 광야로 인도했다. 그곳의 로마 통치자는 이 일을 무죄한 유대인들을 죽이고 재산을 몰수할 수 있는 기회로 사용했다고 전해진다.[15] 요세푸스의 글에 남아 있는 이 이야기들이 만약 역사적 사실이라면 이는 디아스포라에 살고 있는, 특히 유대 전쟁의 여파로 인한 유대인들의 불안정한 상태를 보여준다. 의심스러운 급진파 무리를 포함하고 있었던 디아스포라 유대인 공동체는 사실상 매우 취약했다.

그럼에도 대부분의 시간 동안 유대인들이 스스로 자중하는 한 로마인들은 비록 고대적이기는 하지만 무신론적 믿음으로 간주됐던 것을 실천하도록 허용했다. 이에 관한 주요 예외는 로마가 기원후 135-138년, 유다에서 3년간 유대교 관습을 금지시킨 것이었다. 그러나 바르 코흐바 반란에 의해 촉발된 이 이야기는 유다에 한정되어 있었다. 유대인들은 계속해서 반-유대인 적대감과 싸웠고, 디아스포라에 있는 비-유대인 이웃들과 때때로 심각하게 갈등했다. 그럼에도 그들은—기원후 66-72년, 132-135년의 로마에 대항한 여러 반란에도 불구하고—고대의 방식과 믿음을 따를 수 있는 권리에 대한 로마 제국의 승인을 미약하게나마 유지했다.

---

15.   Josephus, *Jewish Wars*, 7.437-50 (Thackeray, LCL).

"기독교"의 형성

예수 운동은 팔레스타인 지역 안팎의 이러한 유대인의 불안정함 가운데서 위태로운 위치에 놓이게 됐다. 대부분의 교회는 신흥 바리새파의 영향을 받은, 예루살렘 멸망 후 전개된 랍비 운동과의 연합을 거부했다. 한편 동료 유대인들은 예수를 따르는 유대인들을 유대인으로 인정하는 데 어려움을 겪었다. 특히 점점 더 많은 사람들이 할례를 받지 않고 율법을 준수하지 않는 이방인들로 구성됐기 때문이었다.

그런데 로마인들도 예수 운동을 좋아하지 않았다. 사실상 예수 유대교는 로마의 관점에서 볼 때 특별히 악독한 형태의 유대교를 대표했다. 유대교의 다른 형태들과는 달리 예수 운동은 이방인들을 이전의 신에 대한 숭배로부터 전향시키는 데 초점을 맞추었다. 설립자 예수는 하나의 반란 선동자로서 로마인들에 의해 처형당한 것으로 알려져 있었다. 로마의 역사가 타키투스(Tacitus)는 기원후 64년 네로가 기독교인들을 희생양으로 삼았던 것을 묘사했는데 여기서 우리는 이러한 연관성이 함께 등장하는 것을 볼 수 있다.

네로는 악행으로 인해 혐오를 받는 한 계층의 사람들을 범인으로 낙인 찍고 극도로 세밀히 고안된 처벌을 내렸다. 군중은 그들을 기독교인들이라고 불렀다. 그 명칭의 설립자, 그리스도(크리스투스[Christus])는 행정관 본디오 빌라도(Pontius Pilatus)의 선고에 따라 티베리우스(Tiberius)의 통치기에 사형을 당했다. 그리고 이 치명적인 미신이 단지 질병의 고향인 유다에서뿐만 아니라 수도 자체에서도 한 번 더 발발하고 있음이 잠깐 확인됐다. 거기에는 세상의 모든 끔찍하고 수치스러운 것들이 모여들어 유행한다.[16]

타키투스는 "기독교인"이라는 용어가 예수 추종자들의 공동체에 대해 사용되기 시작했던 시기 이후에 이것을 쓴다. 그러나 이 기간에 대해 이러한 용어를 사용한 것은 시대착오적이다. 그럼에도 타키투스의 논평들은 반-로마 폭동 선동가로 유죄 판결을 받고 처형당한 인물을 따라 설립되고 칭해졌던 이 예수 유대교를 "치명적인 미신"으로 간주하는 로마의 태도를 잘 보여준다. 특히 유대교의 이 악독한 형태의 위험한 전파에 관한 언급 끝에 있는 강조점에 주목하라. 타키투스는 이것이 초기에 진압됐지만 "단지 그 질병의 고향인 유다에서뿐만 아니라 수도 자체에서도 한 번 더 발발하고 있다"고 말한다. 기독교를 질병으로 간주하는 이러한 개념은 "악독한 유일신론"으로 생각될 수 있다. 타키투스 및 다른 로마인들에게 있어서 기독교는 유다로부터 로마 자체의 도시까지 고대 신들에 대한 거부를 퍼뜨리겠다고 위협하는 무신론의 또 다른 형태처럼 보인다.[17]

한편으로 예수 운동은 반-로마 반란 계획이나 로마와 화해하려는 유대인들의 계획에 적합하지 않았다. 적어도 한 전통에 따르면 교회 지도자들은 예루살렘이 로마의 공격을 받을 때 그것을 버렸고, 요

---

16. Tacitus, *Annales*, 15.44 (Jackson, LCL).

17. L. F. Janssen, "'Superstitio' and the Persecution of the Christians," *Vigiliae christiannae* 33 (1979): 131-159.

세푸스는 수백 명의 기독교인들이 기원전 132-135년 로마에 대항하여 전쟁을 하는 동안 바르 코흐바의 이후 추종자들에 의해 추적당하고 살해당했다고 기록한다. 1세기 후반의 교회 저술들은 로마 당국에 저항하는 것이 아니라 순종하는 것의 중요성을 강조한다. 예를 들어, 우리는 베드로전서에 등장하는 다음의 권고에서 이것을 볼 수 있다.

> 너희가 이방인 중에서 행실을 선하게 가져 너희를 악행한다고 비방하는 자들로 하여금 너희 선한 일을 보고 오시는 날에 하나님께 영광을 돌리게 하려 함이라 인간의 모든 제도를 주를 위하여 순종하되 혹은 위에 있는 왕이나 혹은 그가 악행하는 자를 징벌하고 선행하는 자를 포상하기 위하여 보낸 총독에게 하라 곧 선행으로 어리석은 사람들의 무식한 말을 막으시는 것이라(벧전 2:12-15).

이러한 방식—"행실을 선하게 하는 것", "제도에 순종하는 것", "선행"—으로 이 초기 기독교인 저자는 "어리석은 사람들의 무식한 말을 막는 것"을 목표로 한다.

그러나 우리가 수십 년 후의 타키투스의 글에서 보는 것처럼, 악독한 유일신론과 선동죄에 대한 "기독교인들"의 악명은 커져만 갔다. 그리고 이것은 동료 유대인들로—점점 더 증가하는 예수 운동의 이방인 배역들과 함께—하여금 바울과 같은 예수의 선교사들을 억압하거나 유대교 형태를 예수 운동으로부터 분명하게 구별하도록 이끌었다.[18] 이미 사도행전에 있는 초대교회에 관한 역사는 바울과 동료들이 선교 활동에 대한 처벌로서 회당에서 채찍질을 당했던 여러 장면을 포함하고 있다. 이전 장에서 나는 바울이 종종 유대 당국자들의 손에 고통을 겪었다는 본인의 기술과 사도행전의 증언을 검토했다. 사도행전은 교회 지도자들의 투옥(행 4:3-21; 5:17-19), 투석에 의한 스데반의 처형(행 6:1-7:60), 예수 추종자들을 향한 더욱 일반적인 박해(행 8:1-3; 9:1-2) 묘사를 특징으로 한다. 스데반을 돌로 친 것은 집단 폭행 행위처럼 보이지만, 구타 및 다른 처벌은 유대인 공동체가 로마가 승인한 방식으로 공동체 구성원들을 감시할 수 있었던 방식이었다.

그러나 시간이 흐르면서 다양한 장소에서 다양한 비율로 점점 증가하는 이방인 교회는 자신을 당대의 유대교 형태들과는 분리된 존재로 간주했다. 그리고 그 반대도 마찬가지였다. 이러한 현상은 아마도 소아시아의 그리스 도시들과 로마 안에 있는 큰 이방인 교회들에서 가장 먼저 시작됐고, 이후에는 팔레스타인과 시리아 교회들에서 등장했다. 그런데 특히 유대교가 예루살렘과 성전의 파괴로 분열됨에 따라 선교적이었고 평판에 의하면 선동적이었던 기독교를 다른 유대교 형태와 분리시키는 이러한 작용이 계속해서 작동할 수 있었다. 기독교인 공동체들은 점점 더 자신을 "유대교"와는 구별된다고 이해했다. 동시에 유대인 집단들은 "기독교적"이라고 표현되는 이러한 선교적 유대인 운동으로부터 점점 더 거리를 두었다.[19] 현재

---

18. Stegemann and Stegemann, *Jesus Movement*, 244-246.

19. Philip S. Alexander, "'The Parting of the Ways' from the Perspective of Rabbinic Judaism," in *Jews and Christians: The Parting of the Ways A.D. 70 to*

살아남아서 토라를 준수하는 민족적 유대인 교회 공동체는 랍비 유
대교와 정통 기독교에 의해 점점 더 거부당했다.

아주 기이하게도 예수 운동이 다른 유대교 형태와 분리되고 있
던 바로 그 시기에 예수 운동의 신학자들은 교회가 유대교의 유명한
고대 유산의 정당한 상속자라고 오히려 더욱 열정적으로 주장했다.
무엇보다도 로마 치하에서 유대교가 약간의 보호와 존경을 받을 수
있었던 한 가지 이유는 유대교가 고대 신앙이라는 주장이었다. 이에
대한 반응으로 우리는 초기 기독교 저술가들이 예루살렘의 파괴가
비(非)-예수 유대교 형태에 대한 하나님의 심판이자 거부였다고 주장
하는 것을 볼 수 있다. 이러한 파괴의 여파로 이 저술가들은 회당이
아니라 교회가 그리스-로마 세계 안에서 유대교의 특권에 대한 정당
한 청구인이라고 주장했다.[20] 실제로 유대교의 유산에 대한 권리를
주장하는 이러한 자극은 유대교의 고대의 경전들, 즉 기독교의 "구
약성서"에 대한 이방인 교회의 애착을 강화시켰다.

예를 들어, 2세기 초 안디옥의 한 교회 지도자 이그나티우스(Igna-
tius)는 구약성서의 예언자들이 유대인이 아니라 사실상 순교에 대한
기독교적 삶을 실제로 실행한 기독교인들이라고 주장한다. 로마에서
순교하는 여정 가운데서 그는 한 교회에 다음과 같이 쓴다.

어떠한 유익도 주지 못하는 이상한 교리 또는 꾸며낸 옛 이야기에 미
혹되지 마십시오. 왜냐하면 만약 우리가 지금까지 유대교를 따라 살

135, ed. James D. G. Dunn (Tübingen: Mohr, 1992), 1-25.
20. Zetterholm, *The Formation of Christianity in Antioch*, 218-222.

고 있다면, 우리는 은혜를 받지 못했다고 고백하는 것이기 때문입니다. 왜냐하면 하나님의 예언자들은 예수 그리스도를 따라 살았기 때문입니다. 그러므로 그들은 그의 은혜에 감격했기 때문에 예수처럼 핍박을 받았습니다. 그리고 자신을 아들 예수 그리스도를 통하여 나타내셨던 오직 한 분 하나님만이 존재한다는 것을 불순종하는 사람들에게 확신시켰습니다.[21]

이러한 인용은 이그나티우스 같은 기독교 신학자들이 예수와 그의 교회를 구약성서 이스라엘의 이야기에 대해 하나님이 의도한 후속편으로서 제시했던 많은 방식 중 단지 하나의 초기 사례일 뿐이다. 그들은 교회가 진정한 이스라엘이라고 주장했다. 그것은 타키투스와 다른 사람들이 생각했던 것 같은 최신 유행의 "미신"이 아니었다. 따라서 교회는 역사적으로 로마가 유대 민족에게 제공했던 보호를 정당하게 받을 만했다.[22]

이러한 주장에도 불구하고 상황은 예수 추종자들에게 점점 더 안 좋게 흘러갔고, 한참 이후에야 정상화됐다. 사실상 그들은—선교적 노력들에도 불구하고—수백만의 다른 유형의 유대인들과 비교해 볼 때 작은 집단이었다. 그뿐만 아니라 교회 구성원들은 심지어 자신을 유대인으로 간주하지 않았던, 토라를 준수하지 않는 이방인들로

---

21. Ignatius, *Magnesians* 8:1-2. Zetterholm, *Formation of Christianity at Antioch*, 220으로부터 편집된 번역.

22. Zetterholm, *Formation of Christianity at Antioch*, 219-222.

점점 더욱 가득 차게 됐다.[23] 교회 밖에 있는 유대인들로 하여금 이러한 이방인 공동체들을 "유대인들"로 간주하도록 하는 것은 힘든 설득 작업이었다. 그리고 제국 전역의 유대인 공동체는 이방인 당국자의 여러 지도부와 관계들을 인정하고 확립했는데, 새로운 예수 유대교 운동은 이와는 경쟁할 수 없었다. 예수 유대교 운동은 그들이 고대 이스라엘에 대한 진정한 연속체라고 동료 유대인들이나 로마인들을 설득할 수 있는 희망을 거의 갖고 있지 않았다.

다양한 집단으로 이루어진 야브네(Jabneh)의 신흥 랍비 학교가 더욱 성공할 수 있었던 이유가 바로 이것이다. 초기에는 이 학교가 예수 운동만큼 (아마도 훨씬 더욱) 작았다고 하더라도, 이는 유대 전쟁으로부터 빠져나온 것으로 유명한 탈주자들로 구성됐고, 아마도 이로써 로마로부터 어떤 종류의 허락을 얻어야 했을 것이다. 따라서 야브네에 있는 학교는 로마에 대항하는 선동을 거부하는 입장을 취했다. 그것은 자신 내부로 초점을 맞추면서 절대 개종시키려고 하지 않는 유대교의 비전을 옹호했으며, 따라서 선교적 "무신론"에 반대하는 로마의 금지 명령에 협조했다. 이 학교의 비전은 대부분의 유대인들이 —기독교인들이 했던 것처럼—"이스라엘"로 인정할 수 없는 이방인-유대인 혼합체로 대체하기보다 성화된 민족이라는 유대교의 오래된

---

23. 이전의 연구에서는, 디아스포라 유대인 공동체들이 때때로 유대교에 매력을 느끼지만 완전히 전향할 준비는 되어 있지 않은 "하나님 경외자들"을 상당히 갖고 있었다고 생각하는 경향이 존재했다. 이러한 접근법에 대한 비평을 위해서는 다음을 보라. Judith Lieu, "Do God-Fearers Make Good Christians," (31-47), "The Race of the God-Fearers," (49-68) in *Neither Jew nor Greek? Constructing Early Christianity* (London: Continuum, 2002).

사상을 기반으로 정교화했다. 시간이 흐르면서 성전 이후의 유대교에 대한 이러한 랍비적 개념은 기독교적 대안보다 동료 유대인들에게는 더욱 매력적으로 보였고 로마에게는 더욱 수용 가능하게 됐다. 서기 200년경 로마인들은 랍비 학교의 지도자, 왕자 유다(Judah the Prince)를 이스라엘 땅에 있는 유대교의 진정한 대표자로 인정했다. 그리고 이는 랍비 유대교가 권위 있는 유대교로 성장하여 성전 이후 유대인의 삶의 중심으로 인정될 수 있었던 방식 중 하나였다.[24]

　　그러나 유대교와 기독교를 개별적인 종교 운동으로 정의하는 것을 돕는 데 결정적이었던 한 가지 요인이 더 존재했다. 최초의 유대 전쟁의 여파로 로마인들이 유대인들에게 부과했던 인두세가 그것이다. 이 세금은 특정한 종류의 유대교(예, 랍비 유대교)의 합법성에 대한 인정을, 그리고 다른 것들(점점 증가하는 예수 운동)에 대한 잠재적 거부를 대표했다. 재정적인 부담과 굴욕에도 불구하고 이러한 세금은 유일신론을 가진 유대인으로서 살 수 있는 "권리"를 소유했던 사람과 그렇지 못한 사람을 규정하는 것을 도왔다. 로마 제국 내부에서 특권과 책임을 가진 고대의 신앙으로 인정받는 일은 하나의 (중요한) 사건이었다. 조상의 신들과 공동체적 충성들을 포기하도록 촉구하는 최신 유행의 종교적 "미신"이 되는 것과는 완전히 다른 일이었다. 인정받은 고대 신앙의 구성원들은 세금을 내고 신앙을 실천할 수 있도록 허용됐다. 공동체를 부식시키는 "미신"의 지지자들은 로마의 평화에 대한 위협으로서 처형될 수 있었다.

---

24. Goodman, "Diaspora Reactions," 36-37.

　이러한 구별의 의미는 기원후 81-96년 도미티안(Domitian) 황제의 통치 기간에 분명해졌다. 역사가 수에토니우스(Suetonius)는 도미티안이 유대인 인두세를 가혹하게 집행했다고 보도한다. 수에토니우스에 따르면 이러한 집행은 세금 납부를 어떻게든 회피하려는 유대인—실제적이든 아니든—을 찾는 것뿐 아니라, 또한 "공개적으로 신앙을 인정하지 않은 채 유대인으로 살았던 사람들"을 기소하는 것도 포함했다.[25] 이 후자 집단에 누가 있었는지에 관해 많은 논쟁이 존재한다. 그럼에도 우리는 또 다른 역사가 카시우스 디오(Cassius Dio)의 인용문에서 개연성 있는 단서를 발견할 수 있다. 그는 도미티안이 저명한 로마인 플라비우스 클레멘스(Flavius Clemens) 및 "유대인의 방식들에 휘말렸다가" 이후 고발된 많은 사람을 처형했다고 주장한다.[26] 바로 이 시기에 아마도 로마인들이 유대인의 "무신론"을 받아들였다고 고발된 비-유대인들에게 "희생 제사 시험"(sacrifice test)을 부과하기 시작했을 것이다. 고발된 사람들은 황제에게 희생 제사를 드리도록 요구됐는데, 이는 예수 운동의 구성원들을 포함하여 모든 종류의 유대인에게 절대 불가한 것이었다. 희생 제사를 드렸던 사람들은 무죄한 것으로 간주됐고, 이를 거부한 사람들은 처형됐다.

　따라서 유대인의 세금에 대한 도미티안의 "가혹한" 집행은 두 측면을 갖고 있다. 한편으로, 세금에 책임이 있는 민족적 유대인 탈세자들이 수색됐고 재산이 압수됐다. 다른 한편으로, 이방 기독교인 같

25.　Suetonius, *Domitian*, 12.2 (Rolfe, LCL).

26.　Cassius Dio, *Roman History*, 67.14.1-2 (Cary, LCL).

은 비-유대인들은 "유대인의 방식"으로 전향한 것으로 기소되어 처형될 수 있었다. 전자에는 세금과 더불어 이로 인해 합법화된 무신론이 있었다. 후자에는 전향 및 죽음의 가능성을 가지고 있는 비합법적인 유사(pseudo) 유대교가 존재했다.[27]

마지막으로 도미티안의 계승자인 네르바(Nerva)는 유대인 인두세에 관한 추가적인 개혁을 단행했다. 이는 기독교와 유대교를 규정하는 데 범지역적인 영향을 미쳤다. 네르바는 기원후 96년 황제의 자리에 오르자마자 "유대인 인두세에 대한 부당한 고발"의 종언을 선언하는 동전을 발행했다. 그리고 카시우스 디오는 무신론을 이유로 도미티안에 의해 재판에 회부된 사람들이 석방됐다고 보도한다. 그 때부터 인두세를 내야하는 유대인은 오직 "조상의 관습을 계속해서 지키는 사람들"이었다.[28] 그들은 세금을 납부했고, 로마가 인정한 유대인으로서 보호를 누렸다. 반면에, 토라를 준수하지 않는 기독교인들은—인종적으로 유대인이든, 아니든—유대인 인두세와 이로 인한 암묵적인 보호 밖에 놓였다.[29]

---

27. Heemstra, *Fiscus Judaicus*, 24-66 및 여러 곳. 그리고 Zetterholm, *Formation of Christianity at Antioch*, 186-189. 여러 기독교인의 자료에, 특히 그의 통치기의 여러 죽음에 관한 구체적인 기록의 부족을 고려하여, 어떤 사람들은 도미티안 치하의 박해의 정도에 회의론을 표현했다. 그럼에도 *Pliny* 10.96은 도미티안의 시기에 박해를 경험했던, 그가 심문했던 기독교인들에 대해 지나가는 말로 언급한다. 게다가, 윌슨(Wilson)이 가리키는 것처럼(*Related Strangers*, 17), Pliny 자신이 기독교들을 처형했다고 주장한다. 그러나 우리는 이러한 순교를 기념하는 기독교 자료를 가지고 있지 않다.

28. Cassius Dio, *Roman History* 65.7.2 (Cary, LCL).

29. Heemstra, *Fiscus Judaicus*, 67-84, 174-176.

이러한 의미에서 로마는 이제 기독교를 비-유대적인 것으로 정의했다. 이는 아마도 기독교인들이 사실상 어떻게 취급됐는지에 관해 거의 영향을 미치지는 못했을 것이다. 250년까지 기독교인들에 대한 광범위한 박해는 없었다. 그리고 기독교인들에 대한 지역적 박해의 실제 사례는 종종 추정되는 것보다 더욱 적었던 것 같다.[30]

우리의 목적을 위해서 더 중요한 것은 유대교와 기독교를 서로 구별된 종교로 재정의하는 데 있어 유대인 인두세에 대한 네르바의 개혁이 무엇을 의미했는지에 관한 것이다. 이전에 "유대교"란 중요한 종교적 구성 요소에도 불구하고 민족적 명칭이었다. 만약 누군가 유대 민족에 속했다면—팔레스타인 내부에서든, 외부에서든—"유대인"이었다. 그리고 이는 예수를 따르는 많은 유대인들에게도 마찬가지였다.[31] 그러나 이제 민족적으로 유대인이라는 것은 충분하지 않게 됐다. 네르바의 개혁 이후 "유대인"이라는 것은 랍비 유대교에 의해 점점 더 명시되는 토라 관습과 더불어 조상들의 유대인/유대 민족의 관습, 토라를 따르는 것을 의미했다. 예수 운동의 대부분의 교회는 이러한 정의 밖에 놓였다. 대부분의 예수 추종자들은 바로 이 지점에서 랍비 학교의 토라 규정들은 고사하고, 기본적인 유대 관습들—남성 할례, 안식일, 음식법 등등—을 따르지 않았기 때문이다.

---

30. Moss, *The Myth of Christian Persecution*.
31. Anders Runesson, "Inventing Christian Identity: Paul, Ignatius, and Theodosius I," in *Exploring Early Christian Identity*, ed. Bengt Holmberg (Tübingen: Mohr Siebeck, 2008), 64-70.

* * *

따라서 만약 예수 추종자들이 "유대인"이 아니라면 그들은 무엇이었는가? 바로 이 시기 즈음, 1세기 후반부에 우리는 기록된 자료들 안에 등장하는 "그리스도인"이라는 단어를 최초로 보게 된다. 이러한 명칭은 예수 추종자들을 반란 선동자이자 설립자인 예수 그리스도와 연결시키기 위해 이교도들이 사용했던 명백한 조롱의 용어로 시작한 것처럼 보인다. 타키투스는 "군중"이 어떻게 예수 추종자들을 "그리스도인들"로 칭하게 됐는지에 관해 쓰고, 유죄판결을 받고 처형된 반(anti)-로마 반역자로서 "그리스도"에 대한 평판을 언급한다.[32] 베드로전서 4:16은 "만일 그리스도인으로 고난을 받으면 부끄러워하지 말고 도리어 그 이름으로 하나님께 영광을 돌리라"라고 강조한다.[33] 이러한 1세기 후반부의 논평은 그리스도라는 이름을 짊어지는 것이 "수치"가 될지도 모른다는, 교회들 안에 있는 가정을 반박하는 것처럼 보인다.

우리는 흑해(Black Sea) 근처에 있는 로마 행정 지역들의 총독 플리니우스(Pliny)와 트라야누스(Trajan) 황제 사이의 서신 교환에서 그리스도인이라는 "그 이름"이 무엇을 의미했는지에 관한 구체적인 사례를 볼 수 있다. 플리니우스는 트라야누스에게 "그리스도인(기독교인)이라는 이름 자체가 범죄에 연루된 이름은 아닌지, 아니면 단지 그 이름

---

32. Tacitus, *Annales*, 15.44 (Jackson, LCL).
33. 또한 행 11:26에 주목하라. 여기서의 강조점은 안디옥에 있는 다른 사람들이 예수 추종자들을 최초로 "그리스도인"이라고 부르기 시작했다는 데 있다.

과 관련된 범죄만 처벌받아야 하는지"를 질문한다. 분명히 기독교는
그 지역에서 급속도로 퍼져나갔고, 플리니우스는 "천박하고 끝이 없
는 미신"으로 간주됐던 "기독교"와 관련해 고발된 수많은 용의자들
을 다루어야 했다. 황제의 승인을 요청하면서 플리니우스는 기독교
인들에게 그리스도를 부인하고 황제에게 분향할 세 번의 기회를 주
었던 과정을 설명한다. 거절한 사람들은 투옥되고 처형됐다. 플리니
우스는 그리스도라는 "그 이름" 편에 서 있던 사람들을 죽임으로써,
자기 지역의 마을을 통해 확산되어 지역 신전들의 황폐화와 희생 제
사 동물 시장의 붕괴를 이끌었던 "이 미신적인 전염병"을 막고 있다
고 믿었다.[34] 그리고 트라야누스는 이를 승인했다.

　　플리니우스가 저술할 시기 즈음 안디옥의 주교 이그나티우스는
교회들에 편지를 썼는데, 그것들은 기독교인이라는 이름을 대담하게
주장하고 "유대교"라는 명칭에 반대하는 최초의 문서들 중 하나다.
플리니우스가 언급한 피고인들과 같이 이그나티우스 역시 "그 이름
으로 인해" 정죄를 받았다.[35] 그는 자신이 처형에 맞설 수 있는 불굴
의 용기를 가지고서 "기독교인이라고 불릴 뿐만 아니라 그렇게 생각
될" 수 있도록 여러 교회들에 기도를 요청했다.[36] 그에게 있어서 기독

---

34. Pliny, *Epistles, Trajan.* 10.96. P. G. Walsh, *The Complete Letters: Pliny the Younger* (New York: Oxford University Press, 2006), 278-279에서의 번역.

35. "그 이름"에 관한 여러 표현들은 에베소인들에게 보내는 이그나티우스의 편지 1:2; 3:1에서 등장한다.

36. Ignatius, Romans 3:2, William R. Schoedel, *Ignatius of Antioch: A Commentary on the Letters of Ignatius of Antioch*, ed. Helmut Koester, Hermeneia (Minneapolis: Fortress, 1985), 170의 번역

교인이라는 것은 그리스도를 부인하고 황제를 숭배하기보다 로마인들의 손에 의해 기꺼이 죽음에 직면하는 것을 의미했다.

이그나티우스에게 있어서 세상에는 단지 두 종류의 "동전", 곧 두 유형의 사람만 있었다. 불신자들은 "세상의 도장(stamp)"을 지니고 있는 반면, "사랑 안에 있는 신실한" 사람들은 자유로운 선택으로 기꺼이 "그리스도의 수난과 함께 죽고자 한다."[37] 예언자 바울과 이그나티우스는 후자 집단, "사랑 안에 있는 신실한 자"에 속한 진정한 "기독교인들"이었다. 그들은 자랑스럽게 "그 이름"을 짊어지고 예수를 따라 죽고자 하는 의지에 의해 그렇게 정의됐다. 로마인들은 이러한 의지를 범죄자의 "완고함"이라고 생각했다.[38] 이그나티우스는 이 완고함을 그리스도인의 믿음이라고 불렀다.

이그나티우스는 "예수 그리스도를 공언하면서 유대교를 실천하는 것은 우스꽝스러운 일이다"라고 말하면서 기독교인의 믿음과 유

---

37. *Magnesians* 5:2. 여기에 있는 이그나티우스의 번역은 Maxwell Staniforth and Andrew Louth, *Early Christian Writings: The Apostolic Fathers* (New York: Penguin, 1987), 72에 있다.

38. 기독교인의 박해에 대한 한 요인으로서 "완고함"에 관한 강조에 대해서는, 특별히 고전적 논문, G. E. M. Ste. Croix, "Why Were the Early Christians Persecuted?," *Past and Present* 26 (1963): 6-38을 보라. Moss는 이러한 요인이 단지 기독교인들에 대하여 다른 사람들이 갖고 있던 부정적인 이미지, 즉 다른 근거로 인한 두려움을 토대로 하여 설립된 이미지에만 공헌했다고 주장한다(Candida Moss, *The Myth of Christian Persecution*, 176). 또 다른 관점으로, 그리스도인들에 대한 주요 고발로서 '콘투마키아'(contumacia: 공식적 명령에 대한 불순종)와 관련해서는 다음을 보라. A. N. Sherwin-White, *The Letters of Pliny, A Historical and Social Commentary* (Oxford: Clarendon, 1966), 783-787.

대교를 대조시킨다(에베소에 보내는 이그나티우스의 편지 10:3). 기독교가 유대교로부터 성장했다는 것을 인식하고 있음에도 불구하고 이그나티우스는 지금의 교회가 그것과는 다른 어떤 것이라고 강조했다. 기독교와 유대교 사이의 이 대조는 교회 안의 새로운 발전을 반영한다. 예수 운동은 특히 구성원들이 점점 더 이방인들로 채워짐에 따라, 한동안 유대교의 나머지 부분에서 멀어져 표류하고 있었다. 그러나 이그나티우스는 최초로 기독교라는 외부인 딱지를 강력하게 수용하고, 기독교를 유대교와 대조시키면서 각각을 개별적인 종교로 이해했다.

이그나티우스는 기독교가 하나의 종교로 등장하는 과정에서 두 가지 서로 맞물린 경향, 곧 순교를 기독교의 속성으로 받아들이고 기독교와 유대교를 구별된 종교로 이해하는 것을 구현하기에 중요한 인물이라 할 수 있다. 이그나티우스의 편지가 등장하기 불과 몇 년 전, 유대인 인두세에 관한 제국 전역에 걸친 네르바의 개혁은 "선조들의 관습을 계속해서 따랐던" 유대인들을 그렇게 하지 않았던 사람들, 특히 기독교인들로부터 합법적으로 구별시켰다. 제국 전역에 걸친 진정한 유대교에 관한 이런 정의는 예수 운동을 비-유대 기독교로서 이교적 정체와 결합시키면서, 순수하게 지역적 역학에 따라 발생했더라면 더 오래 걸렸을 기독교와 유대교의 범지역적인 분리를 촉진시켰다.[39] 기독교가 로마에 의해 승인된 유대교로부터 점점 더

---

39. 유대교와 기독교의 등장과 자기 정의에 관한 최근 학문의 주요 흐름은 두 가지가 상대적으로 늦은 시기까지 불가분하게 서로 얽혀 있었다고 주장했다. 더 이른 시기의 학문에 관한 논의와 개관을 위해서는, Adam Becker and

분리될수록, 이그나티우스 같은 기독교 신자들은 더욱더 처형 가능성에 노출됐다. 그리스도의 십자가를 취하면서 이그나티우스 같은 많은 사람들은 처형이라는 특별한 기독교인의 위험성을 받아들였고, 심지어 추구하기까지 했다.

* * *

그래서 우리는 로마의 트라우마 이전에 있던 초기 유대교로부터 두 개의 종교, 곧 랍비 유대교와 점증하는 이방인 기독교가 등장하는 것을 볼 수 있다. 랍비 유대교는 더 이른 시기 유다의 포로기 트라우마에서 기원했던 거룩한 민족이라는 개념 위에 세워져 있다. 이는 유대 민족이 로마의 트라우마에 직면해서뿐 아니라 이후 수 세기 동안 유대교에 대한 이방인의 핍박에 맞서서 살아남는 데 놀라울 정도로 회복탄력성이 강하다는 사실을 보여준다. 반면에 이방인 교회는 선교적 노력에 있어서 믿을 수 없을 정도로 성공적이었다. 초기에 기독교는 유대교 내부의 아주 작은 메시아적 운동이었지만 결국 이후 로

Annetee Yoshiko Reed, eds., *The Ways That Never Parted: Jews and Christians in Late Antiquity and the Early Middle Ages* (Tübingen: Mohr Siebeck, 2003), 그리고 (더 이른 시기의 작품으로 확장하여) Daniel Boyarin, *Border Lines: The Partition of Judaism and Christianity* (Philadelphia: University of Pennsylvania Press, 2004) 안에 있는 논문들을 보라. 이 학문 체계는 몇몇 이른 시기의 학문의 시대착오적인 경향을 적절히 조정했지만 몇몇 결함들도 갖고 있다. 다른 관점들을 위해서는 다음을 보라. Thomas Robinson, *Ignatius of Antioch and the Parting of the Ways: Early Jewish-Christian Relations* (Peabody, Mass.: Hendrickson, 2009), 203-240, 그리고 Heemstra, *Fiscus Judaicus*, 67-84.

마 제국 인구의 상당한 부분을 구성했고, 유대 전쟁으로부터 살아남은 랍비 유대교 및 다른 형태의 유대교보다 더욱더 커졌다. 이러한 차원에서 로마인들이 기독교가 결국 지역적이고 제국적인 전통 종교를 대체하게 될 것이라고 두려워한 점은 옳았다. 시간이 흐르면서 실제로 그렇게 됐다. 비록 기원후 249-251년, 257년, 특별히 303-311년, 기독교를 완전히 말살하려는 로마 제국의 몇몇 필사적인 시도가 있었지만 모두 실패했다. 기독교는 311년 갈레리우스(Galerius) 칙령을 통해 로마 제국에 의해 공인됐다. 306년부터 337년까지 로마 제국의 황제였던 콘스탄티누스(Constantine)는 기독교로 개종했고, 313년 밀라노 칙령(the Edict of Milan) 제정을 도왔다. 이전의 박해에서 몰수됐던 기독교의 재산은 되돌려졌다. 380년에 기독교는 로마 제국의 공식적인 종교로 선포됐다. 한때 기독교의 "무신론"을 제거하기 위해 사용됐던 로마 국가의 권력이 이제는 기독교의 유일신론을 거부하는 비-기독교 의식을 반대하는 것으로 전환됐다. 유대교는 이전과 같이 제국 내에서 용인되는 종교로서의 지위와 관련하여 불안정한 보호를 받았지만, 유대인들은 여전히 지역적인 소동(disturbances)에 취약했다.

기독교가 이러저러한 측면에서 진정으로 "유일신론적"이었는지에 대해 합리적으로 질문해볼 수 있다. 기독교는 신격에 있어서 삼위일체—성부, 성자, 성령—를 인정했다. 동정녀 마리아, 수많은 성인들, 순교자들, 다른 성스러운 인물들에 대한 예식은 말할 것도 없다. 그러나 기독교는 고대 세계에서 중요했던 의미에 있어서 유일신론적이었다. 기독교는 자체의 신 외에 다른 신들에 대한 숭배를 단호하게 거부했다. 이것은 다른 민족 집단과의 단순한 불일치가 아니었고, 그 집단의 신들을 내부 집단의 갈등 요소로서 거부했다. 아니, 이것은 호세아 혁명으로부터 물려받은 교회의 유산이었다. 거기서 이스라엘의 예언자 호세아는 아시리아 트라우마에 반응하면서 백성들에게 오직 야웨만을 숭배하고 다른 모든 신들을 거부하라고 촉구했다. 유다는 요시야의 개혁 아래 이런 혁명을 넘겨받았고, 바빌로니아의 포로민들은 이를 우주 안에 야웨 외에 예배를 드릴 만한 다른 진정한 신이 아예 존재하지 않는다고 믿는 데까지 한층 더 진전시켰다.

이러한 유일신론은 제2성전기 유대교의 파괴로부터 살아남았던 다양한 종교 안에서 다양한 형태로 나타났다. 여러 형태의 디아스포라 유대교는 다른 민족의 하나님 숭배와 관련하여 어떤 식의 합의에 도달했던 것처럼 보이며, 심지어 출애굽기 22:28에 있는 "하나님(개역개정에는 '재판장'으로 번역됨—역주)을 모독하지 말라"라는 명령의 그리스어 번역을 "너희는 신들을 모독해서는 안 된다"로서 채택했다. 이는 이제 다른 민족이 숭배하는 신들을 존중하라는 명령으로 이해된다.[40] 일반적으로 비개종적인 종교로서 랍비 유대교는 비-유대인의 삶과 예배 형태를 수용하는 고유한 형태를 발전시켰다. 그러나 기독교는 결국 다른 신을 거부하는 유일신론의 더 엄격한 형태를 강요하게 됐다. 기독교는 개종자들이 다른 이들의 우상 숭배로부터 스스로를 분리해내야 한다고 주장했을 뿐 아니라, 자체로서 로마 제국의 종

---

40. 또한 Josephus, *Antiquities*, 4.207 (Thackeray, LCL; 토라를 다른 말로 바꾸어 표현함), 그리고 Philo, *Special Laws*, 1.53 (LCL, Colson)에서 발견되는 유사한 명령에 주목하라. 이것은 다른 신들에 대한 이방인의 숭배가 용인되어야 한다는 것을 강조한다.

교가 됐을 때 모든 형태의 비-유대 종교를 억압하기 시작했다. 이러한 억압은 즉각 성공하지 못했고, 극히 축소된 후기 로마 제국에 포함된 지역에만 영향을 미쳤을 뿐이다.

* * *

로마는 기독교에 대한 두려움이 옳았다는 것을 입증했다. 초기에 로마인들은 이그나티우스 같은 예수 추종자들을 "천박한 미신", "전염병"으로, 그리고 전통적인 신들 숭배를 위협하는 "무신론"의 한 형태를 촉진시킨다는 명목으로 비판했고 심지어 고발했다. 자기 자신을 고수했던 유대교와는 달리, 기독교는 제국의 남은 부분을 감염시킬 수 있는 가능성을 지닌, 특히 유독한 유일신론 형태를 대표했다. 그리고 실제로 증명됐듯 이 전염병은 계속 확산됐다. 플리니우스의 처형 같은 그리스도인들에 대한 지역적인 처형도, 기원후 303-311년 디오클레티아누스(Diocletian)의 대규모 박해 같은 더욱 범지역적인 박해도 기독교 팽창의 물결을 저지할 수 없었다. 313년, 예수가 십자가에 처형된 지 300년이 되기 전, 기독교적 "무신론"은 승리했고, 로마의 "이교도주의"는 쇠퇴하고 있었다.

우리가 지금 서방에서 볼 수 있는 종교적 세계는 이러한 엄청난 변화의 산물이다. 로마인들은 십자가에서 설립자를 처형함으로써 예수 운동을 중단시킬 수 있다고 생각했다. 그들은 예루살렘을 파괴하고, 유다 지역으로부터 유대인들을 제거하고, 유대교를 실패한 반역 사례로 만듦으로써 유대교를 영구히 무효화시켰다고 생각했다. 이후에 플리니우스 같은 개별 통치자들과 디오클레티아누스 같은 황제들은 위험하고 악의에 찬 유일신론적 "무신론" 형태의 대표자들로서 많은 기독교인들을 처형했다. 이러한 모든 노력, 이러한 모든 유혈 참사, 파괴된 공동체는 로마가 의도했던 것과 정반대로 작용했다. 이 모든 트라우마로부터 랍비 유대교와 기독교라는 두 개의 종교가 등장했다. 그리고 이들은 로마 제국의 통치보다 1500년 이상 지속됐다. 로마는 적어도 초기에는 자신 편에 폭력이라는 막강한 힘을 가지고 있었다. 이 힘은 유대인의 폭동을 진압하고 기독교를 억압하기 위해 사용됐다. 그와 대조적으로 유대교와 기독교는 아시리아, 바빌로니아, 헬레니즘에 이르는 수 세기 동안의 트라우마로부터의 생존이라는 유산을 토대로 설립될 수 있었다. 이후 수천 년간 지속됐던 것은 바로 유대교와 기독교였다. 그리고 기독교는 마침내 제국의 종교가 됐고, 스스로 국가 폭력이라는 힘을 얻었다. 로마인들은 결국 승산이 없었다.

제12장
트라우마 이후의 복음서

    신약성서의 복음서는 로마에 의해 예루살렘이 파괴된 지 수십 년 이후에 예수에 관한 이야기가 어떻게 재형성됐는지를 보여준다. 그때는 로마가 점점 교회를 유대교의 범법적인 형태로 간주하고 있던 시기였다.

    이 관점은 많은 사람들이 기독교 복음서를 바라보는 방식을 재설정(reorientation)하도록 요구한다. 전통에 따르면 복음서는 예수 생애의 목격자들, 사도들, 동료들—마태, 마가, 누가, 요한—에 의해 쓰였다. 그러나 한 세기 이전에 성서학자들은 이 일이 불가능하다고 결론지었다. 이 복음서들이 분명한 초기 전통들을 포함하고 있다 하더라도, 실제로는 더 후대의, 사도 이후 교회의 관점으로부터 예수의 삶을 되돌아보고 있다. 복음서들은 예루살렘 성전 파괴, 다른 형태의 유대교로부터 기독교인들의 소외, 대단히 위험한 선교적 유일신론을 가진 기독교인들을 이교적인 것으로 표적 삼는 렌즈를 통해 예수 이야기를 전한다. 다시 말해, 복음서들은 로마 트라우마를 계기로 예수 이야기를 재진술한 것이다.

　　분명히 어떤 사람들은 우리가 예수에 관한 트라우마 이전 내러티브에 접근할 수 있다고 믿는다. 학자들은 성서에서 배제된 고대의 기독교 복음서들에 대해 오래전부터 알고 있었다. 그리고 이러한 인식은 1970년대 나그 함마디(Nag Hammadi)라는 이집트의 한 사막 마을에서 콥트어(Coptic, 그리스 문자들로 작성된 이집트어의 후기 형태)로 작성된 비정경 문서들의 서고가 발견되면서 확장됐다. 어떤 사람들은 이러한 문서들이 예수 이후 수 세기가 지난 뒤에 복제됐다 하더라도, 성서의 복음서들보다 더 이른 시기의 예수 전통들을 보존하고 있다고 주장했다. 가령 (초기 그리스어 사본들에도 불완전하게 보존되어 있는) 도마복음서(Gospel of Thomas) 같은 사례의 경우는 비정경적 문서들이 때때로 성서 내부의 문서들보다 더 이른 시기의 전통들을 보존하고 있는 것에 대한 좋은 실례가 될 수 있다. 그럼에도 이러한 배제된 복음서들의 현재 형태는 신약성서 내에 보존되어 있는 복음서들보다 일반적으로 더 후대의 것이다. 전반적으로, 성서의 복음서들은 예수의 추종자들이 예수에 관한 이야기—생애, 십자가 처형, 부활—를 어떻게 작성하게 됐는지에 대한 가장 이른 시기의 완전한 사례를 대표한다.

　　이러한 성서의 복음서들 중 마가복음이 일반적으로 가장 앞선 것으로 인정된다.[1] 이는 성서의 복음서들 중에서 가장 짧고, 또한 로

1.　확실히 마태복음은 신약성서에서 제일 먼저 등장하고, 많은 기독교인들에게 가장 잘 알려져 있다. 그러나 마태복음은 마가복음의 확장을 의미한다. 이는 누가복음에 대해서도 마찬가지이다. 요한복음은 비록 다른 성서 복음서들

마의 트라우마에 의해 지배된다. 마가복음 안에서 우리는 로마에 의한 예루살렘 파괴, 기독교인들에 대한 점점 증가하는 폭력과 함께 예수의 십자가 처형이라는 현실과 싸우고 있는 예수 운동의 초기 단계들을 볼 수 있다. 가장 이른 시기의 완전한 복음서로서 마가복음은 다른 신약성서 복음서들 안에도 등장하는 이러한 트라우마를 다루는 모델을 확립했다.

십자가 처형의 트라우마

우선 앞서 언급한 것처럼 마가복음은 상대적으로 날것의, 가공되지 않은 방식으로 예수의 마지막을 묘사하고 있는, 이른 시기의 "십자가 처형 내러티브"를 보존하고 있다. 예수는 겟세마네 동산에서 하나님에게 죽음을 피할 수 있게 해 달라고 간청하고, 제자들은 그를 배신하여 내버리며, 그는 유대인 지도자들과 로마의 통치자에 의해 채찍질 당하고, 십자가에서 처형된다. 우리는 이 마가 이전의 십자가 처형 내러티브의 정확한 범위를 알 수 없다. 그러나 한 가지는 분명하다. 그것은 예수를 배신, 시험, 채찍질, 죽음에 대한 양면적인 희생자로 묘사한다. 고귀한 죽음에 관한 다른 이야기에 등장하는 영웅적인 희생자들과는 달리 이 예수는 로마인들에 의해 심문을 받을 때 침

안에서 보이는 것과는 다른 전통을 보존하고 있다고 하더라도, 마태복음과 누가복음만큼이나 이후에, 또는 그보다 더 후대에 기록된 것처럼 보인다. 이는 현대의 국제적인 학문 대부분의 일반적인 합의를 대표한다.

묵한다. "십자가 처형 내러티브" 안에 있는 예수는 자신이 죽을 때 멋들어진 연설을 하는 대신에 "나의 하나님, 나의 하나님, 어찌하여 나를 버리셨나이까"라고 부르짖는다.

마가복음은 이러한 예수 죽음의 트라우마에 관한 초기 이야기를 더 이른 시기의 예수의 삶에 관한 새로운 이야기로 시작한다. 거기서 예수는 자신의 십자가 처형을 예견하고 완전하게 수용한다. 한 학자는 다음과 같이 유명한 말을 남겼다.

> 마가복음은 프롤로그가 있는 수난 내러티브[십자가 처형 내러티브]다.[2]

비록 마가복음이 예수가 양면적인 희생자라는 더 이른 시기의 십자가 처형 내러티브를 보존하고 있다고 할지라도, 이 이야기 앞에 있는 마가복음 1-13장 내러티브를 특징으로 한다. 거기서는 예수를 다른 사람들을 위하여 기꺼이 죽음을 받아들이는 강력한 영웅으로 묘사한다. 이러한 새로운 마가의 "프롤로그"에 따라 예수의 제자들과 주변 무리들은 예수가 메시아적 왕위를 향한 곧은 길 위에 있다고 착각하게 된다. 그러나 예수 자신은 다른 사람들을 위한 죽음이라는 정반대의 길에서만 이러한 신적인 영광을 누릴 수 있다는 것을 처음부터 알고 있었다. 그는 이 운명을 선택했고 포용했다.

---

2. Martin Kahler, *Der sogenannte historische Jesus und der geschichtliche, biblische Christus*, 2nd expanded and rev. ed. (Leipzig: Deichert, 1896), 80, 각주 11.

* * *

오해된 영웅으로서 예수에 관한 마가의 묘사는 예수의 신적 능력에 초점을 맞춘 장으로 시작한다. 이는 세례 요한에 의한 예수의 등장에 관한 선포로 출발한다. 세례 요한은 "나보다 능력 많으신 이"가 올 것을 예견하는 예언자 같은 인물이다(막 1:1-8). 그리고 예수는 무대 위에 등장하고, 요한은 그에게 물로 침례를 베풀며, 하나님의 목소리는 하늘로부터 예수에게 크게 울린다.

> 너는 내 사랑하는 아들이라 내가 너를 기뻐하노라(막 1:11).

이후 일련의 이야기들이 시작된다. 거기서 예수는 귀신들을 내쫓고, 아픈 사람들을 치료하고, "하나님의 나라"가 올 것을 알린다(막 1:12-3:6). 그는 모든 단계마다 승리하면서 자신이 세례 요한이 예견했던 "더 강한 사람"(isxuroteros)이라는 것을 입증한다. 그러나 심지어 이 복음서의 앞부분에서조차 우리는 곤경과 죽음이라는 예수의 궁극적인 운명에 관한 전조를 볼 수 있다. 예수가 안식일에 한 쪽 손 마른 사람을 치료한 후에 마가복음은 "바리새인들이 나가서 곧 헤롯당과 함께 어떻게 하여 예수를 죽일까 의논하니라"(막 3:6)라고 말한다. 이러한 문장은 로마를 통해 예수를 죽이려 하는 유대 지도자들의 음모에 관한 마가복음 이후 이야기를 예견한다.

예수의 죽음에 관한 이런 문장이 비난하고 있는 구체적인 유대 지도자들은 바리새인들이다. 그들은 후기 랍비 유대교의 학문적 설립자다. 이는 마가복음이 작성됐던 시점에 관한 또 다른 단서가 된다. 바리새인들은 예수 시대에 대중적인 집단이었지만, 마가복음이 설명하는 것만큼 지배적인 입장에 있지는 않았다. 마가복음에서—초기 십자가 처형 내러티브를 제외하고—그들은 여러 질문으로 예수를 실수하게끔 만들고자 노력하고, 예수에 반대하여 죽이기를 끊임없이 꾀하는 적대자다(막 2:16, 18, 24; 3:1-6; 7:1-5; 8:11, 15; 10:2; 12:13-15). 이런 식으로 십자가 처형 내러티브 앞에 있는 마가복음 프롤로그를 기록한 1세기 후반의 저자는 이후의 상황—제2성전의 파괴 이후—을 보여준다. 거기서 예수의 추종자들과 랍비 유대교의 초기 바리새인 지도자들은 자신들이 제2성전기 유대교의 진정한 후계자라고 주장하며 서로 경쟁한다. 저자는 자기 시대의 교회의 적대자들—바리새인들—을 예수의 십자가 처형에 이르기까지 이어지는 이야기 안에 집어넣는다.

* * *

마가복음 8-10장에서 예수는 자신의 임박한 죽음을 예견하기 시작한다. 그는 여전히 위대한 기적들을 행하고 여러 가르침을 제시한다. 그러나 그는 자신이 십자가에서 처형될 것이라고 세 번씩이나 말함으로써 제자들을 당황하게 만든다. 그의 마지막 예견은 예루살렘에 막 들어가려고 할 때 등장한다. 예수는 제자들에게 "보라 우리가 예루살렘에 올라가노니 인자가 대제사장들과 서기관들에게 넘겨지매 그들이 죽이기로 결의하고 이방인들[로마인들]에게 넘겨주겠고 그들은 능욕하며 침 뱉으며 채찍질하고 죽일 것이나 그는 삼 일 만에 살아나리라"(막 10:33-34)라고 말한다. 이 지점에서 예수는 마가복음에서 묘사된 것처럼, 이후의 십자가 처형 내러티브에 있는 사실상의 모든 요소, 배신, 채찍질, 조롱, 십자가 처형을 예견했다. 그러나 모든 단계에서 예수의 제자들은—마가복음에 묘사된 것처럼—여전히 예수를 하늘의 영광을 향한 곧은 길 위에 있는, 장차 왕이 되어야 할 자로 바라본다.

　한 차원에서 이는 단지 예수와 혼란스러운 제자들에 관한 이야기인 것처럼 보인다. 이를 단순한 역사적인 이야기로 읽지 않는 것은 어렵다. 그러나 더욱 상세하게 관찰해 보면 이 복음서의 더욱 깊은 문제가 등장한다. 이 책의 저자는 예수와 진정한 영광에 관한 오해에 맞서는 것을 목표로 삼는다. 그렇다. 군중은 치료와 가르침을 위해 예수에게 몰려들었다. 그렇다. 예수의 제자들은 그가 로마를 패배시킬 운명을 가진 메시아적 인물이라고 생각했다. 그러나 복음서는 두 집단이 예수의 진정한 정체성과 운명을 근본적으로 잘못 이해하고 있다고 묘사한다. 마가복음에 따르면 예수 자신은 오래전에 십자가 위에서의 죽음을 예견했다. 예수의 인생은 트라우마적인 결말로 끝나지 않았다. 그것은 신적인 능력을 부여받은 한 영웅이 겪은 자발적인 죽음이었다.

　이런 식으로 마가복음은 1세기 후반, 예수의 죽음에 관한 독특한 관점을 제공한다. 이는 분명 더 이른 시기의 전통들 위에 세워져 있다. 이 복음서의 저자는 분명히 예수에 관한 더 오래된 말과 이야기를 알고 있었다. 그럼에도 그는 예수의 십자가 처형 이야기를 재구성하려고 그러한 전통들을 선택하고 확장했다. 그 결과 신약성서 안에 보존되어 있는 최초의 확장된 예수 이야기, 즉 최초로 글로 작성된 "복음서"인 성서의 마가복음이 탄생했다.

이 책은 주로 자신의 십자가 처형을 예견하고 수용하는 강력한 예수를 부활에 관한 예언에 혼란스러워하는 제자들과 함께 제시함으로써 십자가라는 트라우마적 사건을 재구성하고 트라우마에 대응했다. 그러나 이 책의 가장 이른 시기의 판본은 갑작스럽게—빈 무덤, 갈릴리 고향에서 제자들이 예수를 다시 보게 될 것이라는 천사의 예언, 너무 무서워서 이러한 예언을 다른 어느 누구에게도 말하지 못하는 세 여인—끝난다. 이 결말은 단지 희미하게 부활을 예견했을 뿐이며, 여전히 예수를 잃은 트라우마의 상처를 보존하고 있다. 마태복음, 누가복음, 요한복음은 부활한 예수를 실제로 보았던 제자들에 관한 이야기를 추가함으로써 이러한 결말을 교정했다. 마태복음과 누가복음은 제자들과 예수의 만남들에 대해 보도한다. 요한복음은 예수가 무덤에서 마리아를 만나고 이후에 제자 도마로 하여금 상처를 만져보도록 허락한 것에 대해 말한다.[3] 이러한 부활 이야기들을 포함시킴으로써 후대 복음서들은 죽음에 대한 영광의 승리로 십자가 처형이라는 수치를 반박했다.[4]

이렇게 말하면서 나는 이 저자들이 십자가 처형의 영향을 감소

---

3.   본래의 결말은 요 20:30-31에 있고, 21장은 유사한 결론을 특징으로 하는(요 21:25) 후대의 확장이라는 것에 일반적으로 동의한다.

4.   Colleen Conway, *Behold the Man: Jesus and Greco-Roman Masculinity* (New York: Oxford University Press, 2008), 120-122, 145-149.

시키기 위해 예수의 부활 이야기를 지어냈다고 주장하는 것은 아니다. 바울 및 다른 초기 기록 안에 있는 부활에 대한 여러 언급은 예수를 따르는 유대인들이 십자가 건너편에서 예수와의 만남에 대해 이른 시기부터 이야기했음을 나타낸다. 여기서 다른 점은 그러한 (초기의) 전통들이 결여됐던 초기 십자가 처형 내러티브 끝에 추가됐다는 것이다. 따라서 이러한 추가들은 예수의 십자가 처형 트라우마를 더 넓은 틀 안에 두기 위한 예수 추종자들의 진행 중인 투쟁을 반영한다.

결국, 더 후대의 몇몇 기독교인들도 부활 이야기의 일부분을 마가복음 자체에 추가하여, 빈 무덤이 아니라 부활 장면으로 마무리되도록 마가복음의 확장판을 만들기까지 했다. 이러한 마가복음 확장판은—마태복음, 누가복음, 요한복음과 마찬가지로—십자가 처형이라는 트라우마와의 조우로부터 점점 더욱 멀어졌다. 아마도 이로 인해 마가복음 확장판의 사본들이 더 짧은 판 사본보다 수적으로 많아졌을 것이다.

이 모든 것은 예수의 십자가 처형이라는 지속적인 트라우마에 대한 완곡한 증언이다. 마가는 예수의 죽음 이야기에 프롤로그를 추가하여 확장시키고 이후 복음서들(그리고 마가복음의 편집들)은 결말을 확대시킨다. 그러나 십자가 처형은 여전히 남아 있으며, 십자가 처형의 힘은 이를 재구성하려는 후기 그리스도인들의 노력에 반영되어 있다. 예수의 죽음이라는 현실을 다루려는 바로 그 과정에서, 마가복음과 이후 복음서들의 저자들은 그 여운을 내비치고 있다.

예루살렘 파괴의 트라우마

마가복음은 수십 년 전 예수의 죽음에 관한 트라우마를 해결하려고 애쓰고 있지만 더 최근의 트라우마인 로마의 예루살렘 파괴에 관한 반향도 보존하고 있다. 마가 이야기 세계 안에서 이 파괴는 예수와 제자들의 미래에 놓여있다. 우리는 예수가 예루살렘에 와서, 성전으로 갔고, 성전의 지도층과 논쟁했다는 것을 읽는다. 그러나 여기서 다시 우리는 마가복음이 예수의 죽음 수십 년 이후에 쓰였다는 것을 상기해야 한다. 저자는 예루살렘의 파괴에 관해 뒤돌아보면서 이를 예수의 죽음과 연관시킬 수 있었다. 마가복음 저자는 이러한 후대의 관점으로부터 작성하며 십자가 처형에 이르기까지 여러 날 동안 성전을 비판하고 파괴를 예견하는 예수를 묘사했다.

이러한 묘사는 마가복음 11장에서 시작한다. 우리는 여기서 예수가 성전을 방문하여 돈 바꾸는 자들과 가난한 사람들에게 제물로 비둘기들을 파는 사람들의 상들을 뒤엎었다는 것을 읽는다(막 11:15-17). 마가복음의 저자가 이런 전통을 발명했던 것은 아니다. 이는 요한복음 안에서 또 다른 형태로 보존되어 있다(요 2:13-22).[5] 그럼에도 마가는

---

5. 예루살렘 이야기의 배경, (요 2:13에 있는 유월절에 대한 언급을 포함하여) 요 2장에 기록된 내용, 그리고 막 14:58에 있는 본래 이야기에 대한 역-참조 가능성(막 11:15-19[//마 21:12-17; 눅 19:45-48]에 있는 이 삽화에 관한 마가 판[Mark's version]이 아니라, 오직 요 2:19에만 보존되어 있는 말을 역으로 언급함)은 아마도 내가 8장에서 논의했던 초기 "십자가 처형 내러티브"의 일부였을 것임을 보여준다. 그러나 마가복음과 요한복음의 저자는 각각 자

이 이야기를 독특한 방식으로 사용한다. 그는 이것을 예수의 마지막 예루살렘 방문의 서두에 위치시키고 그것을 예루살렘 지도층과 예수의 대치에 관한 첫 단계로 삼았다. 게다가 마가복음의 이 삽화는 예수가 돈 바꾸는 자들과 비둘기 파는 자들을 하나님의 성전을 "강도의 소굴"로 만들었다고 고발하는 것으로 끝난다. 마가복음 저자에 따르면 이것이 "대제사장들과 서기관들이" 예수를 "죽이고자" 시도하게 된 동기다. 예수가 성전에서 한 일을 들었을 때 이 유대인 당국자들은 예수의 반-성전적 가르침이 군중에게 너무 매력적이지 않을까 걱정했다(막 11:17-18).

이어서 마가복음 12, 13장은 예수와 예루살렘 당국자들 사이에 펼쳐지는 갈등을 묘사한다. 이는 예수가 자신을 반대하는 제사장들과 서기관들의 종말을 예견하는 "포도원 비유"를 말하는 것으로 시작한다. 이사야가 하나님의 포도원/백성을 잘못 돌본 것에 대해 예루살렘 지도층에 대한 하나님의 파괴를 예견했던 구약성서의 예언을 토대로 하여(사 5:1-7), 마가복음의 예수는 예루살렘의 현재 지도층이 하나님의 포도원을 잘못 다루고 있는 것에 대해 동일한 죄가 있음을 암시한다. 예수는 분명하게 드러나지 않는 언어로 성전 지도층을 하나님의 포도원을 차지하고서 예수를 포함한 하나님이 포도원으로 보낸 사람들을 죽인 악한 "종들"로 넌지시 묘사한다. 이것이 복음서

신의 고유한 목적을 위해 예수 성전 안 시장 공격 이야기를 사용했다. 마가복음 저자는 이를 예수가 예루살렘 안에 머무른 이야기의 서론으로 사용했던 반면에, 요한복음 저자는 유대교 지도자들과 예수의 갈등에 대한 설명으로서 복음서의 가장 첫 부분에 위치시켰다.

가 암시하는 바, 성전 지도자들이 수십 년 후 로마인들에 의해 파괴되어야 했던 이유다. 예수는 포도원의 주인인 하나님이 "그 농부들을 진멸하고 포도원을 다른 사람들에게 줄 것"이라고 알린다. 그러고 나서 13장의 시작 부분에서 예수는 예루살렘 성전의 파괴를 예견한다. 제자들은 이 성전 복합체의 위대함에 대해 외치면서, 예수에게 "선생님이여 보소서 이 돌들이 어떠하며 이 건물들이 어떠하니이까"라고 말한다. 이에 대해 마가복음의 예수는 "네가 이 큰 건물들을 보느냐 돌 하나도 돌 위에 남지 않고 다 무너뜨려지리라"라고 응답한다(막 13:1-2).

이것은 마가복음이 제2성전기 유대교의 트라우마 신호, 곧 예루살렘 성전과 지도층의 파괴를 예측한 방식이다. 이 파괴 이전에, 예수 운동을 포함한 다양한 형태의 유대교는 성전과의 어떠한 연결고리를 가짐으로써 서로 결합되어 있었다. 확실히 교회 또는 쿰란 공동체와 같은 집단들은 예루살렘 성전에 대해 비판적이었다. 그럼에도 심지어 그런 유대인들조차도 예루살렘에 존재하는 성전에 대해 긍정적이든, 부정적이든 어떤 지향성을 가짐으로써 다른 사람들과 연결되어 있었다.

성전이 파괴됐을 때 그런 공통의 지향점이 사라졌다. 그리고 마가복음의 이 장들은 그러한 상실을 반영한다. 이는 기독교인들이 유대교의 다른 부분으로부터 분리되어 표류하기 시작함을 보여준다. 그들에게 있어서 성전 파괴는 애도되어야 하는 비극이 아니었다. 그것은 예루살렘의 부패한 지도층에 대한 하나님의 정당한 심판이었다. 그리고 마가복음은 이러한 관점을 예수 이야기 안으로 역으로 투

사한다. 그에 따르면 예루살렘은 하나의 주요한 근거로 인해 파괴됐
다. 곧, 유대교 지도자들(악한 "소작인들")이 예수(포도원 주인의 아들)를 죽
였기 때문이다.

따라서 적어도 이 본문 저자에게 있어서 로마인들에 의한 유대
교의 트라우마는 기독교의 트라우마가 아니었다. 트라우마에 대한
이러한 서로 다른 영향은 예수의 추종자들과 유대교의 다른 부분들
사이의 분열을 보여주는 표시다. 예를 들어, 랍비 유대교는 예루살렘
과의 깊은 결속 관계를 결코 상실하지 않았다.[6] 기독교는 그렇지 않
았다. 마가복음 안에 있는 이러한 예수 이야기들은 성전에 대한 수많
은 기독교 논쟁 중 하나일 뿐이다. 이전에 언급했던 것처럼 후대의
기독교 신학자들은 성전 파괴를 하나님이 유대교를 거부했다는 것,
그리고 하나님의 진정한 백성인 새로운 "이스라엘"로서 기독교 교회
를 받아들였다는 것에 대한 증거로써 사용했다.

이렇게 마가복음은 유대교 이후의 기독교 교회에 대한 설립 문
서로 서 있다. 마태복음과 누가-행전 저자들은 마가복음 이야기를 적
용하면서 성전 지도층에 대한 마가의 비판적 태도와 성전 파괴에 대
한 예언을 취했다. 한편으로, 그들은 교회가 이스라엘 유산의 진정한
상속인이라는 주장을 뒷받침하면서, 예수와 구약성서 사이의 연결점
을 더욱 강조했다. 다른 한편으로, 그들은 다른 유대인들을 더욱 비

---

6. 최초의 핵심 랍비 문서, 최초기 미쉬나의 핵심은 성전 규정으로 구성되어 있
   다. 그리고 유대인의 삶의 많은 부분은 정결에 관련된 법들로 둘러싸여 있
   다. Jacob Neusner, *Method and Meaning in Ancient Judaism* (Missoula, Mont.:
   Scholars Press, 1979), 133-153.

난했다. 마태복음의 예수는 서기관들과 바리새인들을 "뱀", "독사의 새끼"(마 23:33)라고 고발하고, 요한복음의 예수는 유대인들을 "마귀의 자녀"(요 8:44)라고 불렀다. 네 개의 모든 복음서에서 예수와 제자들의 운명은 예루살렘의 운명이나 랍비 유대교의 바리새 지도층의 운명과 달랐다.

예수 추종자들에 대한 박해의 트라우마

그러나 예수의 제자들의 운명은 좀처럼 즉각적으로 영광스럽게 되지 않는다. 대신에 마가복음의 많은 부분은 예수의 후대 추종자들이 거절과 심지어 죽음의 고통을 겪게 될 것을 예상한다. 이러한 메시지는 일찍부터 등장하고, 예수가 자신의 십자가 처형을 예견할 때마다 반복된다. 이에 대한 가장 최초의 발표에서 예수는 자신의 십자가 처형 예언을 거부한 베드로를 꾸짖는다. 그리고 계속해서 베드로와 다른 제자들도 비슷한 결말로 고통을 겪을 것이라고 예견한다.

> 누구든지 나를 따라오려거든 자기를 부인하고 자기 십자가를 지고 나를 따를 것이니라 누구든지 자기 목숨을 구원하고자 하면 잃을 것이요 누구든지 나와 복음을 위하여 자기 목숨을 잃으면 구원하리라 (막 8:34-35, 이것은 마 16:24-25; 눅 9:23-24에서 평행됨).[7]

---

7.   이는 마가복음과 그 평행들에서 발견되는 판이다. 보통 "Q 자료"라고 지칭하는, 마태복음과 누가복음에 의해 사용되는 또 다른 자료가 존재하는데, 이

가혹한 말들은 가혹한 시간을 예상하고 있다. 그러나 예수의 제자들은 그 생각을 이해하지 못한 것 같다. 마가복음은 예수와 자기 영광을 기대하고 있는 제자들을 반복적으로 보여준다. 그럴 때마다 예수는 자신의 십자가 처형을 예언하고, 추종자들 역시 동일한 고통을 겪을 준비가 되어 있어야 한다고 알린다. 마지막으로 마가복음 13장에서 예수는 추종자들이 전도하다가 회당에서 정죄받고 채찍질을 당하며("사람들이 너희를 공회에 넘겨주겠고 너희를 회당에서 매질하겠으며"), 지방의 로마 법정에서 재판을 받게 될 것("너희가 권력자들과 임금들 앞에 서리니 이는 그들에게 증거[그리스어 *martyrion*]가 되려 함이라")이라고 구체적으로 예견한다(막 13:9). 마가복음의 예수는 심지어 후대의 추종자들이 예수의 "이름" 때문에 어떻게 정죄받게 될지를 예견하면서(이전 장에 있는 플리니우스와 이그나티우스를 기억하라), "너희가 내 이름으로 말미암아 모든 사람에게 미움을 받을 것이나"라고 말하고, 그들에게 "끝까지 견디는 자는 구원을 받으리라"라고 재차 확신을 불어넣는다(막 13:13).

전통주의자들이 마가복음 13:13 같은 말을 예수의 역사에 귀속시키더라도, 이 단락은 후대 저작에 관한 분명한 단서들을 포함하고 있

것은 주로 말들과 관련되어 있다. 예를 들어, 마 10:38//눅 14:27 ("누구든지 자기 십자가를 지고 나를 따르지 않는 자도 능히 내 제자가 되지 못하리라"), 마 10:39//눅 17:33 ("무릇 자기 목숨을 보전하고자 하는 자는 잃을 것이요 잃는 자는 살리리라"). 십자가에 대한 언급이 없는 이 마지막 버전이 역사적 예수에게서 기원한다는 몇몇 증거가 존재한다. 이러한 흐름들에 따른 간략한 논평들을 위해서, Robert Funk, *The Gospel of Mark: The Red Letter Edition* (Sonoma, Calif.: Polebridge, 1991), 139를 보라.

다. 1세기에 팔레스타인에 살았던 예수를 따르던 유대인들은 "기독교인들"에 대한 로마의 고발을 "내 이름으로 말미암아 모든 사람에게 미움을 받는 것"으로 묘사하지 않았다. 유대 팔레스타인에서 그의 이름은 예수였고, 그의 칭호는 메시아였다. 예수가 메시아에 해당하는 그리스어 번역인 그리스도로 알려지게 된 것은 오직 이방 기독교 안에서다. 더 후대의 이방인 기독교 안에서 비로소 그리스도/기독교인은 "미움을 받게" 되는 예수 추종자들의 "이름"이 된다.

이러저러한 방식으로 마가복음 13장에 있는 예수의 연설은 마가복음의 저자가 자기 시대의 기독교인들에 반대하는 폭력을 재해석하기 위하여 발전시킨 예수 후대의 진술이다. 회당에서의 매질은 유대인 공동체들이 (다른 그리스-로마의 집단들처럼) 심판하는 사람들의 명예를 훼손하는 방식이었다. 마가 시대의 기독교인들은 작게는 사회적 배제("너희가 내 이름으로 말미암아 모든 사람에게 미움을 받을 것이나")에, 그리고 크게는 로마의 사형 선고 고발("나로 말미암아 너희가 권력자들과 임금들 앞에 서리니")에 직면했다. 이러한 곤경에 직면한 후대의 기독교인들은 자기 자신들과 그들의 운동에 대해 의심했을지도 모른다. 그러나 마가복음의 예수 묘사는—바울이 초기에 예수 추종자들을 위한 본보기로 십자가를 채택한 데서 알 수 있는—후대의 기독교인들에게 고통이 예수에 의해 예견된 것이었음을 재확신시켜 준다. 예수는 십자가에서 처형됐으나 부활했다. 그러므로 그들은 두려워할 필요가 없다. 비록 그들이 십자가까지 이어지는 예수의 길을 따르는 것으로 인해 고통을 받는다 하더라도 보상을 받게 될 것이다. 예수는 자신이 선택한 사람들을 모으기 위해 "인자"로서 "권능과 영광을 가지고"

돌아올 것이다(막 13:26-27).

따라서 마가는 예수의 십자가를 취하고 그 이름을 위해 죽을 수 있는 제자들의 운명을 묘사하는 다른 복음서의 원형이 된다. 이런 측면에서 마태와 누가는 마가복음을 수정하고 확장했는데, 특히 누가는 예수의 명령을 아마도 문자적인 "십자가를 취하는 것"에서부터 비유적인 "날마다 제 십자가를 지고"로 넌지시 완화한다(눅 9:23). 이러한 자기희생 주제는 요한복음에도 존재한다. 거기서 예수는 제자들에게 "친구를 위하여 자기 목숨을 버리라"(요 15:13)고 요청한다.

이는 기독교 이야기의 권위 있는 판본, 즉 글로 된 복음서가 됐다. 예수는—그런 복음서 안에 묘사된 것처럼—십자가 위에서의 죽음을 예견했을 뿐만 아니라, 추종자들에게 자신의 운명을 공유하도록 요청했다.

> [그들의] 친구들을 위하여 [그들의 생명을] 내려 놓으라.
> [그들의] 십자가[들]를 취하라.

신약성서의 나머지 부분은 이런 메시지를 강화한다. 사도행전에 나오는 초대교회의 역사는 스데반의 죽음 이야기로 시작하여, 복음을 전파하기 위한 바울과 다른 사람들의 투옥과 채찍질 이야기로 계속된다. 바울은 편지를 통해 어떻게 기독교인들이 "항상 예수를 위하여 죽음에 넘겨지고 예수의 생명 또한 우리 죽을 육체에 나타나게 하는지"(고후 4:11)에 관해 말한다. 한 후대의 저자는 베드로의 이름으로 교회들에게 "부당하게 고난을 받아도 하나님을 생각함으로 슬픔을 참으면 이는 아름다우나 ⋯ 그리스도도 너희를 위하여 고난을 받으사 너희에게 본을 끼쳐 그 자취를 따라오게 하려 하셨느니라"(벧전 2:19, 21)라고 말한다.

이처럼 신약성서는 고난으로 시작하고 고난으로 끝난다. 신약성서는 예수의 십자가와 부활, 그리고 그를 따르는 제자들의 운명에 초점을 맞춘 예수에 관한 네 복음서 이야기로 시작한다. 신약성서는 바울 및 다른 이들의 편지로 계속되는데, 여기서 많은 편지는 추종자들로 하여금 예수의 십자가 처형을 그들의 삶 안에 구현시키도록 요청한다. 그리고 나서 신약성서는 요한계시록의 종말론적 환상으로 끝난다. 만약 신약성서 안에 트라우마를 반영하면서 동시에 기독교인들에게 견디라고 명령하고 있는 어떠한 책이 존재한다면, 그것은 바로 요한계시록이다. 계시록 저자는 섬으로 추방된 상황에서 죽음과 거부를 다루고 있는 공동체들에게 쓰고 있다. 그는 로마("큰 음녀 바벨론")에 대한 하나님의 무서운 파괴 환상과 의로운 기독교인들에 대한 하나님의 보상을 제시한다. 그런 환상을 읽으면서 예수의 추종자들은 자신이 직면하고 있는 어떠한 고통도 그저 일시적일 뿐이라는 사실을 믿을 수 있었다. 로마는 승리한 것처럼 보일지도 모른다. 그러나 그것의 승리는—요한계시록에 따르면—환상에 불과했다. 요한계시록은 당대 기독교인들을 위협하는 모든 힘들에 대한 임박한 하나님의 승리를 예견한다.[8]

---

8.   Adele Reinhartz, "The Destruction of the Jerusalem Temple as a Trauma for Proto-Christian," in *Trauma and Traumatization in Individual and Collective Dimensions: Insights from Biblical Studies and Beyond*, ed. Eva Marie Becker

십자가를 반복하는 것

십자가를 반복하는 것은 초대교회를 위한 강력한 약(medicine)이었다. 어느 것도 그들을 좌절시킬 수 없었다. 처벌은 그들을 낙담시키기보다 오히려 자극했을 것이다. 순교는 가장 큰 사랑의 형태였다.

기독교인들이 유대교 내부 반대자들과 로마의 당국자들로부터 비롯된 산발적인 폭력에만 노출돼 있었다 하더라도, 모든 사람들은 로마의 세계 안에 있는 삶의 고질적인 고통을 특징으로 가지고 있었다. 당시 비문들과 마법 주문들은 질병, 굶주림, 상실을 겪는 사람들의 빈번한 투쟁을 차례로 기록한다. 당시 사람들은 심지어 오늘날보다 더더욱 일상, 건강, 생계에 대한 기본적인 위협으로부터 "구원"을 갈망했다. 기독교인들은 로마의 처형 중 최악의 형태에 의해 고통을 겪었고, 거기에서 살아남은 설립자에 관한 이야기를 전했다. 그뿐만 아니라 이 설립자는 자신의 추종자들에게 십자가 처형을 지나 부활에 이르는 길을 따르도록 요청했다. 마가복음에서 예수는 "누구든지 나와 복음을 위하여 자기 목숨을 잃으면 구원하리라"(막 8:35)라고 말한다. 이후에 그는 "끝까지 견디는 자는 구원을 받으리라"(막 13:13)라고 말한다. 이 예수에게 있어서 구원은 고통으로부터 도피하는 것이 아니라 그것을 통과함으로써 다가온다. 신약성서의 복음서들은 이것이 어떻게 발생하는지에 관하여 명시적이지 않다. 단지 그러하다고

and Else Kragelund Holt, Studia Aarhusiensis no. 2 (Göttingen: Vandenhoeck and Ruprecht, 2014), 285.

주장할 뿐이다. 예수의 십자가와 부활은 추종자들에게 전염된다. 이 메시지는 지속적으로 관련성이 있었고 지금도 그러하다. 고통과 트라우마가 만연한 고대 세계에서 트라우마를 통과하는 예수의 길은 구원에 관한 강력한 비전을 나타냈다.

그러나 예수의 십자가와 부활 메시지가 수많은 사람들을 도왔다 하더라도, 나는 또한 자신들의 트라우마 사건을 강박적으로 반복하고 있는 트라우마를 겪은 생존자들을 설명하는 연구에 대해 생각하고 있다. 성적 학대를 겪은 성인 생존자들은 폭력적인 연인을 찾는다. 전쟁 베테랑들은 고향으로 돌아와서 더욱 큰 폭력에 노출된 직업에 이끌린다. 이처럼 기독교인들이 처음부터 때때로 이런 십자가 처형 전통을 과도하게 취했던 모습이 있었을까? 다양한 형태의 폭력을 단지 견디는 것이 아니라 사실상 추구하고 있는 것은 아닌가? 폭력을 단순히 재해석하는 것이 아니라 스스로에게 추가적인 폭력을 가하고 있는 상황은 어떠한가?

시간이 흐르면서 몇몇 교회의 지도자들은 순교를 추구하도록 추종자들을 강력하게 독려했고, 초기 기독교는 부역(collaboration)을 통해 순교를 회피했던 교회 지도자들을 거부하는 여러 운동(예, 도나투스파 [Donatists], 키르쿰셀리온[Circumcellions])을 경험했다. 기독교가 등장한 첫 2세기 동안에는 다른 유대인 집단이나 로마인도 기독교인 집단을 체계적으로 박해하지 않았지만, 전투적인 기독교인들이 믿음을 위해 "자신의 십자가를 지고" 죽을 기회를 찾는 것을 막지는 못했다. 이미 1세기 끝 무렵에 우리는 일부 기독교인들이 신앙을 위해 죽을 기회를 찾고 있는 기쁨에 반대하는 클레멘스(Clement) 주교를 발견할 수 있다.

> 우리는 죽음으로 돌진했던 사람들(이들 중 일부는 우리에게 속해있지 않
> 고, 단지 이름만을 공유할 뿐이다. 이들은 성급히 자신을 포기하려고 하며, 가련
> 하게도 비참한 사람들은 창조주에 대한 미움을 가지고 죽어간다)—우리는 이
> 들이 공개 처벌을 받더라도 순교자가 되는 것이 아니라 추방된 것이
> 라고 말한다—에 대해 … 이야기한다.[9]

그러나 순교를 향한 이러한 열망은 사라지지 않았다. 후대에 우
리는 폴리카르포스(Polycarp)의 순교, 리용(Lyon)의 순교자들, 페르페투
아와 펠리키타스(Perpetua and Felicity)의 수난 등등 초기 순교자들을 기
념하는 이야기와 더불어 기독교 순교 문학이 꽃 피우는 것을 보게 된
다. 확실히 그런 많은 이야기들은 영웅적인 희생의 그림을 만들기 위
해 조작되거나 장식됐다. 그럼에도 이후 기독교에 미치는 이들의 영
향력은 실제적이었다.

이러한 순교 전설들은 박해를 감수할 뿐만 아니라 그것을 추구
하고 환영한 기독교인들을 묘사했다. 그들은 회피할 수 있었던 끔찍
한 폭력에 자신을 내던졌다. 이런 방식으로 예수의 십자가 처형이라
는 트라우마는 기독교 전통의 역사를 통해 반복됐고, 그의 추종자들
중 몇몇은 기독교의 설립자를 죽였던 종류의 폭력에 거의 강박적으
로 자신을 내던졌다.

---

9.   *Miscellanies* 4.16-17, Moss, *Myth of Christian Persecution*, 194에서 인용.

나는 오늘날에도 이러한 역학 관계가 여전히 지속되고 있다고 생각하기 때문에 이 문제를 제기하는 바다. 기독교인들이 공개적으로 종교를 지키기 위해 심각한 고난에 직면하고 있는 지역들이 분명 존재하겠지만, 기독교인들은 대부분의 경우 현대 세계에서 신체적 학대를 당하지 않는다. 그럼에도 십자가를 중심으로 하는 성서 전통이 여전히 기독교인들에게 분명 회피할 수 있는 고난을 수용하고 심지어 추구하도록 격려하는 교묘한 방식이 많이 존재한다. 배우자에 의해 폭력을 당하고 있는 여성들은 목사들로부터 그 폭력이 "짊어져야 할 그들의 십자가"라고 말하는 것을 듣는다. 그리고 정치로 인해 비난을 받고 있는 기독교인들은, 심지어 정치 과정 가운데서 상당한 권력을 행사하는 경우에도, 자신을 신앙으로 인해 고난을 겪고 있는 존재로 묘사한다. 예를 들어, 러시 림보(Rush Limbaugh)의 남동생, 데이비드 림보(David Limbaugh)는 2003년에 『박해: 자유주의자들은 어떻게 기독교와 전쟁을 벌이는가』(Persecution: How Liberals Are Waging War Against Christianity)라는 책을 썼고, 릭 샌토럼(Rick Santorum)은 2011년 동성애에 관한 발언으로 자유주의 비판에 부딪혔을 때 자신을 박해를 당하고 있는 것으로 묘사했다.[10]

나는 기독교 안에서 진행 중인 이러한 "순교 콤플렉스"가 우리를 거꾸로 기독교의 십자가 처형 전통의 트라우마 기원으로 데리고 간다고 주장하는 바다. 그렇다. 예수의 십자가 처형에 대한 기독교적 변형은 공동체의 생존을 보장하게끔 했다. 그러나 또한 십자가 처형

---

10.   Moss, *Myth of Christian Persecution*, 10-11.

에 대한 기독교의 집착이 병적인 차원을 가질 수 있기에 트라우마와 같은 고통의 강박적 반복으로 이어진다. 각 개인에게 있어서 그러한 강박적 반복을 방지하는 첫 번째 단계는 그 기원을 더욱 명확하게 바라보는 것이다. 나는 기독교인들이 기독교 순교 전통의 기원을 더욱 자세히 살펴봄으로써 유익을 얻을 수 있을 것이라고 제안한다. 순교 전통은 단순히 기독교 전통 안에 "주어진" 것이 아니라, 예수 운동이 처음부터 로마에 의해 가해진 트라우마를 통해 시달려왔고 지금도 시달리고 있는 방식으로 간주될 수 있다.

　여기서의 요점은 예수의 십자가 처형이 끝나지 않았다는 것이다. 어디에서도 끝나지 않는다. 영원히 끝나지 않는다. 어떤 사람들은 이를 승리로 바꾸려고 하지만, 어떤 형태로든 그것을 다시 반복하는 다른 사람들이 존재한다. 기독교의 순교자 전통은 초기 세대 이후, 특히 기독교가 로마의 종교가 된 후 줄어들었지만 결코 완전히 사라지지 않았다. 그리고 순교자 전통은 유대교, 특히 이슬람교를 통해 이후 수 세기 동안 계속됐다. 물론 "자신의 십자가를 진다"라는 생각은 때때로 고통을 겪고 있는 사람들에게 결정적인 위안을 제공했다. 자신이 겪은 상실이 어떤 식으로든 예수의 고난에 의해 예견됐다고 생각하는 것은 위안이 된다. 마치 인생의 최악의 고통을 겪은 사람처럼 예수는 그들 앞에서 걸었고, 그들은 그의 길을 따랐으며, 그가 했던 것처럼 앞으로 나아갈 길을 모색할 것이다. 이와 동시에 부분적으로는 예수를 중심으로 한 기독교 전통에 의해 자라난 순교 전통은 더욱 큰 고통을 초래했다. 오늘날 우리는 특히 다른 많은 사람들을 죽이는 과정에서 "순교했던" 무슬림 자살 폭탄 테러범들에게서 치명적인 형태의 순교 전통을 본다.

트라우마는 여전히 그대로 있다.

에필로그

그러면 이것이 우리를 어디로 떠나게 하는가? '성서와 트라우마' 수업이 끝날 무렵 한 학생이 다음과 같이 말했다. "나는 이 수업 이후에, 지진으로 모든 건물들이 무너진 마을에서 자라서, 건물이라는 것이 모두 그럴 것이라고 생각했던 사람이 된 것 같은 느낌이 듭니다." 우리는 종종 유다-기독교 전통이라 불리는 것이 지배하는 문화에서 많은 것을 당연하게 받아들인다. 우리 문화의 많은 차원들, 즉 우리 중 많은 사람들이 "정상적"이라고 상정하는 것들은 고대의 공동체적 트라우마들에 의해 형성됐다.

더욱 구체적으로 말하면 서구 문화는 고대 공동체가 트라우마로부터 살아남는 것을 도왔던 여러 사상과 상징을 가지고 있다. 만약 "적자생존" 문화와 같은 어떤 것이 존재한다면, 아마도 유대교와 기독교라는 종교는 그 경쟁에서 승리한 종교 중 하나가 될 것이다. 더욱 강한 국가들의 더욱 영광스러운 신화들이 제국과 함께 사라졌던 곳에서, 거룩한 백성이라는 유대교의 개념은 현재까지 지속됐고 또한 기독교 교회의 설립 요소가 됐다.

초기 유대교로부터 등장한 세 개의 주요 종교—랍비 유대교, 기독교, 이슬람교—모두는 고유한 방식으로 분명하게 경계가 확정된 경전에 초점을 맞추고 있고, 경전과 후대 전통의 트라우마적 형성을 통해 트라우마의 영향을 크게 받는다. 유대교와 기독교처럼, 이슬람교 역시 자체적인 트라우마에 의해 형성됐다. 예를 들어, 모하메드(Mohammed, 무함마드)의 메카(Mecca)에서 메디나(Medina)로의 강제적이지만 형성적인 이동, 시아파 이슬람(Shia Islam)의 설립 순간에 있었던 일련의 트라우마, 그리고 무슬림 순교 전통의 다른 부분 등이 트라우마에 의해 형성됐다. 물론 모든 종교는 어떠한 방식으로든 트라우마와 연관되어 있다. 이는 인간 경험의 일부다. 그럼에도 내가 다른 종교 전통 전문가들에게 자문을 구했을 때, 지금까지 그들로부터 들었던 반응은 유대교, 기독교, 이슬람교가 트라우마와 그것으로부터의 생존에 기초한 정도에서 이례적이라는 것이었다.

이 책 전반에 걸쳐 나는 종교의 이런 차원에 관해 말하는 가느다란 선에 발을 디뎠다. 한편으로 내가 긍정적인 점만을 강조한다면 이 연구는 단순한 종교적 자기 홍보로 보일 수 있다. 예컨대, 유대교와 기독교 경전의 트라우마적 배경이 어떻게 고유한 트라우마로부터 고통을 겪고 있는 사람들을 도울 수 있는지 말이다. 다른 한편으로 특히 기독교의 반-셈족주의(anti-Semitism, 반-유대주의)의 긴 역사를 고려해 볼 때 서구 종교의 트라우마적 기원에 관한 책이 유대교를 병적인 것으로 채색하고자 하는, 더더욱 기독교적인 시도처럼 들리기는 너무 쉽다. 특히 내가 이 책에 대한 반응으로 자주 들었던 한 가지는 이 것이 현대 시오니즘(Zionism)을 비판하기 위한 시도라는 것이다. 내가 이 연구를 어떤 진보적인 기독교 청중들에게 제시했을 때, 그들은 이 스라엘이라는 나라가 가해자가 되고 다른 사람들에게 트라우마를 가함으로써 공동체가 자기 트라우마에 반응하는 방식을 보여준다고 주장하곤 한다. 그리고 이러한 경향은 기독교인 청중들에만 국한되 지 않는다.[1]

이 연구에 대해 계속 생각하면서 나는 유대교와 기독교가 트라 우마에 부정적인 영향을 받을 수 있다는 점에 분명하게 동의한다. 여 기에는 유대교와 이스라엘 정치(서로 관련되어 있지만 동일한 것은 아님)가 부정적인 영향을 받은 방식이 포함될 수 있다. 그러나 나와 같은 기 독교인들이 그런 쟁점에 대한 우리의 사상을 형성하고, 유대인의 선 택, 율법 준수, 이스라엘 땅에 대한 애착, 유대교의 다른 핵심 요소에 반대하는 아주 오래된 기독교 논쟁이 되풀이되는 것을 방지하기 위 하여 유대인 상대자와 긴밀히 협업하는 데 특히 신중할 필요가 있다 고 생각한다.

한편 기독교에 대한 트라우마의 영향이 반드시 좋은 것만은 아 니다. 나의 마지막 장은 트라우마에 관한 기독교의 제도화가 어떻게 더 많은 고통에 공헌했는지에 관한 논의를 포함한다. 또한 바울을 다

---

1.   팔레스타인 봉기(Palestinian Intifada) 동안에 작성된 "학대하는 하나님"이라 는 도발적인 연구에서(*Facing the Abusing God*, 203), David Blumenthal은 돌 을 던지는 팔레스타인 십대들과 보다 이전의 세대들을 고문했던 나치를 혼 동한 유대인의 정책을 비판했다.

루는 장에서 나는 기독교의 대체된 트라우마 정체성이 수 세기에 걸친 유대교 반감에 어떻게 공헌했는지 논의한다. 그러한 반감은 수백만 명의 유대인들의 죽음과 고통으로 이어졌다. 그리고 분명히 이 주제에 대해 다룰 만한 더 많은 것들이 존재한다.

하지만 나는 그런 언급으로 끝내기를 원하지 않는다. 무엇보다도, 특히 어느 때보다 더욱 세속화되어 있는 서구 사회에서 종교를 희화화하고 비판하는 것은 너무나도 쉽다. 교회에 정기적으로 출석하는 사람들은 어느 때보다 더욱 적다. 하나님에 대한 믿음은 쇠퇴하고 있다. 그리고 유대교와 기독교 같은 전통적인 종교는 특별히 사회적 조롱을 받기 쉽다. 성서, 유대교, 또는 기독교를 공격하는 것은 더 이상 혁명적인 것이 아니다. 내가 살고 있는 뉴욕이나 더욱 폭넓은 미디어 환경 같은 맥락에서는 분명히 아니다.

그러나 성서와 트라우마에 관한 이 연구는 유대교와 기독교의 고대 지혜에 관한 새로운 이해를 주었다. 트라우마는 세계의 실제적인 특징과 세상 안에 있는 삶에 대한 더 깊은 지혜로 인도할 수 있다. 수많은 연구에 따르면 비관적인 세계관을 가지고 있는 사람이 더 낙관적인 관점을 가지고 있는 사람보다 실제 결과를 더욱 정확하게 예견하는 것으로 알려져 있다.[2] 비관주의는 분명 트라우마로부터 생존한 결과물이 아니지만 트라우마는 삶이 임의적인 고통을 수반한다는 사실에 대한 인식을 가르칠 수 있다. 트라우마로부터 살아남은 사람들은 세계에 대한 자신의 가정이 어떻게 무너질 수 있는지, 어떻게

---

2.   Janoff-Bulman, *Shattered Assumptions*, 5-21.

갑자기 전혀 예상하지 못했던 현실을 경험할 수 있는지를 배웠다.

우리가 여기서 보았던 것처럼, 유대교와 기독교 경전의 저자들은 트라우마를 유발하는 다른 현실을 때로 "하나님"이라고 부르기까지 했다. 그리고 여기에 가장 혁명적인 요소가 존재한다. 그들이 만났던, 트라우마를 가하는 하나님은 만신전 내부에 있는 선한 신들을 포함한 더 넓은 범위의 어떤 악신이 아니다. 유대교와 기독교 경전은 공동체에 가장 깊은 고통을 가했던 하나님이 그들을 사랑해서 결국은 그런 고통으로부터 인도해낸 바로 그 하나님이라는 것을 증언한다. 광야 방랑과 재앙의 하나님은 또한 백성을 약속의 땅으로 인도할 하나님이다. 십자가 처형을 명령한 하나님은 또한 부활을 가져온다. 파괴적인 하나님에 대한 헌신은 오늘날 많은 사람에게 호소력이 없다. 위안을 주는 하나님에 대한 묘사, 그리고/또는 하나님이 현실에 미치는 영향이 제한적이라고 생각하는 종교 시장에서 특히 그렇다. 그러나 이러한 생각은 사람들로 하여금 삶에서 마주하게 되는 최악의 경험들을 해석하도록 돕기 때문에 오늘날 많은 사람들에게 지속돼 왔고 지금도 여전히 설득력이 있다. 강력하고 폭력적인 하나님을 조롱하는 경향이 있는 사람들은—유대인이든 기독교인이든—생각만으로도 압도적인 혼란에 대한 통제감을 제공할 수 있는 누군가를 만날 때까지 그런 조롱을 미루는 것이 나을 것이다.

세계에는 무너지기 쉬운 가정들(assumptions)이 있고 또한 더 견고한 가정들이 있다. 더욱이 유대교와 기독교 경전 전통의 핵심 요소는 거기에 존재한다. 왜냐하면 그런 요소들이 끔찍한 공동체적 (및 개인적) 재앙 속에서 보다 견고한 것으로 입증됐기 때문이다. 물론 인생에서 우리 바람대로 하나님의 이미지를 형성하고 하나님을 우리 (최고의) 이미지로 만들려는 유혹이 어디에나 존재한다. 거기에 삶이 있다. 그러한 신들은 헛되다. 그들은 대답하지 않는다. 고대의 유다는 이 문제를 알고 있었다. 나라가 바빌로니아에 의해 멸망 직전에 이르렀을 때 가장 유명한 예언자들은 재앙을 피할 수 있다고 선포했다. 또는 재난이 온다 하더라도 어떠한 추방도 짧게 지속될 것이라고 선포했다. 그러한 예언자들은 "거짓"으로 판명됐다. 그 대신 예레미야와 같은 최후의 종말을 알렸던 폭력적인 예언자들—그들은 거의 살해당할 뻔 했고 전쟁 마지막 날을 투옥된 채로 보냈다—이 결국 최종 발언권을 갖게 됐다. 성서의 종교는 예레미야, 에스겔, 익명의 토라 저자들의 거친 말에 기초하여 설립됐다. 이후에 기독교는 바울의 강력하고 양가적이며 훌륭한 신학, 마가복음의 어두운 비전, 그리고 로마에 의한 나사렛 예수의 잔인하고 수치스러운 처형으로부터 흘러나온 다른 전통들에 기초하여 설립됐다. 이것들은 지속력이 입증된 전통들이다.

유대교와 기독교의 성서들이 얼마나 특이한 것인지를 다시 한 번 생각해보자. 특히 유대교의 성서는 거의 승리주의적이지 않다. 토라는 한때 아브라함에게 주어진 약속과 모세의 출애굽 의도를 성취하면서 여호수아의 확고한 그 땅 정복으로 끝날 수 있었다(그리고 한때 그랬을 것이다). 그러나 토라는 오히려 정복 이전 그 땅의 가장자리에서 끝난다. 모세는 그 땅에 들어가기 전에 죽는다. 그리고 우리가 그 이야기를 계속 따라가 보면 우리는 이스라엘 지파와 왕이 예루살렘 파괴와 바빌로니아 망명으로 끝나게 되는 것을 듣게 된다.

* * *

　기독교의 설립 이야기는 좀 더 긍정적이다. 예수 이야기에 부활 전통이 점차로 추가됐음에도 불구하고 신약성서의 기록은 여전히 계속해서 십자가 처형으로 돌아간다. 이는 고통스럽고 수치스럽고 공동체를 해체하는 예수의 죽음을 다루는 데 매우 많은 초점이 맞추어져 있다. 신약성서는 결국 요한계시록에서 세계 정치에 대한 하나님의 폭력적인 개입이라는 무시무시한 환상으로 끝난다.

　전체적으로 이스라엘의 결점을 묘사하든, 사도들의 오해를 묘사하든 간에 유대교와 기독교의 경전들은 하나님의 백성과 지도층을 미화하거나 영광스럽게 하지 않는다. 대신에 유대교와 기독교의 성서들은 세계의 폭력과 인간의 결점에 눈을 크게 뜨고 있다. 게다가 유대인이든 기독교인이든 상관 없이, 그런 오류를 범하기 쉬운 인간들을, 그럼에도 불구하고 선택하고 사랑하고 인내하는 하나님에 관해 말한다. 많은 승리주의적 문서가 스스로 칭송했던 제국들과 함께 사라졌지만 이러한 성서의 문서들은 지속됐다. 세계와 인간에 대한 성서의 비전은 혼란스럽고 종종 임의적인 트라우마 세계 안에서 지속력을 입증했다.

　나는 성서가 트라우마와 생존으로 어떻게 가득 차 있는지에 깊은 감명을 받았다. 성서가 사람이었다면, 흉터, 도금되고 부러진 뼈, 찢어진 근육, 장기적으로 고통스러운 상처를 지니고 있는 사람일 것이다. 한때 평범했지만 이제는 정체성이 완전히 트라우마로 형성된 사람일 것이다. 이 사람은 분명히 기쁨과 일상의 삶을 알았을 것이지만, 수 세기에 걸쳐 몸과 마음에 트라우마가 주는 지혜를 지니고 있을 것이다. 이 사람은 트라우마와 생존에 관한 진실을 알고 있을 것이다. 이사야의 고난받는 종 또는 십자가에 처형된 예수와 마찬가지로 그 사람은 겉으로 보기에 예쁘지 않을 것이다. 우리는 눈들을 돌리고 싶은 유혹을 받을 것이다. 그러나 우리 대부분은 인생을 살아가면서 그 사람의 지혜를 필요로 하는 때가 반드시 있을 것이다.

나는 수 년 동안, 실제로 수십 년 동안 이 문서들을 읽어왔고, 역사의 도가니 안에서 형성된 성서 문서들에 관한 책들을 썼다. 그러나 나는 이 책들 안에 얼마나 많은 트라우마가 스며들어 있는지 이런 차원으로는 알지 못했다.

이 연구는 나를 변화시켰다. 나는 성서의 종교와 많이 투쟁했다. 그리고 여전히 투쟁하고 있다. 그러나 나 자신이 거의 죽을 뻔했던 경험으로 인한 트라우마 연구는 성서에 대한 이해를 심화시켰다. 내가 생존한 데 어떤 목적이 있다면, 곧 2010년 10월 10일에 내가 죽지 않은 사실을 "선택됐다"는 방식으로 설명한다면, 그 목적의 일부는 이런 성찰을 공유하기 위함일 것이다.

부록:
현대의 트라우마 연구와 고대의 트라우마

트라우마는 현재 유행하는 주제다. 이는 단지 심리학자만의 영역이 아니다. 인문학과 사회과학의 수많은 다른 영역의 학자들이 현재 각각의 학문에서 트라우마에 관해 저술하고 있다. 이러한 추세는 성서학도 강타했다. 한때 심리학적으로 경도된 성서학자들은 에스겔 또는 사도 바울을 히스테리, 간질, 정신분열증 및 기타 증상을 가진 것으로 진단했다. 요즘 학자들은 에스겔, 바울, (예레미야 예언자 같은) 다른 몇몇 문제가 있는 성서의 인물이 외상 후 스트레스 장애(PTSD; posttraumatic stress disorder)로 고통을 겪었다고 제안하기 시작했다.[1] 그러

---

1. 초기 에스겔 연구들에 대한 훌륭한 요약과 반응은 Garber, "Traumatizing Ezekiel"이다. 현재 이것은 Ruth Poser, *Das Ezechielbuch als Trauma Literature* (Leiden: Brill, 2012), 11-35의 검토로 보완된다. 예레미야에 관해서는, O'Conner, *Jeremiah: Pain and Promise*를 보라. 나의 연구의 초기에, 나는 특별히 다음의 책에서 정보를 얻었다. Smith-Christopher, *A Biblical Theology of Exile*.

나 트라우마 개념은 성서 인물에 대한 심리학 분석의 전통적 범위를 넘어서는 풍부함을 제공했다. 이어서 몇 가지 다른 접근법도 등장했다. 예를 들어, 성서의 탄원시 안에 있는 "내면화된 가해자"(internalized perpetrator)에 관한 프레셰트(Frechette)의 현재 진행 중인 연구, 신명기부터 열왕기하의 "마스터 내러티브"(master narrative) 안에 있는 트라우마적 중단에 관한 잔젠(Janzen)의 연구, 또는 트라우마와 증인에 관한 주제를 다루는 람보(Rambo)의 요한복음 읽기가 있다.[2] 다양한 방식으로 트라우마와 성서를 연관 짓는 학자들이 증가하는 가운데, 2013년 가을 SBL(Society of Biblical Literature)에서 처음으로 "성서문학과 트라우마 해석학"(Biblical Literature and the Hermeneutics of Trauma)에 관한 특별 협의회가 열렸다.

이러한 추세가 힘을 얻으면서 현대의 트라우마 개념이 어떻게 시간과 문화에 얽매이는지 기억하는 것이 중요하게 됐다. 무엇보다 성서 시대에는 외상 후 스트레스 장애(PTSD)라는 개념이 존재하지 않았다. 그리고 지금은 비-서구 문화에 현대적인 PTSD 개념의 적용 가능성에 관한 논쟁이 점점 증가하고 있다.[3] 현대의 문화가 트라우마를

---

2.   Rambo, *Spirit and Trauma; Janzen, Violent Gift.* Christopher Frechette의 연구, "Destroying the Internalized Perpetrator"는 Eva Marie Becker and Else Kragelund Holt, eds., *Trauma and Traumatization in Individual and Collective Dimensions*에서 (성서와 트라우마에 관한 다른 수많은 훌륭한 연구와 함께) 출판될 것이다. 그 외에 Ruth Poser의 2011년 박사학위논문 "Ezechielbuch"는 개인적·집단적 트라우마에 관한 연구들과 관련하여 에스겔을 해석하는 것에 대한 다차원적 접근법을 대표한다.

3.   예, Watters, *Crazy Like Us*, 65-125에 있는 2004년 스리랑카 쓰나미의 생존자들을 치료하는 데 있어서 서구의 PTSD 개념들의 적용에 관한 기사를 보라.

개인적 또는 집단적 고통의 정당성을 증명하는 것으로 보는 경향이
있는 반면, 고대의 문화는 재앙적인 고통을 개인 또는 집단의 저주받
음, 신으로부터 버림받음, 또는 죄에 관한 뚜렷한 표지로 간주하는
경향이 있었다. 이는 특히 (이 책을 포함하여) 성서 연구가 현대의 트라
우마 주제에 매력을 느끼고 이를 정당화하는 경향이 있기에 명심할
필요가 있다. 우리 세계에서 고도로 다양화된 집단—다른 사람들에
게 폭력을 가했던 전쟁터의 군인, 학대받는 아이, 팔레스타인 난민,
산업 재해의 희생자에 이르기까지—의 고통에 "트라우마"라는 표식
을 붙임으로써 보다 폭넓은 인식을 얻을 수 있다. 대조적으로, 고대
에 정체성을 무너뜨리는 재앙은 용감한 피해자의 상징(badge)이 아니
었고, 트라우마에 관한 널리 인식되고 인정되는 문화적 개념이 존재
하지도 않았으며, 트라우마를 다루는 서구식 정신치료학적 접근법도
분명히 없었다.[4]

또한 J. Grayman and B. Good, "Conflict Nightmares and Trauma in Aceh,"
Culture, *Medicine, and Psychiatry* 33 (2009): 290-312의 동일한 영역에 있
는 악몽들에 관한 연구를 보라. 보다 폭넓은 논의를 위해서는 다음을 보라.
Summerfield, "A Critique of Seven Assumptions" 그리고 "The Invention of
Post-Traumatic Stress Disorder." 이러한 비평들에 대한 하나의 응답을 위
해서는 다음을 참조하라. Derek Silove, Zachary Steel, and Adrian Bauman,
"Mass Psychological Trauma and PTSD: Epidemic or Cultural Illusion," in
Cross Cultural Assessment of Psychological Trauma and PTSD, 319-336, 특별히
320-323에 있는 표 1.

4.   나는 특히 다음의 책에서 정보를 얻었다. Fassin and Rechtman, *Empire of
Trauma*.

PTSD 이전의 트라우마 연구

우리는 잠시 뒤로 물러나서 트라우마에 관한 의학 연구의 기원을 살펴봄으로써 트라우마와 PTSD에 대한 현대적 관점을 얻을 수 있다. 현대 트라우마 개념의 기원에 관한 대부분의 논의는 철도 트라우마(railway trauma)에 대한 존 에릭 에릭슨(John Eric Erichsen)의 기초 의학 연구에서 시작된다. 거기서 그는 철도 사고의 희생자들이 쇠약해진 기억 장애, 회상, 반복적 강박 행동 등의 유사 증상으로 고통을 겪고 있음을 발견했다. 그는 환자가 집으로 돌아간 직후부터 그 영향이 시작된다고 주장했다.

> 반감스러운 감정이 발생한다. 울음을 터뜨리고, 기이하게 수다스러워지고, 흥분한다. 잠을 잘 수 없다. 또한 잠을 잔다 하더라도 막연한 경각심으로 갑작스럽게 깬다. 다음날 온몸이 떨리거나 멍이 든 것 같다고 불평한다.[5]

에릭슨의 연구는 부상을 입은 승객이 철도 회사를 고소할 수 있는 의학적 기초를 제공했다. 그러자 곧이어 방어 대응책으로서 철도 회사는 고통을 겪고 있는 승객들이 이전의 정신적 문제로 인해 부상당하기 쉬웠다고 주장한 다른 의사들의 말을 인용했다. 이 지점에서

---

5.   John Eric Erichsen, *On Railway and Other Injuries of the Nervous System* (London: Walton and Maberly, 1866), 96.

많은 사람들은 트라우마가 사고로 인해 두뇌의 병변으로 야기된 물리적인 것인지, 아니면 사고에 대한 공포 또는 놀람으로 야기된 단순히 정신적인 것인지에 관심을 가졌다. 전자의 물리적 부상은 소송의 근거로 보였고, 반면에 후자의 정신적 경우는 환자의 문제로 간주됐다. 에릭슨과 같은 의사들의 최선의 노력에도 불구하고, 많은 사람들은 "레일웨이 스파인"(railway spine: 철도 사고와 관련된 승객들의 외상 후 증상에 대한 19세기의 진단—역주) 요구를 피해를 보상받기 위한 이기적인 시도로 간주하는 경향이 있었다.[6]

한편 19세기 후반에 정신과 의사들 사이에서는 히스테리 치료법을 찾아내기 위한 사실상의 군비 경쟁이 있었다. 히스테리는 당시에 거의 여성에게만 발생했던 질병으로, 현대의 PTSD 진단과 부분적으로 중첩되며 정신적/행동적 혼합 증상을 나타내는 질병이다. 특별히 1892년부터 1896년 사이에 선임 동료 요세프 브로이어(Josef Breuer)와 협업하여 여성 환자들에 대해 연구하고 있던 지그문트 프로이트(Sigmund Freud)는 환자들이 어떻게든 흡수할 수 없는 사건으로 고통을 겪고 있을 때 트라우마가 발생한다는 하나의 가설을 세웠다. 트라우마적 사건에 대한 기억들은 의식적으로 이해될 수 없었고, 해소되지도 않았으며, 따라서 제2의 의식으로 들어갔다. 프로이트와 브로이어에

---

6. 추가적인 논의를 위해서는 다음을 보라. Ralph Harrington, "The Railway Accident: Trains, Trauma, and Technological Crises in Nineteenth Century Britain" (31-55); Eric Caplan, "Trains and Trauma in the American Gilded Age" (56-77). 이 두 가지 연구는 모두 다음에 담겨 있다. *Traumatic Pasts: History, Psychiatry, and Trauma in the Modern Age, 1870-1930*, ed. Mark S. Micale and Paul Lerner (Cambridge: Cambridge University Press, 2001).

게 있어서, "히스테리 환자는 주로 회상으로 고통받는다." 트라우마는 기억에서 유래한 고통이었다. 프로이트는 초기에 그 여성 환자들 중 대부분이 가지고 있었던 흡수할 수 없는 이해 불가능한 특별한 기억 형태는 어린 시절 근친상간 경험이었다고 주장했다. 더 나아가 프로이트는 자신의 유명한 히스테리 강연에서 이런 발견을 "레일웨이 스파인" 연구에 연결시켰고, 자신의 히스테리 여성 환자들과 에릭슨이 "레일웨이 스파인"이라고 진단했던 증상들 사이의 유사점을 발견했다.[7]

잘 알려진 것처럼 프로이트는 1905년에 이 트라우마와 관련된 (초기의) "유혹 가설"(seduction hypothesis)을 포기했는데, 이는 환자들의 어떤 증언들을 믿기 어렵다는 것을 발견했기 때문이고, 또한 유혹의 원시적 환상에 대한 자신의 대안적 이론이 더 많은 현상을 설명할 수 있다고 생각했기 때문이다. 그러나 히스테리와 트라우마에 관한 연구는 계속됐다. 가장 주목할 만한 것들 중 하나는 1889년에 출판된 장 마틴 샤르코(Jean-Martin Charcot)의 연구로, 이는 살페트리에르(Salpêtrière) 병원에서의 연구 및 이후에 남성 환자들 가운데서 "남성 히스테리"의 증상을 확인한 연구에 기반하고 있다. 그에 따르면 히스테리는 최면 또는 암시(suggestion)에 비정상적으로 민감한 환자들

---

7. Caroline Garland, "Thinking About Trauma," in *Understanding Trauma: A Psychoanalytical Approach*, ed. C. Garland (London: Karnac, 1998), 9-31. 트라우마에 관한 프로이트의 이해 안에 있는 다른 요소들, 즉 이후의 트라우마 연구 안에 있는 다른 궤적들을 지녔던 요소들에 관한 미묘한 논의를 위해서는 다음을 보라. Leys, *Trauma*, 21-35.

사이에서 일어났고, 트라우마적 증상은 극심한 공포에서 비롯했다. 그의 접근법 중 두드러진 점은 트라우마가 철도 사고, 아동 학대 또는 그에 준하는 사건에 국한되는 것이 아니라, 보다 일반적인 현상이라는 것을 단호히 주장한 데 있었다. 그리고 그는 이 질병이 생물학적인 기반을 가진다는 개념을 거부했지만 트라우마적 증상을 확실한 보상금을 위한 사기 행각에서 나온 것으로 묵살했던 사람들에 대해서도 반대했다. 그럼에도 샤르코는 살페트리에르의 환자들에 대한 연구를 바탕으로, 트라우마를 지닌 상대적으로 소외된 사람들을 진단하는 전통을 유지했다. 거기에 있는 환자들은 엘리트 남성이 아니라 노동자 계층이었기 때문이다. 프로이트에게든 샤르코에게든 트라우마는 주인(master)이 아닌 사람들이 전형적으로 겪는 고통이었다. 트라우마 진단은 사람들의 고통을 입증한 것이 아니라 하급 계층으로 낙인찍었다.[8]

대부분의 트라우마 역사에서 다음으로 다루어야 할 중요한 것은 제1차 세계대전과 그와 관련하여 자주 논의되는 "전쟁 신경증"(shell shock) 현상이다. 초기 이론은 다음과 같았다. 폭발로 인해 두뇌에 가해진 물리적 폭력이 많은 군인들이 고통을 겪고 있는 쇠약해진 정신적 장애를 설명할 수 있다는 것이다. 이 상태는 일종의 "히스테리"로 이해됐으며, 통상적으로 부사관과 사병이 그런 진단을 받았다. 이러한 "하급" 군인들은 두려움과 도망칠 수 없는 무능력함을 감당할 수

8. Mark S. Micale, "Jean-Martin Charcot and les nevroses traumatiques: From Medicine to Culture in French Trauma Theory of the Late Nineteenth Century," in Micale and Lerner, *Traumatic Pasts*, 115-139.

없었고, 따라서 이들의 뇌는 일종의 히스테리 또는 "신경쇠약증"(neu-rasthenia: 정신적 그리고/또는 육체적 긴장의 지속적인 영향으로, 신경 피로를 유발함) 관련 진단을 발전시켰다. 전쟁 트라우마는 실제로 기능적 장애를 일으킨 것이 아니라, 이미 다른 신경증 장애로 인해 약해져 있던 한 특정 군인의 두뇌에 가해진 마지막 한 가닥의 징조였다. 이러한 접근 방식에 따르면 작은 트라우마를 겪은 군인은 실제로는 신경증 환자 였고, 그 증상들은 다른 사람들이 감당할 수 있는 스트레스를 다루지 못한 무능력을 입증하는 것이었다. 그의 트라우마는 비겁함을 표시 했고, 가능한 한 빨리 다시 애국심을 되찾게 하도록 잔인한 치료들이 처방됐다.[9]

PTSD 진단의 기원

전쟁 트라우마에 관한 연구들은 제2차 세계대전 가운데 부활했고, 20세기 트라우마 연구들에 새로운 차원, 즉 나치 강제수용소의 희생자들로 시작하여 비전투원들이 겪은 트라우마 분석이 추가됐다. 또다시 "레일웨이 스파인"의 경우에서처럼 이 연구는 부분적으로는 상해에 대한 법적 배상 문제에 의해 촉진됐다. 1950년대 스칸디나비아의 의사들은 독일 강제수용소의 생존자들 가운데서 공통의 정신

---

9.   Young, *Harmony of Illusions*; Shephard, *War of Nerves*; Leys, *Trauma*; Fassin and Rechtman, *Empire of Trauma*, 40-57.

적 문제를 찾기 시작했고, 이러한 발견은 강제수용소 희생자들에 대한 서독의 배상에 관한 논쟁에서 중요한 역할을 하게 됐다. 1961년 심리학자 윌리엄 니더랜드(William Niederland)는 극심한 고통에 노출되어 야기된 일종의 정신 장애를 묘사하기 위해 "생존자 신드롬"(survivor syndrome)이라는 용어를 만들어냈다. 몇 년 후 1968년 로버트 리프톤(Robert Lifton)은 히로시마 원자폭탄 투하의 생존자들 가운데서 유사한 증상을 발견했다.

니더랜드와 리프톤의 연구는 1970년대 PTSD 진단을 결정적으로 확립하는 데 중요한 역할을 했다. 이는 주로 최근에 귀환한 참전 용사를 쇠약하게 만들었던 베트남 전쟁의 영향을 기록하기 위해 진보적인 정신과 의사들이 투쟁한 결과였다. 1960년대 후반에 귀환한 베트남 참전 용사들을 향한 사회적 적대감 속에서 이 귀환 참전 용사들은 "토의 집단들"(rap groups)을 형성하여 경험을 공유하면서, 이들 모두 회상(flshback: '플래시백'), 기억 공백(일정 기간 주요 기억에 대한 공백이 발생하는 현상—편주), 강박(특정 생각이나 행동을 반복하는 것—편주), 지금은 PTSD와 연관된 다른 증상들과 싸우고 있다는 것을 발견했다. 정신과 의사 카임 셰이튼(Chaim Shatan)은 1972년에 〈뉴욕 타임즈〉(New York Times) 사설에서 니더랜드의 "생존자 신드롬"을 변형시켜, 베트남 참전 용사들이 "베트남 이후 신드롬"(post-Vietnam syndrome)으로 고통을 겪고 있다고 주장했다. 리프톤 도 여러 정신과 의사들, 심리학자들, 다른 정신건강 전문가들이 사용하는 DSM, 즉 정신질환 진단 및 통계 매뉴얼(Diagnostic and Statistical Manual)이라는 표준 진단 매뉴얼에 그런 식의 명칭을 추가하려는 노력에 동참했다. 이 매뉴얼은 베트남 참전 용사들의 고통에 대한 사회적 인정뿐만 아니라 참전 용사 협회(Veterans Administration)와 사보험 회사들을 통해 치료를 위한 구체적인 재정 지원을 제공하는 데 매우 중요했다. 리프톤과 셰이튼은 1975년 해당 매뉴얼을 수정한 책임자들에게 접근하여, 제3판인 DSM-III에 베트남 이후 신드롬을 추가하는 일을 고려하기 위한 분과 위원회를 구성했다. 이에 관한 많은 논쟁이 있었는데, 궁극적인 타협점은 그런 상태를 '베트남 이후 신드롬'과 같이 좁게 정의하기보다 '외상 후 스트레스 증후군'(posttraumatic stress syndrome)과 같이 더욱 일반적으로 정의하는 것이었다. 1980년에 출판된 DSM-III는 다양한 기억장애, 행동장애의 원인을 구체적으로 이전의 트라우마 경험에서 찾는 진단을 최초로 포함하게 됐다.[10]

이것이 일단 일반적인 진단으로 확립되자, PTSD는 수많은 다른 트라우마 경험에 적용되기 시작했다. 반전 운동, 베트남 참전 용사 운동과 거의 비슷한 시기에 등장한 20세기 후반 여성 운동의 물결은 강간, 구타, 기타 폭행을 당한 여성들과 소녀들의 치료를 위한 사회적 인정과 의료적 지원을 보장하기 위하여 PTSD의 언어를 취했다. 이러한 의미에서 트라우마에 관한 담론은 특별히 여성 문제의 진단과 치료라는 더 이른 시기의 기원으로 되돌아갔다. 트라우마는 젠더화됐다.

그러나 트라우마는 어느 때보다 더욱 폭넓은 사회적·정치적 용어가 됐다. 우선 트라우마의 개념이 〈람보〉(Rambo) 또는 〈디어 헌터〉

---

10. Shephard, *War of Nerves*, 355-366.

(*The Deer Hunter*) 같은 베트남 전쟁에 대한 대중적인 치료로서 사회 전반에 방송됐다. 트라우마는 오명을 떨쳐버리고, 일반적인 어휘의 일부가 됐다. 1980년대에는 참전 용사, 강간당한 여성, 학대받은 배우자 등등 점점 더 많은 여성과 남성이 PTSD 진단을 받았다. 점점 더 많은 남성/여성은 기억하지 못하거나 최근에 최면 또는 다른 치료 기법을 통해 상기됐던 어린 시절의 학대로 인해 현재 고통받고 있다고 믿게 됐다.

1980년대의 학대에 관한 트라우마적 회상과 고발의 폭발은 트라우마와 기억에 관한 중요한 논쟁으로 이어졌다. 많은 사람들은 트라우마 기억들이 "회복되는" 기법에 의문을 표했고, 어떤 사람들은 기억들이 치료적 과정을 통해 접근하기 이전에 완전히 휴면 상태에 있을 것이라는 생각에 반대했다.[11] '레일웨이 스파인', 나치주의의 생존자, 베트남 참전 용사 등등의 사례에서처럼, 이런 논쟁은 그 결과가 고통의 인정, 법적 소송절차, 보험 보상에 구체적인 영향을 미치는 사회적 맥락 안에서 발생했다. 또다시 남성들이 이 논의에 포함됐다 하더라도 여전히 여성들이 희생자로서 동시에 변호인으로서 그러한 트라우마 논의 내부에 더 자주 등장하는 주인공이었다.

PTSD가 트라우마의 여파에 따른 일반적인 심리 문제의 보편적 진단으로 더욱 많이 이해될수록 PTSD는 전쟁 및 기타 재난에 대한 비정부 기관의 대응을 둘러싼 관행과 담론에 더욱 많이 침투했다. 이

---

11.   Richard J. McNally, *Remembering Trauma* (Cambridge: Belknap Press of Harvard University Press, 2003).

는 전쟁으로 무너진 나라 또는 자연 재해로 인해 피해를 입은 지역에 있던 남성, 여성, 특별히 어린이가 확실히 PTSD에 취약하다고 이론화됐다. 심리학자들과 사회복지사들이 2004년 스리랑카 및 기타 동남아시아 국가들을 괴롭혔던 쓰나미와 같은 재앙들의 생존자들을 돕기 위하여 파견됐다. PTSD 진단을 위한 확인 항목(checklists)은 아이티, 르완다, 집단적 고통으로 괴로움을 겪는 다른 지역들에서 어떤 사람들은 원조를 받고, 어떤 사람들은 받지 못하는지를 결정하는 데 있어서 점점 더 많은 역할을 하게 됐다. 에리카 제임스(Erica James)가 주장했던 것처럼 PTSD는 희생자들이 원조를 받고, 이들을 돕는 기관들이 기금 요청 권리를 정당화할 수 있었던 일종의 "통화"(currency)로 기능하게 됐다.[12] 그러나 어떤 사람들은 PTSD 진단이 문화에 따라 달라진다는 많은 흔적이 있다고 주장했다. 몇몇 사람은 스리랑카 및 다른 곳에서 서구적으로 진단하는 것은 그런 나라들 안에 있는 고통의 지역적 형태를 인식하는 일에 실패했고, 그런 고통에 대한 지역적 반응 형태를 평가절하했으며, 수많은 다른 방식으로 인해 무력하게 된 사람들에게 개인주의적인 서구의 분류와 의료 치료를 부과한 것이라고 말한다. 다시 말하자면, 개발도상국 내부에서 서구의 "트라우마" 진단과 치료는 새로운 형태의 서구 식민주의와 흡사했다.[13]

---

12. 특히 Erica James, "The Political Economy of 'Trauma' in Haiti in the Democratic Era of Insecurity," *Culture, Medicine, and Psychiatry* 28 (2004): 127-149를 보라. 또한 그녀의 더 긴 연구 *Democratic Insecurities*를 보라.

13. 이와 관련하여, 위의 각주 3에서 언급된 연구들을 보라. 또한 다음의 전문서에 실린 논문도 참조하라. Warwick Anderson, Deborah Jenson, and Richard Keller, eds., *Unconscious Dominions: Psychoanalysis, Colonial Trauma, and*

한편, 인문학자들은 외상성 스트레스 증후군(traumatic stress syndrome)의 개념화와 점차로 대중화되는 이 연구에 근본적인 물음을 제기했다. 예를 들어, 로라 브라운(Laura Brown)은 정곡을 찌르는 논문, "영역의 밖이 아닌"(Not Outside the Range)에서 다음과 같이 주장했다. 곧, 정상적인 인간 경험의 "영역 밖"(outside the range) 사건에 의해 야기된 트라우마에 관한 초기 DSM-III의 정의에서는 여성들, 소수자들, 다른 소외된 사람들이 겪는 극도의 고통이 어떻게든 정상적이지 않고, 상대적으로 트라우마를 겪지 않은 특권층의 경험을 하나의 기준으로 삼았던 잘못된 생각을 미묘하게 강화했다는 것이다.[14] 수산나 래드스톤(Susanna Radstone)은 트라우마 이론에 관한 논문에서 이것이 비난을 고통받는 사람의 탓으로 돌리기 쉽기 때문에 인기를 얻게 됐는가 하는 질문을 제기했다. 프로이트의 후기 체계 같은 초기의 심리학 이론이 사람 내부의 통제 불가능한 과정에서 정신 질환을 발견했다면, 트라우마 이론은 희생자에게 가해진 사건 안에서 이들의 고통을 찾는 데 사용될 수 있었다.[15] 마지막으로 케시 케이루스(Cathy Caruth), 쇼샨나 펠만(Shoshana Felman), 도리 라웁(Dori Laub)의 주요 연구

Global Sovereignties (Durham: Duke University Press, 2011).

14. Laura S. Brown, "Not Outside the Range: One Feminist Perspective on Psychic Trauma," in *Caruth, Trauma*, 100-112.

15. Radstone, "Trauma Theory." 또한 동일한 *Paragraph* 안에 있는 Nerea Arruti, "Trauma, Therapy, and Representation: Theory and Critical Reflection," *Paragraph* 30 (2007): 1-8에 의한 사려 깊은 소개에 주목하라. 부상을 중심으로 지향된 정치에 대한 보다 폭넓은 비평을 위해서는 다음을 보라. Wendy Brown, *States of Injury* (Princeton: Princeton University Press, 1995), 특별히 64-74.

들을 기반으로 설립된 트라우마에 관한 문학적 연구가 확장되면서 다른 학자들은 이러한 연구가 기억의 특성에 관한 근본적인 오해에 기초하고 있으며, 치료된 "증거"의 구속 효과(redemptive effect)를 무비판적으로 칭송했다고 비판했다.[16]

마지막으로 부분적으로는 그러한 비평에 대한 반응으로, PTSD의 정의 자체가 계속해서 진화했다. DSM 제4판은 정상적 경험 "영역의 밖에 있는 것"이라는 문제 많은 트라우마의 정의를 제거했다. 그리고 트라우마에 관한 더욱 광범위한 반응을 포함할 수 있도록 PTSD의 정의를 확장시켰다. 2012년에 출판된 제5판은 (다른 변화들 가운데서) 트라우마에 관한 두 개의 새로운 기준을 추가했다. 곧, (1) "자아 또는 타인에 대한 지속적이고 왜곡된 비난, (2) 지속적으로 부정적인 감정 상태"와 "무모한 또는 파괴적인 행동"이 그것이다. 한편, 진단에 있어서 중요한 기준 목록에서 트라우마 희생자의 반응을 제거했고, 해리성 장애 및 미취학 어린이와 관련된 PTSD의 하위 형태를 추가했다.

---

16. 케이루스의 연구(예. *Unclaimed Experience*), 그리고 펠만과 라웁의 연구(특히, *Testimony: Crises of Witnessing in Literature, Psychoanalysis, and History* [New York: Routledge, 1992])는 인문학에서의 트라우마 연구들에 관한 기본 정경과 같은 어떤 것을 형성한다. 두 가지 사례만 들어 보면, 케이루스의 기억에 관한 이론(그녀 이전에는 반 데어 콜크[Van der Kolk])은 특별히 루스 레이즈(Ruth Leys)에 의해 비판을 받는다(*Trauma*, 특히 229-297, 304-305). 반면, 증언에 관한 펠만과 라웁의 생각들은 Kali Tal, *Worlds of Hurt: Reading Literatures of Trauma* (Cambridge: Cambridge University Press, 1996), 53-59에서 검토된다.

개인적 트라우마에서 집단적 트라우마로

한편, 트라우마의 개념은 개인 외에 집단에도 적용됐다. 또다시 '레일웨이 스파인'과 참전 용사들의 혜택 사례에서처럼, 정치적이고 법적인 관심사가 중요한 역할을 했다. 예를 들어, 집단적 트라우마에 관한 가장 영향력 있는 연구 중 몇 가지는 인류학자 카이 에릭슨(Kai Erikson)에 의해 시행됐다. 그는 '버팔로 크릭' 홍수(Buffalo Creek flood) 또는 '쓰리마일섬'(Three Mile Island) 원자력 발전소 사고 같은 재난으로 인해 여러 집단에 가해진 피해를 문서화하기 위한 법적 소송의 일부로서 고용됐다.[17] 또한 집단적 또는 문화적 트라우마의 개념은 배상을 위한 정치적 요구를 뒷받침하는 데에도 사용됐다. 아메리카 인디언을 위한 활동가들은 아메리카 인디언들이 수 세기 동안 집단 트라우마로 고통을 겪었다고 주장했고, 그러한 트라우마 개념은 억압받고 포로민으로 끌려가고 박해받는 수많은 다른 집단에 적용됐다—오스트레일리아 토착 원주민, 아프리카계 미국인, 나치 치하의 유대인, 나치주의와 제2차 세계대전의 여파로 인한 독일인, 디아스포라의 다양한 집단, 심각한 정치적 탄압의 시기를 겪은 남아메리카 및 기타 국가의 시민들.[18] 이 사례에 있어서 트라우마 개념은 이러한 집단들

---

17. Erikson, "Notes on Trauma and Community" 안에 요약된 통찰들.
18. 특별히 스페인어를 사용하는 나라들 내부의 정치적 사건들에 관한 집단적 기억에 관련되어 있는 에세이들은 다음의 책에서 발견될 수 있다. James Pennebaker, Dario Paez, and Bernard Rime, eds., *Collective Memory of Political Events: Social Psychological Perspectives* (Mahwah, N.J.: Erlbaum, 1997). 수많은 다른 집단에 트라우마를 적용한 사례에 대해서는 다음을 보라. Yael Danieli,

이 겪은 오랜 고통을 입증했다.

집단적 트라우마에 관한 논의가 확장됨에 따라, 몇몇 사람들은 개인적 트라우마의 역학과 집단적 트라우마의 역학을 구별할 필요가 있다고 주장했다. 예를 들어, 제프리 알렉산더(Jeffrey Alexander)는 2004년의 논문에서 구체적인 사회 과정을 관찰하는 "문화적 트라우마에 관한 경험론적 과학적 개념"을 발전시키는 것이 중요하다고 주장한다. 집단은 자신을 특정 트라우마를 지닌 집단적 희생자와 명시적으로 동일시하고, 부분적으로 그러한 공통의 인식을 중심으로 세워진 집단 정체성을 확립한다는 것이다.[19] 같은 해 허드널 스탬(Hudnall Stamm)에 의해 출판된 또 다른 논문에서는 "문화적 트라우마" 이론을 주장한다. 이는 유럽계 미국인들과 그들의 관습에 의한 아메리카 인디언 문화의 체계적 붕괴, 억압, 폄하와 같은 집단 문화의 손상에 특별히 초점을 맞추고 있다.[20] 반면 2001년 9월 11일 테러의 트라우마적 영향력에 관해 2004년에 엮은 일련의 논문집 같은 다른 연

---

ed., *International Handbook of Multigenerational Legacies of Trauma* (New York: Plenum, 1998).

19. Jeffrey Alexander, "Toward a Theory of Cultural Trauma," in *Cultural Trauma and Collective Identity*, ed. Jeffrey Alexander (Berkeley: University of California Press, 2004), 1-30. 이 책의 서론에서 언급된 것처럼, 이러한 입장은 Vamik Volkan, *Bloodlines: From Ethnic Pride to Ethnic Terrorism* (New York: Farrar, Straus and Giroux, 1997)에 있는 "선택된 트라우마"에 관한 개념과 유사하다. 이 주제에 관해서는 또한 다음을 보라. Neil J. Smelser, "Psychological Trauma and Cultural Trauma," in *Alexander, Cultural Trauma and Collective Identity*, 31-59.

20. R. Hudnall Stamm 외, "Considering a Theory of Cultural Trawna and Loss," *Journal of Trauma and Loss* 9 (2004): 89-111.

구는 전체 집단을 괴롭히는 심리적 역학에 초점을 맞추었다. 예를 들어, 9·11 테러로 인한 미국의 군사적 반응을 다루는 마이클 러스틴(Michael Rustin)의 도발적인 논문에서는 집단이 개인보다 타인들을 향한 공격적 감정과 행동을 통해 공동체적 트라우마에 훨씬 더욱 반응하기 쉽다고 주장한다.[21] 이러한 작품들은 집단 트라우마—이것이 "문화적", "공동체적", 또는 다른 방식으로 특징지어지든 간에—가 개인을 괴롭히는 트라우마의 차이점과 유사점을 성찰하는 데 중요하다.

그러나 어떤 사람들은 트라우마의 개념이 집단으로 확장될 경우 근본적으로 잘못 적용된다고 주장한다. 무엇보다도 집단은 사람이 아니며, 트라우마를 둘러싼 대부분의 핵심 사상은 개인을 진단하고 치료하는 것에서 발전됐다. 개인 트라우마 대 집단 트라우마에 관한 이러한 질문은 트라우마를 겪었던 개인들과 유사한 방식으로 트라우마 기억을 억압하는 집단에 관한 이론과 관련하여 특히 날카롭다. 월터 벤 마이클스(Walter Benn Michaels)는 집단이 특히 자신에게 속한 사건을 잊고 다시 기억할 수 있다는 주장에 요구되는 인종적인 전제에 의문을 제기했다. 그리고 네일 스멜서(Neil Smelser)는 "트라우마의 심리적 억압에 대해 정확한 사회문화적 유비를 찾는 것은 바람직하지 않은 것 같다"라고 결론지었다.[22]

---

21. Michael Rustin, "Why Are We More Afraid Than Ever? The Politics of Anxiety After Nine Eleven," in Levy and Lemma, *The Perversion of Loss*, 21-36.

22. Walter Benn Michaels, "Race into Culture: A Critical Genealogy of Cultural

그러나 다른 사람들은 집단 기억상실증이 존재한다면 이는 개인
의 트라우마에 의해 유발된 기억상실보다 트라우마를 다루는 집단
에서 더욱 전형적이라고 단호하게 주장한다. 정치적 사건 회상에 대
한 교차-문화 연구에서, "망각은 집단 기억에서 발견되는 주요 과정
중 하나다"라고 결론지었다.[23] 특히 몇몇 연구에서 트라우마 사건에
관한 집단적 논의에 시간상의 차이가 있음을 발견했다. 예를 들어,
미국 남북 전쟁 또는 베트남 전쟁 같은 고통스러운 사건들의 원인과
결과에 대한 광범위한 대중적인 담론이 등장하기까지 대략 20년 정
도가 걸렸다. 그리고 20세기 초반의 터키의 아르메니아인들 학살과
같은 다른 경우에 어떤 사람들은 몇몇 사회가 수치스럽거나 고통스
러운 사건들에 관한 집단적 기억상실 또는 "침묵하는 집단적 기억"
을 수십 년 이상 유지할 수 있다고 주장한다.[24]

Identity," *Critical Inquiry* 18 (1992): 655-685; Walter Benn Michaels, "The No Drop Rule," *Critical Inquiry* 20 (1994): 758-769; Smelser, "Psychological Trauma and Cultural Trauma," 50.

23. Daria Paez, Nekane Basabe, and Jose Luis Gonzalez, "Social Processes and Collective Memory: A Cross-Cultural Approach to Remembering Political Events," in *Collective Memory of Political Events: Social Psychological Perspectives*, ed. James Pennebaker, Dario Paez, and Bernard Rime (Mahwah, N. J.: Erlbaun, 1997), 147.

24. "침묵하는 집단적 기억"(silent collective memory)이라는 표현은 Jose Marques, Dario Paez, and Alexandra Serra, "Social Sharing, Emotional Climate, and the Transgenerational Transmission of Memories: The Portuguese Colonial War," in Pennebaker, Paez, and Rime, *Collective Memory of Political Events*, 253-275 중 256쪽에 등장한다. 저자들은 어려운 사건에 대한 집단적 잊어버림의 여러 사례를 기록한다.

때때로 한 사회는 트라우마적 기억의 회상과 균형을 이루기 위해 일련의 집단 기억에 초점을 맞출 수 있다. 예를 들어, 많은 연구는 제2차 세계대전 이후 대략 20년을 연대순으로 기록했는데, 거기에는 나치에 의한 유대인 집단 학살 논의가 심지어 이스라엘 국가와 디아스포라 유대인 공동체 안에서도 거의 없었다는 내용이 들어 있다. 그러한 희생에 관한 기억은 이스라엘 내부에서 신중하게 발전된 자기방어의 정신을 약화시켰다. 이는 인근 아랍의 위협, 그리고 나치 및 다른 국가에 의한 유대인 박해에 관한 기억 모두에 대응하여 형성됐던 풍조였다. 한편, 이스라엘 국가는 희생에 관한 그런 고통스러운 기억 대신에 기원후 70년 로마인들에 대항하면서 항복보다 자살을 선택한 마사다(Masada)의 유대인 항전 같은 단호한 저항을 보여주는 여러 사건에 집단적으로 초점을 맞추었다. 마사다 저항에 관한 국가적 기념은 적어도 수십 년 동안, 신흥 이스라엘의 국가 정체성과 함께 충돌하면서 발생했던 포로와 집단 학살의 기억에 대한 해독제 역할을 했다.[25]

현대 트라우마 연구로부터 고대 트라우마에 관한 연구로

서구의 학문 담론 안에 있는 트라우마 개념 발전에 관한 이 간략

---

25. 이스라엘의 국가적 기억의 형성 안에 있는 이것과, 그리고 다른 역학들에 관한 훌륭한 연구에 대해서는 다음을 참조하라. Zerubavel, *Recovered Roots*.

하고도 매우 개괄적인 조사의 결과는 이 책에서 시도된 종류의 연구를 시행함에 있어서 유념해야 할 몇 가지 사항을 강조한다.

첫째, 트라우마 연구가 매우 과학적으로 들린다 하더라도 이는 언제나 연구자의 사회적 맥락과 연결되어 있다. PTSD가 확립된 심리학적 진단이라는 사실에도 불구하고, 트라우마에 관한 현대의 담론은 분명 이것이 발생하는 시대의 법적, 정치적, 성적, 기타 다른 투쟁 안에 철저히 뿌리내리고 있다. 그리고 이는 나와 같은 현대 학자에게도 적용된다. 우리는 우리의 트라우마 담론이 우리 자신의 성별, 계층, 사회적 위치에 관한 다른 측면과 어떻게 엮여 있는지에 주의해야 한다. 특별히 나와 같은 기독교인 학자들에게 위험한 것은 구약성서 본문과 유대교를 병리화할 수 있는 방식을 통해 기독교의 역사적 반-유대주의를 영속화시키는 것이다. 트라우마 연구가 유대교 및 관련 문서들을 폄하하는 오래되고 치명적인 기독교의 성향을 위장시킬 수 있는 하나의 길이 되기 쉽다. 다른 한편으로, 이 책 및 그와 같은 연구들은 트라우마와 희생자 의식에 대한 현대적 개념을 사용하여 현대 맥락에서 종종 궁지에 몰리는 유대교와 기독교 같은 고대의 종교를 알릴 수 있는 방식일 수 있다. 어떤 트라우마 연구도 그 자체의 문화적 맥락에 내재되어 있는지에 대한 질문을 벗어날 수 없지만, 이 연구의 중요성이 그 잠재적 맥락으로 축소되어서도 안 된다.

둘째, 트라우마는 문화에 있어서 특정한 방식으로 나타난다. PTSD는 개인의 정신 상태에 초점을 맞춘 의료 진단이라는 점에서 서구적인 것으로 알려져 있다. 고대든 현대든 비-서구 사회는 자체의 폭발적인 트라우마를 알고 있었지만, 이를 다른 방식으로 바라보고 그런 방식으로 연구하기 시작했을 뿐이다. 예를 들어, 많은 비-서구 사회는 대부분의 서구 문화에 매우 두드러지게 나타나는 정신과 육체의 이분법이 없다. 그들이 극심한 고통을 논할 때, 고통은 일반적으로 신체의 일부에 놓인다. 오로지 "정신적인" 트라우마는 존재하지 않는다.[26] 그리고 이는 현대의 맥락 안에 있는 트라우마 개념과 그 가치가 이 책에서 연구하는 고대 맥락에는 낯설 수 있는 하나의 사례일 뿐이다. 트라우마에 관한 현대 연구가 시작되기 훨씬 이전에 폭발적이고 정체성을 파괴하는 사건이 분명 경험됐다 하더라도, 현대적 트라우마 개념은 특히, 마치 트라우마의 특성이 자명한 것처럼, 트라우마에 대한 학문적 논의가 확장되는 가운데 언제나 민족 중심주의(ethnocentrism)와 현시대 중심주의(chronocentrism)로 평가되어야 한다.

사실상 트라우마에 대한 많은 현대적 논의에 전적으로 개인주의적인 초점은 고대의 트라우마 및 현대의 트라우마 연구에 대해 오해를 야기할 수 있다. 패트릭 브래큰(Patrick Bracken)이 트라우마 담론에 관해 비판하며 강조했던 것처럼, 개인의 정신은 항상 공통의 문화적 전제에 의해 구조화된다. 그 결과 모든 개인의 트라우마는 누가, 그리고 어디에서 고통을 받고 있는지에 의해 깊이 형성된다.[27] "상처"

---

26. 예를 들어, 초기의 고전적 논문으로는 다음을 참조하라. Byron J. Good, "The Heart of What's the Matter: The Semantics of Illness in Iran," *Culture, Medicine, and Psychiatry* 1 (1977): 25-58. 그리고 보다 최근의 사례로는 다음을 보라. E. Coker, "'Traveling Pains': Embodied Metaphors of Suffering Among Southern Sudanese Refugees in Cairo," *Culture, Medicine, and Psychiatry* 28 (2004): 15-39.

27. Patrick Bracken, *Trauma: Culture, Meaning, and Philosophy* (London: Whurr,

에 해당하는 그리스어 단어로부터 유래한 트라우마라는 단어는 어떤 정신적 요소가 분해되는지에 따라 다양한 형태를 띤다. 이는 특히 성서의 배후에 있는 트라우마가 아마도 현대의 트라우마 희생자를 괴롭히는 것과 많은 부분에 있어 구별되며, 성서 배후에 있는 트라우마가 개인적이기보다 더욱 사회적일 수 있고, 또한 사회적 트라우마와 개인 사이의 특별한 상호작용이 상당히 뚜렷하다는 점을 의미한다.

이것은 집단을 괴롭히는 트라우마 분석을 둘러싼 세 번째이자 마지막 고려 사항으로 이어진다. 위에서 논의한 바와 같이 개인적 트라우마의 역학—이미 문화적으로 상당히 구체적인—을 집단에 재적용하는 것은 오해를 야기할 수 있다. 집합적/집단적/문화적 트라우마는 자기의 고유한 역학을 갖고 있다. 그러므로 성서학자가 공동체를 위해 의도된 성서의 문서들 안에 집단의 고통이 어떻게 처리되고 반영됐는지에 초점을 두는 한, 그러한 성서학은 집단 및 집단적 기억이 극도로 고통스러운 사건들에 의해 어떻게 영향 받았는지에 대하여 인류학적·역사적 연구에 가장 많은 도움을 받을 수 있다. 예를 들어, 바로 이것이 내가 개인 기억에 관한 논쟁보다는 집단 기억상실증에 관한 사회-심리학적 연구를 찾는 이유다. 이는 바빌로니아 포로기 기억에 대한 고대 유대인의 공백과 우회적 방법(indirection)을 분석하는 데 특히 유용하다.

결론적으로 나와 같은 학자들은 트라우마에 관한 최근 연구의

2002).

파도 한가운데서 다양한 각도로 그렇게 하고 있다는 것을 충분히 자각하고서 연구에 참여해야 한다. 어떤 사람들이 지적했던 것처럼 트라우마 개념이 지니고 있는 그런 매력이 항상 좋은 것만은 아니다. 누군가 한 방향으로 허둥지둥 달려가고 있을 때 뒤를 바라보고 그 사람이 무엇으로부터 달아나고 있는지 관찰하는 것은 종종 유익하다. 트라우마에 대한 현재의 집착이 어떤 고통에 있어서 자기의 책임을 자인하기 꺼리는 경향을, 그리고 다른 사람들로부터 동정 그리고/또는 보상을 얻고자 하는 노력을 가장하는 것은 아닐까? 이는 서구 사회에서 주체성을 상실하고 통제할 수 없는 힘에 행동을 귀속시키는 일반적인 추세의 일부인가? 트라우마 언어는 어떠한 종류의 담론에 적합한가? 그리고 그러한 담론은 장기적인 주체 의식과 공동체적 발전을 촉진하는가? 이러한 질문에 대한 대답은 아직 분명하지 않다. 하지만 우리는 성서를 설명할 수 있는 그런 연구의 잠재성을 환기하면서 공동체와 삶 안에서 이를 어떻게 활용할 수 있을지 탐구할 때조차도, 트라우마에 관한 현대적인 집착이 잠재적으로 가지고 있는 유해한 측면을 인정해야 한다.

감사의 글

마무리하면서 이 책을 구상하고 연구하고 저술하는 데 도움을 주었던 사람들에게 특별한 감사를 전하고 싶다. '트라이덴트 미디어'(Trident Media)의 문학 에이전트 돈 펠(Don Fehr)에게 감사한다. 그는 내가 이 책에 관한 생각을 발전시키고 훌륭한 출판사를 찾는 데 도움을 주었다. 컬럼비아 대학교(Columbia University)에서 열린 트라우마에 관한 훌륭한 세미나에 나를 초대했던 캐런 실리(Karen Seeley)와 세미나 학생들에게도 감사한다. 나에게 시간과 전문 지식을 아낌없이 나누어준, 트라우마에 관한 특별한 전문 지식을 가졌던 뉴욕시-지역 치료사 및 정신과 의사들에게, 특히 데비 로스차일드(Debbie Rothschild), 조셉 나폴리(Joseph Napoli), 니나 쇼트(Nina Short), 기슬레인 불랑제(Ghislaine Boulanger)에게도 감사한다. 유니온 신학교(Union Theological Seminary)에서 제공했던 성서와 트라우마에 관한 두 세미나의 학생들에게도 감사한다. 그들은 나에게 매우 많은 것을 가르쳐주었다(Rachel Lonberg,

Janelle Stanley, Anna Grunner, Shadi Halabi, Sara Cairatti, Amy Meverden, Will Owen, Caroline Perry, Rosalind Gnatt, Rix Thorsell, C. B. Stewart, Nathaniel Mahlberg, Tristan Brennan-Torell, John Allen, Karenna Gore, Jeff Grant, Leslie Culbertson, Carolyn Klassen). 성서와 트라우마에 대한 생각을 풍요롭게 해준 연구 자료들을 나에게 기꺼이 내어주었던 동료들, 특히 대니얼 스미스-크리스토퍼(Daniel Smith-Christopher), 엘제 크라겔룬트 홀트(Else Kragelund Holt)에게도 고마움을 표현하고 싶다. 내가 이 책을 위해 자료를 발전시키고 점검할 수 있도록 도움을 준 강연의 청중들에게도 감사를 전한다(Union Theological Seminary, the Exile/Forced Migrations and Biblical Literature Consultation in the Society of Biblical Literature, the University of Oslo, St. Andrews Seminary in Saskatoon, the Catholic University of America, the Columbia University Faculty Seminars on Hebrew Bible and on New Testament, the Engaging the Powers Project at Union Theological Seminary, Presbyterian Churches in Ramsey, Hackensack, and Englewood, New Jersey). 나는 이 프로젝트를 수행하는 동안 유니온 신학교의 버크(Burke) 도서관과 컬럼비아 대학교 안에 있는 다른 도서관들이 보유하고 있는 최상급의 장서들을 사용할 수 있는 혜택과 재능 있는 직원들로부터의 지원이라는 혜택을 누릴 수 있었다. 또한 나에게 연구 휴가를 제공함으로써 이 연구를 적극적으로 지원해주고, 내가 가르치는 동안에도 연구를 전반적으로 지원해준 뉴욕의 유니온 신학교에 큰 감사를 표한다.

마지막으로 이 책은 각 장의 초안을 읽고 논평해주었던 가족, 동료들, 친애하는 친구들의 수고로 인해 훨씬 좋아졌다. 그래서 나는 이들의 도움에 감사의 마음을 전한다(Robbie Harris, Marc Mauceri, Nadeleen

Tempelman-Kluit, J. P. Partland, David Beriss, Debbie Rothschild, Christopher Fre-chette, Esther Hamori, 그리고 나의 아버지 John Carr). 또한 원고를 수정하는 데 큰 도움을 주었던 편집자 제니퍼 뱅스(Jennifer Banks)에게, 또한 책을 발제하는 방식을 구상하는 데 전문가적 도움을 제공했던 켈리 앤더슨 피칼로(Kellie Anderson Picallo)에게도 감사하는 바다. 끝으로 각 장을 읽고서 이를 더 좋게 만들도록 격려해준, 신약성서와 글쓰기의 전문가, 나의 아내 콜린 콘웨이(Colleen Conway)에게 어떻게 표현하더라도 감사의 마음을 충분하게 전할 수 없을 것 같다.

약어

아래 선별된 참고문헌에 나오는 항목은 저자의 성과 단축된 서명으로 인용했다.

LCL   Loeb Classical Library, Cambridge, Mass; Harvard University Press

NJV   New Jerusalem Version, 1985 New York; Doubleday

NRSV   New Revised Standard Version, 1989 National Council of the Churches of Christ

//   병행본문

참고문헌

이 책에서 인용된 문헌에 대한 더욱 완전한 참고문헌은 다음 인터넷 사이트를 참고하라. http://dx.doi.org/10.7916/ D8H41PJW.

Aitken, Ellen. *Jesus' Death in Early Christian Memory: The Poetics of the Passion.* Göttingen: Vandenhoeck and Ruprecht; Fribourg: Academic Press, 2004.

Assmann, Jan. *The Price of Monotheism.* Trans. Robert Savage. 2003; Stanford: Stanford University Press, 2010.

Becker, Eva Marie, and Else Kragelund Holt, eds. *Trauma and Traumatization in Individual and Collective Dimensions: Insights from Biblical Studies and Beyond.* Göttingen: Vandenhoeck and Ruprecht, 2014.

Blumenthal, David. *Facing the Abusing God: A Theology of Protest.* Louisville, Ky.: Westminster John Knox, 1993.

Carr, David M. *The Formation of the Hebrew Bible: A New Reconstruction.* New York: Oxford University Press, 2011.

———. *Reading the Fractures of Genesis: Historical and Literary Approaches.* Louisville, KY: Westminster John Knox, 1996.

———. *Writing on the Tablet of the Heart: Origins of Scripture and Literature.* New York: Oxford University Press, 2005.

Caruth, Cathy. *Unclaimed Experience: Trauma, Narrative, and History.* Baltimore:

Johns Hopkins University Press, 1996.

―――, ed. *Trauma: Explorations in Memory*. Baltimore: Johns Hopkins University Press, 1995.

Daniel, E. Valentine, and John Chr. Knudsen, eds., *Mistrusting Refugees*. Berkeley: University of California Press, 1995.

Erikson, Kai. "Notes on Trauma and Community." Pp. 183–99 in Caruth, *Trauma*.

Fassin, Didier, and Richard Rechtman. *The Empire of Trauma: An Inquiry into the Condition of Victimhood*. Trans. Rachel Gomme. 2007; Princeton: Princeton University Press, 2009.

Freud, Sigmund. *Moses and Monotheism*. Trans. Katherine Jones. New York: Vintage, 1939.

Garber, David. "Trauma Studies." In *Oxford Encyclopedia of Biblical Interpretation*. Vol. 2, ed. Steven McKenzie, 421–28. New York: Oxford University Press, 2013.

Gutiérrez, Gustavo. *On Job: Suffering and God Talk*. Maryknoll, NY: Orbis, 1987.

Heemstra, Marius. *The Fiscus Judaicus and the Parting of the Ways*. Tübingen: Mohr, 2010.

Herman, Judith Lewis. *Trauma and Recovery*. New York: Basic, 1992.

Hobsbawm, Eric, and Terence Ranger, eds. *The Invention of Tradition*. New York: Cambridge University Press, 1983.

James, Erica. *Democratic Insecurities: Violence, Trauma, and Intervention in Haiti*. Berkeley: University of California Press, 2003.

Janoff-Bulman, Ronnie. *Shattered Assumptions: Towards a New Psychology of Trauma*. New York: Free Press, 1992.

Janzen, David. *The Violent Gift :Trauma's Subversion of the Deuteronomistic History's Narrative*. New York: T and T Clark, 2012.

Levy, Susan, and Alessandra Lemma, eds. *The Perversion of Loss: Psychoanalytic Perspectives on Trauma*. London: Whurr, 2004.

Leys, Ruth. *Trauma: A Genealogy*. Chicago: University of Chicago Press, 2000.

Lifton, Robert J. *Death in Life: Survivors of Hiroshima*. New York: Basic, 1967.

Linafelt, Tod. *Surviving Lamentations: Catastrophe, Lament, and Protest in the Afterlife of a Biblical Book*. Chicago: University of Chicago, 2000.

Malkki, Liisa. *Purity and Exile: Violence, Memory, and National Cosmology Among Hutu Refugees in Tanzania*. Chicago: University of Chicago Press, 1995.

Moorthy, Asha. "A Seal of Faith: Rereading Paul on Circumcision, Torah and the Gentiles." Ph.D. diss. Columbia University, 2013.

Moss, Candida. *The Myth of Christian Persecution: How Early Christians Invented a Myth of Martyrdom*. New York: HarperOne,2013.

Nelson, Hilde L. *Damaged Identities: Narrative Repair*. Ithaca, NY: Cornell University Press, 2001.

O'Connor, Kathleen. *Jeremiah: Pain and Promise*. Minneapolis: Fortress, 2011.

Pennebaker, James, Dario Paez, and Bernard Rime, eds. *Collective Memory of Political Events: Social Psychological Perspectives*. Mahwah, NJ: Erlbaum, 1997.

Peteet, Julie. "Male Gender and Rituals of Resistance." *American Ethnologist* 21 (1994): 31–49.

Radstone, Susanna. "Trauma Theory: Contexts, Politics, Ethics." *Paragraph* 30 (2007): 9–29.

Rambo, Shelly. *Spirit and Trauma: A Theology of Remaining*. Louisville, Ky.: Westminster John Knox, 2010.

Segal, Alan. *Paul the Convert: The Apostolate and Apostasy of Saul the Pharisee*. New Haven: Yale University Press, 1990.

Shephard, B. *A War of Nerves: Soldiers and Psychiatrists in the Twentieth Century*. Cambridge: Harvard University Press, 2000.

Smith-Christopher, Daniel. *A Biblical Theology of Exile*. Minneapolis: Fortress, 2002.

Summerfield, Derek. "A Critique of Seven Assumptions Behind Psychological Trauma Programmes in War-Affected Areas." *Social Science and Medicine* 48 (1999): 1449–62.

———. "The Invention of Post-Traumatic Stress Disorder and the Social Usefulness of a Psychiatric Category." *British Medical Journal* 322 (2001): 95–98.

Tarantelli, Carole Beebe. "Life Within Death: Toward a Metapsychology of Catastrophic Psychic Trauma." *International Journal of Psychoanalysis* 84 (2003): 915–28.

Tedeschi, R., and L. Calhoun. "Posttraumatic Growth: Conceptual Foundations and Empirical Evidence." *Psychological Inquiry* 15 (2004): 1–18.

Volkan, Vamik. Bloodlines: *From Ethnic Pride to Ethnic Terrorism*. New York: Farrar, Straus and Giroux, 1997.

Watters, Ethan. *Crazy Like Us: The Globalization of the American Psyche*. New York:

Free Press, 2010.

Young, Alan. *The Harmony of Illusions: Inventing Post-Traumatic Stress Disorder.* Princeton: Princeton University Press, 1995.

Zerubavel, Yael. *Recovered Roots: Collective Memory and the Making of Israeli National Tradition.* Chicago: University of Chicago Press, 1996.

Zetterholm, Magnus. *The Formation of Christianity at Antioch: A Social-Scientific Approach to the Separation of Judaism and Christianity.* London: Routledge, 2003.